Alte Uhren

Libuše Urešová

ALTE UHREN

Dausien

Abbildungsnachweis
Gabriel Urbánek, Prag
© Science Museum London: 4
© British Museum London: 1
© Museum der Zeitmessung Beyer, Zürich: 7
© Dorothea Zwicker, Würzburg: 14
© Michael Speich, Winterthur: 8
© Schweizerisches Landesmuseum, Zürich: 11, 88
© Germanisches Nationalmuseum, Nürnberg: 44, 51
© Bildarchiv Preußischer Kulturbesitz, Berlin (West): 45
© Society of Antiquaries, London: 46
© Staatliche Kunstsammlungen, Kassel: 55
© Kunsthistorisches Museum, Wien: 25

ALTE UHREN

Text von Libuše Urešová
Aus dem Tschechischen übertragen von
Anna Urbanová
Fotografien siehe Abbildungsnachweis
Federzeichnungen von Ivan Kafka
Grafische Gestaltung von Bronislav Malý

VERLAG WERNER DAUSIEN • HANAU/M.
ISBN 3-7684-1697-6
2/09[redacted]

Inhaltsverzeichnis

Vorwort

In diesem Buch wird die Uhr vom kunsthistorischen Gesichtspunkt, als Erzeugnis des Kunsthandwerks behandelt. Das Wesentliche der Uhr, ihr mechanisches Uhrwerk, wird hier als notwendiger technischer Faktor gesehen, wenngleich bei manchen Uhren auch das eigentliche Uhrwerk in seiner ästhetischen Gestaltung betrachtet werden muß.

Die Polarität von Werk und Gehäuse ist der Grund für die unterschiedliche Schwerpunktsetzung der Kenner und Uhrensammler. Die einen sehen in der Uhr ein technisches Produkt im Dienst einer immer genaueren Zeitmessung. Die anderen sind an der Art und Formgebung des Gehäuses, an der Uhr als dekoratives Objekt interessiert. Sie sehen die Uhr als Kunstwerk. Es sind vor allem die Gehäuse, die den Menschen gefallen. Der technische Aspekt ist auf die Konstruktion des Uhrwerks gerichtet und befaßt sich mit dessen Besonderheiten.

Der ästhetisch-kunsthistorische Aspekt reicht weiter. Für die Außenverkleidung des Uhrwerks gibt es einen unerschöpflichen Vorrat an künstlerischen Lösungen. Nicht selten, vor allem wenn es sich um die Anfänge der Räderuhren handelt, führt die kunsthistorische Sicht bis tief ins Uhrwerk hinein. Unser Interesse richtet sich auf die Gestaltung des Gehäuses, seine Verschiedenheit in Form, Art, Stoff und Verzierung. Der bildnerische Instinkt des Menschen fand hier einen reichen Quell künstlerischer Inspiration.

Ein Zeugnis für die ungemein hohe Stellung der Uhrgehäuse in unserer Kunst und Kultur ist die Spezialbenennung ihrer zahllosen Arten und Typen, Bezeichnungen, nach denen auch das vorliegende Buch in Kapitel eingeteilt ist.

Zeitmessung

Die Zeit zieht die Grenzen des Daseins, des Lebens, sie bestimmt dessen Abschnitte. Im Laufe langer Jahrhunderte konnte der Mensch nur die Sonne als Zeitmesser begreifen. Wann der Mensch begonnen hat, Sonnenlicht und Schatten zur Ermittlung der einzelnen Tagesabschnitte zu nutzen, ist uns unbekannt, und ebenso wissen wir nicht, wann ungefähr man anfing, den Ablauf der Zeit nach dem Stand des Sternenhimmels zu verfolgen. Noch zu Homers Zeiten zerfiel der Tag in zwei ungenaue Abschnitte: Vormittag und Nachmittag. Später unterschieden die Griechen Morgen, Mittag und Abend, wobei Mittag die Zeit war, da „der Holzhacker sein Essen bereitet". Und die Sonne kündigte die Abenddämmerung an, wenn „ihr Wagen sich zum Ausspannen rüstet". Schließlich entwickelten die Griechen eine Dreiteilung des Tages in Morgen, Vormittag und Frühabend, der Nacht in Abend, Mitternacht und Morgendämmerung, und personifizierten bzw. definierten diese Zeitabschnitte.

Die Römer teilten den Tag in sieben Abschnitte. Die Nacht zerfiel gemäß der beim Heer üblichen Einteilung in Nachtwachen, in vier gleich lange Zeitabschnitte. Die genaue Bestimmung der Tageszeit hing von den sich periodisch wiederholenden Bräuchen und täglichen Gewohnheiten ab; bei den alten Römern war es zehn Uhr Vormittag, wenn „der Marktplatz sich mit Volk füllte", Frühabend, „wenn die Lampen angezündet werden", und Mittag, „wenn die Zeit der Bäder naht". Diese Tageszeiten wurden offentlich bekanntgegeben, auch noch lange nach der Entwicklung der mechanischen Zeitbestimmung, bis diese Angaben schließlich zur Metapher wurden, zu eieinem Objekt dichterischen oder gekünstelt literarischen Ausdrucks.

Bis zum Beginn der Neuzeit, bis zu den Tagen eines Kopernikus und Kepler, galt die Ansicht, die Erde sei eine riesige Fläche, über der sich die Sonne täglich von Osten nach Westen bewege, und das in wechselnden Zeitabschnitten, die mit dem periodischen Wandel der Natur, den Jahreszeiten, zusammenhängen. Danach teilte man die Zeit in Tag, Woche, Monat und Jahr, wobei man sich auch nach den verschiedenen Mondphasen richtete, und gelangte so zu einer ziemlich genauen Zeitbestimmung. Die Zeitbegriffe wurden von den Völkern des Nahen und Fernen Ostens, den Babyloniern, Ägyptern und den Chinesen geschaffen, bei denen die Astronomie eine hohe Stufe erreicht hatte. Sie erfanden, wohl im 4. Jahrtausend v. u. Z., auch die ersten Kalender: die Ägypter den Sonnenkalender, die Babylonier den Mondkalender. Annähernd zur gleichen Zeit entstand in China der Lunisolarkalender, ein Kalender, der die Unterschiede zwischen der astronomischen Zeit und den Zeiteinheiten ausgleichen sollte. Diese Zeiteinheiten wurden bei den Völkern des Altertums aufgrund von Beobachtungen der vermeintlichen Sonnenbahn und der Mondbewegungen in Zusammenhang mit den örtlichen Bedingungen der Landwirtschaft bestimmt. Die Ägypter teilten das Jahr in 12 Monate zu 30 Tagen ein, so daß es 360 Tage hatte, die Babylonier ebanfalls in 12 Monate, doch diese mit wechselnder, 20 bis 30 Tage zählender Länge. Das Jahr hatte bei ihnen 354–355 Tage. Zum Ausgleich des Unterschieds zwischen der wahren astronomischen und der Kalenderzeit dienten und dienen noch heute die Schaltjahre. Der alte römische Kalender stand zur Realität des astronomischen Ablaufs in beträchtlichem Widerspruch und wurde deshalb unter Julius Caesar reformiert. Ab 46. v. u. Z. benutzte man den neuen, den Julianischen Kalender, der 365 Tage und 6 Stunden zählte. In der Regierungszeit von Kaiser Augustus erfuhr er einige Verbesserungen hinsichtlich der Anzahl der Tage in den einzelnen Monaten. Im Jahre 325 wurde er von der ganzen christlichen Welt übernommen. Er galt bis ins ausgehende 16. Jahrhundert und wird manchenorts noch heute gebraucht.

Auch in diesem Kalender mußte im Lauf der Jahrhunderte infolge der mehr als 11 Minuten betragenden Abweichung vom natürlichen oder tropischen Jahr ein zeitlicher Unterschied heranwachsen, der 1582 bereits zehn Tage ausmachte. Diesen Unterschied beseitigte die Bulle Papst Gregors XIII. aus demselben Jahr durch Vorrücken des Kalenderdatums um zehn Tage. Damit sich die Abweichung nicht wiederholte, bestimmte die Bulle, daß alle vierhundert Jahre drei zusätzliche Schalttage eingeführt werden sollen. Dieser reformierte Kalender, der sogenannte Gregorianische, wurde vom gesamten katholischen Europa sofort, und nach gewissem Zögern auch von den protestantischen Ländern übernommen. Nur die Gebiete, in denen die Ostkirche herrschte, lehnten diese Reform ab. Rußland führte den Gregorianischen Kalender 1918 ein, Griechenland 1923 und Rumänien 1924. Auch das Gregorianische Jahr stimmt nicht absolut mit dem tropischen überein, der Unterschied ist jedoch äußerst gering: ein Tag in 3 333 Jahren.

Neben der Einteilung in Tage, Monate und Jahre brauchte der Mensch aber auch eine Einteilung des Tages und der Nacht. Am Tage konnte er sich am Stand der Sonne orientieren, in der Nacht an den Sternen. Um 2 000 v. u. Z. hatte sich die babylonische Einteilung in 12 Tages- und 12 Nachtstunden durchgesetzt. Da sich jedoch die natürliche Länge von Tag und Nacht je nach dem Stand der Erde zur Sonne ändert, waren auch die ursprünglichen babylonischen Stunden, die sogenannten Temporalstunden, abgesehen von den Tagen des Äquinoktiums, von ungleicher Länge. Erst die Zeitmessung mit mechanischen Uhren an der Wende des 13. zum 14. Jh. führte gleich lange Stunden zu 60 Minuten, die sog. Äquinoktialstunden ein; bei ihrer Anwendung herrschte jedoch keine Einheitlichkeit.

In Italien begann der Kalendertag mit Sonnenuntergang und hatte 24 Stunden. Diese Stundenzählung hieß die Ganze oder Große Uhr, auch Welsche oder Italienische Uhr. Sie galt in Böhmen und Ungarn, mit dem Unterschied, daß laut König Karls IV. Anordnung (um 1360) der Kalendertag eine halbe Stunde nach Sonnenuntergang begann. Beide Uhren, die Böhmische und die Italienische, mußten entsprechend dem Wechsel der Jahreszeiten zweimal monatlich um 30 Minuten verstellt werden. Außerdem entstand im 14. Jh. die sog. Nürnberger Uhr, die Tag und Nacht in 12 Stunden teilte, von Sonnenaufgang bis -untergang und von Sonnenuntergang bis -aufgang, auch wenn sich die Länge von Tag und Nacht änderte. Im übrigen Reichsgebiet galt die sog. Kleine oder Deutsche Uhr – zweimal zwölf Stunden, von Mitternacht an gezählt.

Gegen Ende des 16. Jh. begann man auch in den böhmischen Ländern die Nürnberger Uhr einzuführen, was zu kostspieligen Umbauten und Änderungen, mitunter auch zum Ersatz öffentlicher Uhren durch neue führte; die Kosten trug die Gemeinde.

In Frankreich herrschten die sog. Gallischen Stunden: Der Kalendertag zerfiel in zweimal 12 Stunden wie im Heiligen Römischen Reich, mit dem Unterschied, daß man mit Mittag und Mitternacht begann.

Angesichts dieser uneinheitlichen Teilung des Kalendertages wurden auf vielen Räderuhren Zifferblätter mit zweierlei Skalen, I – XXIIII und I – XII, eingeführt.

Die unterschiedlichen Zeitmessungsmethoden hatten die Ausarbeitung von Vergleichstabellen zur Folge, was auch in künstlerischer Hinsicht nicht ohne Gewinn blieb, wie die 1568 in Nürnberg herausgegebenen und von Jost Amman hergestellten Holzschnitt-Tabellen beweisen. Da sich die Erde um die Sonne auf elliptischer Bahn dreht, sind die Lichttage nicht gleich lang. Man erfand darum die Mittlere Sonnenzeit, die erstmals 1810 in Berlin eingeführt wurde. Der Mittag des Mittleren Sonnentags ist gegeben mit der Kulmination der sog. Mittleren Sonne über dem Meridian des betreffenden Ortes. Der Unterschied der Ortszeit zwischen den einzelnen Meridianen beträgt vier Minuten. Die amtlich festgelegte Ortszeit wurde erstmals 1780 in Genf angenommen und nach und nach in weiteren großen Städten eingeführt.

Eisenbahnen und der internationale

Postverkehr konnten in der zweiten Hälfte des 19. Jh. keine Rücksicht auf die Ortszeiten nehmen, und so entstanden die Zonenzeiten, wobei jede Zone in der Regel 15 Längengrade umfaßt. Ausgangspunkt ist der Meridian, der durch die Sternwarte in Greenwich bei London geht. Eine solche Zonenzeit ist auch die Mitteleuropäische Zeit, die von Skandinavien bis Italien gilt. Sie wurde von 1879 bis 1894, zuerst in Schweden und dann in anderen Ländern, eingeführt. Beim Übergang von einer Zone in die nächste rückt die Zeit um eine Stunde vor, wenn die Zone östlich von Greenwich liegt, und um eine Stunde zurück, wenn sie westlich liegt. Schließlich hat man, um alle Arten des internationalen Verkehrs zu erleichtern, die 24stündige Weltzeit festgelegt, die um Mitternacht Greenwicher Zeit beginnt, d. h. zwölf Stunden nach Kulmination der Sonne über dem Null-Meridian.

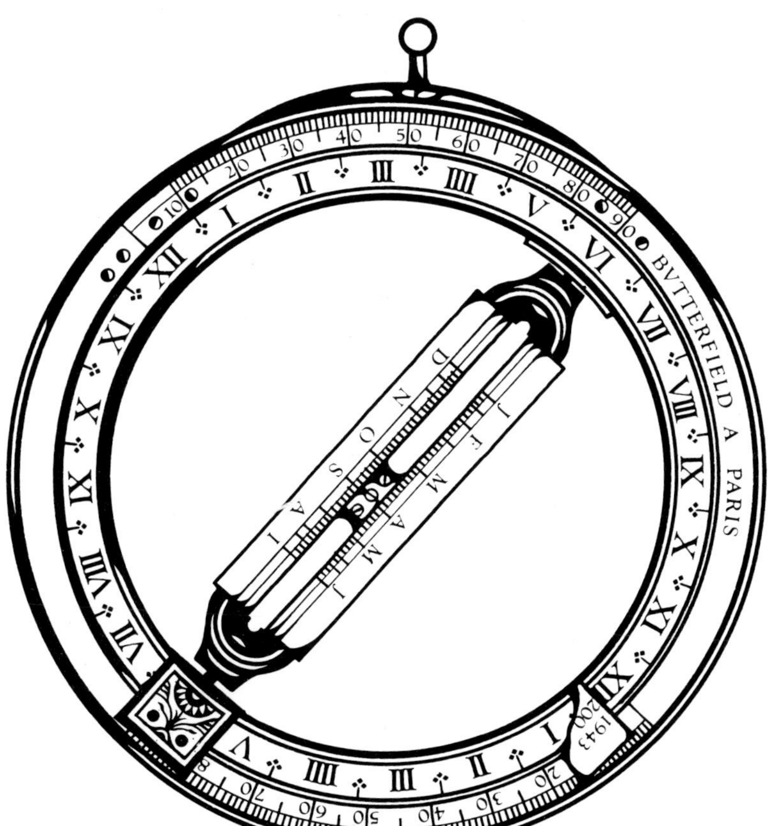

Ringförmige Sonnenuhr

Sonnenuhren

Bei den antiken Völkern bilden Sonnenuhren die erste Stufe auf dem Weg zu einer genaueren Zeitbestimmung. Ihr Vorbild war die menschliche Gestalt als Längenmaß des eigenen Schattens, der sich mit dem Sonnenstand und der Richtung der einfallenden Sonnenstrahlen änderte. Diese primitive Zeitmessung war natürlich ungenau. Daher benutzte man später den Schatten eines vertikalen Stabes, der auf eine Fläche mit empirisch gewonnener Zeitskala geworfen wird, den sog. Gnonom. Seine primitivste Art ist ein auf die Erde oder eine horizontale Fläche gestellter einfacher Stab. Bei den alten Ägyptern dienten seit dem 14. Jh. v. u. Z. Tempelobelisken als Sonnenuhr. Im englischen Stonehenge benutzte man einen genialen megalithischen Bau zur Zeitmessung. Auch Tempel- oder Palasttreppen, die bei Sonnenschein die Schatten ihrer Stufen warfen, dienten der Zeitmessung. Entsprechende Hieroglyphen bzw. Keilschriftzeichen gaben die Stunden an. Ägyptische Funde aus dem 15. vorchristlichen Jahrhundert enthielten sogar tragbare Metallsonnenuhren – im Britischen Museum sowie im Berliner Museum sind Sonnenuhren aus der ersten Hälfte des 1. Jahrtausends v. u. Z. aufbewahrt. Eine solche Schattenuhr bestand aus einem horizontalen Metallband, auf dem der Schatten eines am linken Ende lotrecht hängenden Fadens oder senkrecht angebrachten Arms die Stunde zeigte. Außerdem kannten die Ägypter bereits im 13. Jh. v. u. Z. vertikale Sonnenuhren, die nicht nur die Länge, sondern auch die Richtung des geworfenen Schattens angaben.

Um 550 v. u. Z. übernahmen die Griechen die Sonnenuhr. Neben der auch in Babylonien benutzten horizontalen ägyptischen Art vervollkommneten sie auch die ägyptische Vertikalsonnenuhr – ihr Gnomon wurde in Horizontallage an der Südseite bzw. der Ost- oder Westfassade von Gebäuden oder anderen sonnenbeleuchteten Vertikalflächen befestigt, auf denen die Stundenzeichen angebracht waren. Eine derartige Sonnenuhr befand sich auch auf dem sog. Turm der Winde in Athen, der im 1. Jh. v. u. Z. für eine Wasseruhr erbaut worden war. In jener Zeit benutzten auch die Römer Sonnenuhren. Im Jahr 164 v. u. Z. ließ Marcius Philippus in Rom eine Sonnenuhr aufstellen, als Ersatz für die ursprüngliche des Papirius Cursor aus dem Jahre 263 v. u. Z., die eigentlich für Catania auf Sizilien bestimmt gewesen war und daher in Rom nicht die richtige Zeit angegeben hatte. Die Römer übernahmen von den Griechen auch eine babylonische Sonnenuhr, in Gestalt eines viertelkreisförmigen ausgehöhlten Steinblocks mit Stundenskala, auf der der Schatten eines Gnomons die Zeit angab.

Vitruv nennt in seinem Buch De architectura libri decem weitere dreizehn Arten von Sonnenuhren. Um die Mitte des 3. vorchristlichen Jahrhunderts benutzten die Römer auf Reisen bereits tragbare Sonnenuhren in Form von durchlöcherten Bronzetäfelchen, wie sie in Portici gefunden wurden (heute im Museum von Neapel). Eine ähnliche, schon aus der christlichen Ära (um das Jahr 1000) stammende Sonnenuhr aus dem Besitz des Erzbischofs Alpheg wird heute im Domschatz zu Canterbury aufbewahrt.

Die Vertikalform von Wandsonnenuhren, die die alten Griechen benutzten, ist mit vervollkommneter Stundenskala bis in die neueste Zeit, namentlich auf Innenfassaden von Kloster- und Schloßgebäuden zu sehen. Eine der ältesten gut erhaltenen Sonnenuhren ist die der Kirche von Kirkdale in Yorkshire aus der Zeit um 1060.

1 Gnomon (Röm. Sarkophag). Marmor. Rom, 3. Jh. v. u. Z. British Museum, London

Inzwischen war es um 1430 in Süddeutschland zu wesentlichen Verbesserungen des Sonnenuhrsystems gekommen. Mit der Einführung des Tolos, eines mit der Erdachse parallel gerichteten Zeigers, konnte die Zeitangabe präzisiert werden. Das war das Ergebnis von Überlegungen und Untersuchungen einiger mittelalterlicher Laien und Geistlichen, deren Bemühungen um eine genauere und detaillierte Zeitbezeichnung auf der Skala die neuzeitliche Weiterentwicklung der Sonnenuhr auf den Weg brachten. Die Aufstellung des Gnomons in Richtung Erdachse führte nicht nur zu einer gleichmäßigen ganzjährigen Zeitangabe, sondern auch zu neuen theoretischen Überlegungen hinsichtlich einer möglichst hohen Genauigkeit dieser Zeitangabe und damit zur Frage der praktischen Herstellung der neuen Sonnenuhren, vor allem tragbarer. Astronomen und Mathematiker, aber auch Künstler, wie Albrecht Dürer und Leonardo da Vinci, entwarfen und berechneten Systeme dieser Zeitmeßgeräte, deren Angaben von der Mitte des 15. Jh. an durch Hinzufügung eines Kompasses oder weiterer komplizierter Anzeigemittel, durch Kalender, Tierkreissymbole u. ä. oft präzisiert werden konnten. Die Theorie wurde in die Praxis umgesetzt, es entstanden mehrere neue Typen von Sonnenuhren, zumeist tragbare, horizontale, vertikale, verschieden gestaltet. In diesem Buch können wir nicht auf Einzelheiten der Sonnenuhrsysteme eingehen. Wir wollen nur einige erwähnen, bei denen die Funktion auch noch Raum für eine künstlerische Gestaltung ließ. In dieser Hinsicht sind als die kunstreichsten die Fenstersonnenuhren zu nennen, deren Zifferblatt einen Bestand-

2 Sonnenuhr. Messing, graviert, 10,5 × 7 cm. Johann Engelbrecht, Beroun (Böhmen), 1777. Kunstgewerbemuseum, Prag

3 Zylindrische Sonnenuhr (Säulchenuhr). Messing, graviert, Höhe 31,5 cm. Prag 1745. Kunstgewerbemuseum, Prag

teil der Fensterverglasung öffentlicher Gebäude bildete, und zwar mittels Glasmalerei (um 1500), später auch mittels Glasschnitt und Aufkleben von Papier-Zifferblättern. Als beliebteste Art der Sonnenuhr galt von der Spätgotik bis in die Barockzeit die zusammenklappbare Diptychon-Uhr (Klappsonnenuhr). Sie bestand aus zwei, meist elfenbeinernen Täfelchen, die eine komplizierte und oft kunstvollle Gravierung der Stundenzeichen und astronomischen Indikationen trugen. Sie entstand um 1500 in Italien und wurde in Wien bei Georg Feuerbach, Albrecht Karner, Hans Troschel und Paul Reimanns, in Ausburg bei Leonhard Miller und Thomas Tucher und auch anderswo hergestellt. Diese oft von jüngeren Familienmitgliedern betriebenen Werkstätten arbeiteten bis ins 17. Jh.; daneben wirkten neue Kunsthandwerker, wie etwa im 17. Jh. der Nürnberger Leonhard Mire. In Dresden schuf im ausgehenden 16. Jh. Christoph Treffler derartige Elfenbeinuhren, in München Ulrich Schniep. In Frankreich war Charles Blond in Dieppe als Hersteller von Elfenbeinuhren bekannt. Meist waren diese Geräte auch mit Monduhren, dem sog. Noctural, versehen. Zum Zusammenklappen der beiden Täfelchen dienten starke Fäden bzw. kleine Ketten, bei offenen Sonnenuhren Stäbchen oder Dreikant-Blechnadeln, deren auf die Skala der Unterlage fallender Schatten die Zeit angab.

Während ihres vierhundertjährigen Gebrauchs entstand eine lange Reihe verschiedenster Typen tragbarer Sonnenuhren. Neben den Räderuhren findet man hier die zahlreichsten Arten überhaupt, nicht nur hinsichtlich der einfachen Indikationsfunktion, sondern auch in Gestaltung und Verzierung. Neben denen aus Elfenbein waren horizontale Metallsonnenuhren in Kassettenform, zumeist aus Messing und oft vergoldet, am meisten verbreitet. Die anspruchsvollsten unter ihnen stammen aus der zweiten Hälfte des 16. Jh. von dem Nürnberger Christop Schißler. Er konstruierte auch eine Sonnenuhr in Zirkelform. Seine tragbaren Uhren waren neben Zifferblatt und Kompaß noch mit Kalender, Monduhr, Sternstunden, zahlreichen Stundentabellen, Windfähnchen, Polhöhenzeigern und Landkarten ausgestattet. In Nürnberg schuf auch Christoph Heiden derartige

Geräte, und ebenfalls ähnlich war die zusammenklappbare Messingsonnenuhr des Erasmus Habermel, des Hofmechanikers Rudolfs II. (um 1590).

Neben den tragbaren Horizontaluhren kannte die Renaissance auch polyedrische, meist würfelförmige, bei denen jede Fläche eine andere Uhrzeit wies (Temporalzeit, Welsche, Orientalische Uhr u.ä.). Ihre Heimat ist wahrscheinlich Italien. Sie wurden vor allem in der 1. Hälfte des 16. Jh. aus Holz, Papier und Metall hergestellt. Eine Abbildung ist auf Holbeins bekanntem Porträt des Uhrmachers Nicholas Kratzer von 1528 – heute im Louvre – zu sehen. In ihrer einfachsten Gestalt, wie sie 1544 die polyedrische Uhr von Georg Hartmann in Nürnberg erhielt, ist sie bis in die Gegenwart erhalten geblieben. Die berühmteste ist die 1578 vom Münchener Hofuhrmacher Hans Koch angefertigte Messinguhr. Derartige polyedrische Sonnenuhren wurden hauptsächlich in Nürnberg hergestellt und sind als Universalsonnenuhren bekannt geworden. In die Gruppe der Hohlflächensonnenuhren gehören die Becheruhren, etwa die kegelförmige Kupferbecheruhr, wie sie Georg Hartmann in Nürnberg und Marcus Purman in München verfertigten; ihr Stundenweiser befand sich auf der Innenseite der Kuppa. Weniger kunstreich, dafür technisch interessant sind die bereits im 11. Jh. bekannten Zylinder- oder Säulchen-Sonnenuhren. Zu Beginn des 15. Jh. wurden sie auch in Prag hergestellt, wo sich vor 1423 Jan Šindel (Johann Schindel), der die Prager astronomische Turmuhr mitgeschaffen hat, um die Entwicklung derartiger Zylinderuhren verdient machte.

Französische Vertikaluhren haben einen spiralförmig um den Werkskörper gewundenen Stundenzeiger. Sie wurden in der 2. Hälfte des 16. Jh. auch von dem bereits genannten Christoph Heiden in Nürnberg hergestellt.

Damals erschienen ferner Kombinationen von Vertikalsonnenuhren mit Räderuhren in Buchform, mit Zifferblättern auf den Buchdeckeln und innen eingebautem Uhrwerk. Als ihre Hersteller sind David und Johann Buschmann in Augsburg sowie ihr Zeitgenosse Michael Berghauer bekannt.

Zu Beginn des 16. Jh. entstand wahrscheinlich in Frankreich der später sehr verbreitete tragbare Sonnenring mit einer Öffnung für die einfallenden Sonnenstrahlen. Komplizierter waren die Äquatorialuhren mit zwei oder drei Messingringen, oft mit Kalendern kombiniert. Diese Uhren wurden in der Regel frei hängend verwendet, es gab aber auch Standuhren, wie wir sie in Erasmus Habermels prächtigem Stück bewundern können.

In der zweiten Hälfte des 17. und im 18. Jh. erfreuten sich Äquatorialuhren mit Kompaß größter Beliebtheit; sie waren in der Regel aus Messing, vergoldet, und mit tabularischen Angaben der Polhöhen ausgestattet. Ihr Polos stand senkrecht zum Zifferblatt. Sie wurden mit verschieden gestalteten Mechanismen in ganz Europa hergestellt; verschiedenartig war auch die kunstvolle Gravierung der Stunden- und anderer Zeiger, vor allem die ornamentale Ausfüllung leerer Flächen. Die meisten waren achtkantig, es gab auch vierkantige, die von Johann Martin in Augsburg nach 1660 weiterentwickelt wurden. Dieser Uhrmacher hat sich mit der Konstruktion von zwei mit den Rückseiten miteinander verbundenen halbkreisförmigen Vertikalzifferblättern um die höchste Genauigkeit von Tischsonnenuhren verdient gemacht.

Die Barockzeit des 17. und 18. Jh. ist trotz des Massengebrauches von Räderuhren eine Zeit ununterbrochener theoretischer und praktischer Erneuerungen auf dem Gebiet der Äquatorialuhren. In der Herstellung dieser Sonnenuhren konkurrierten vor allem England und Frankreich mit Deutschland. Alle bis dahin erfundenen Typen wurden funktionell vervollkommnet und im zeitgemäßen Barock- und Rokokostil ausgeführt. Nur die Diptychonuhr aus Elfenbein blieb unverändert in ihrer alten süddeutschen Form, wozu sicher auch die örtliche Uhrmacherfamilientradition beigetragen hat.

England, Deutschland und Frankreich wetteiferten auch in der Herstellung von Ring- und Äquatorialuhren. Das Pariser Haus Butterfield stellte nicht weniger perfekte typische achtkantige Uhren her. Martins Variante der halbkreisförmigen Sonnenuhr wurde damals von Johann Willebrandt in Augsburg zu einem Modell weiterentwickelt, das die Vormittags- und Nachmittagsstunden getrennt zeigte. William Dean und John Rowley in London vergrößerten die Ringuhr zur reichgeschmückten monumentalen Tischuhr. Die damalige Vorliebe für Kuriosa führte manchmal zu wunderlichen, etwa kreuzförmigen Gebilden, andererseits begnügte man sich mit einem einfachen Stab auf verziertem Sockel.

In den drei obengenannten Ländern wurden im 18. Jh. Horizontalsonnenuhren auch in den Schloßgärten des Adels erstellt, und bedeutende Uhrmacher wie Quare, Tompion u. a. waren hier am Werk. Taschensonnenuhren wurden kunstreich gestaltet und man begann sich der Navigationsuhren zu bedienen.

Aufgrund ihrer von unveränderlichen Naturgesetzen abgeleiteten objektiven Genauigkeit, die die Sonnenuhr dem Erfindergeist zahlloser Generationen von Astronomen und Uhrmachern verdankt, blieb sie auch bei der wachsenden Konkurrenz der mechanischen Uhr bis ins ausgehende 18. Jh. Gegenstand dauernder Nachfrage. Erst die industrielle Revolution des 19. Jh. brachte ihr Ende, vor allem wegen ihres Hauptnachteils, der Untauglichkeit bei Nacht und bei bewölktem Himmel. Heute trifft man nur vereinzelt auf eine Sonnenuhr, wo sie als Schmuck dient.

Mit Rücksicht auf den erwähnten Nachteil der Sonnenuhr hat der Mensch schon in den ältesten Zeiten eine Methode gesucht, wie die Zeit immer und überall, unabhängig von der Natur, zu messen wäre. Einen solchen Zeitmesser fand er in der Wasseruhr.

Wasseruhren

Die alten Ägypter haben als erste Wasseruhren gebaut und nach ihnen die Chinesen und die Inder. Aus dem Ägypten der Jahre um 1500 v. u. Z. stammt der Vermerk über eine Auslaufuhr König Amenhoteps I. Das älteste erhaltene Denkmal hat die Gestalt eines großen konischen Alabasterpokals und stammt aus dem Besitz Amenhoteps III. (um 1370 v. u. Z., heute im Museum von Kairo). Der Pokal ist innen mit Stundenpunkten und zwölf Mondrillen versehen, außen mit eingeschnittenen Hieroglyphen und Figuren bedeckt. Dicht über dem Gefäßboden befindet sich eine winzige Öffnung, durch die das Wasser ausläuft.

Solche Wasseruhren gaben jedoch nicht die genaue Zeit an, und so versuchte man es mit Gefäßen, in die das Wasser von oben einfloß (Einlaufuhr). Mittels des ausgleichenden Auslaufs wurde ihr Inhalt ständig auf gleich hohem Wasserspiegel gehalten. Durch die untere Öffnung tropfte das Wasser in ein Rohr, das außen der Höhe nach in zwölf Teile – die Stunden – geteilt war. Aber auch mit diesen Uhren konnte keine genaue Zeitmessung erzielt werden.

Im antiken Griechenland setzte die Wasseruhr, griechisch Klepsydra, bereits im 4. Jh. die Zeit der militärischen Nachtwachen fest. Plato konstruierte um 480 eine Wasseruhr, in der ein in einem bestimmten Moment eindringender Wasserstrahl durch Luftdruck eine Pfeife ertönen ließ, die als Wecker diente. Ein hervorragendes Kunstwerk war die Wasseruhr des Ktesibios von Alexandrien von ungefähr 150 v. u. Z., die Vitruv in seinem bereits erwähnten Buch De architectura beschrieben hat. Die nach dieser Beschreibung vorgenommene Rekonstruktion im Wuppertaler Uhrenmuseum zeigt einen prismatischen Sockel, auf dem sich ein drehbarer, mit Wasser gefüllter Zylinder befindet. Dieser ist außen mit einem Kalender und Zifferblatt versehen, an dem ein kleiner Amor auf- und niedergleitet und mit seinem Pfeil auf dem Zifferblatt die Stunde zeigt; das Amorfigürchen wird mit Hilfe eines auf dem beweglichen Wasserspiegel schwimmenden Korkschwimmers gehoben und gesenkt.

Hier ist die Uhr wohl zum erstenmal mit einem Automaten verbunden worden, der in bestimmten Zeitabständen Kieselsteine auswarf, die beim Fall auf eine Metallplatte die Stunden schlugen. Auf dem Schwimmerprinzip konstruierte Ktesibios auch eine Wasseruhr, in der ein mit einem Gewicht verbundener Korkschwimmer den Umlauf des im Oberteil der Uhr befindlichen Zifferblatts bewirkte.

Ein Monumentalwerk war der Turm der Winde, eine Maschine, die i. J. 75 v. u. Z. Andronicus Kyrhestes in Athen errichtete. Es handelt sich um einen achteckigen Marmorbau mit je einem niedrigen Säulenportikus vor vier Ecken, über denen jeweils eine Sonnenuhr angebracht war. Der Turm der Winde ist bis in die Gegenwart erhalten geblieben.

Wie Empedokles berichtet, dienten die griechischen Klepsydren der zeitlichen Begrenzung öffentlicher Reden bei Versammlungen, was später auch die Römer übernahmen. Schon im 3. Jh. v. u. Z. benutzte sie der Arzt Herophilos zum Messen des Pulsschlags.

Nach den Griechen, die sich namentlich zur Zeit des Ptolemäus um die Entwicklung der Zeitmeßtechnik sehr verdient machten, übernahmen die Byzantiner und die Araber die Führung. Um 500 konstruierte ein unbekannter byzantinischer Künstler im syrischen Gaza eine monumentale Wasseruhr und kombinierte sie mit einem Automaten, aus dessen Tür jede Stunde eine Heraklesfigur hervortrat, um verschiedene Arbeiten zu vollfüh-

4 Wasseruhr. Alabaster, H. 36 cm, ∅ unten 24 cm, oben 47 cm. Tempel Karnak, 1415–1380 v. u. Z. Science Museum, London (Original im Ägyptischen Museum, Kairo)

ren und mit einem Gongschlag die Zeit zu künden. Ähnlich konstruiert war die Bronzesonnenuhr, die der Kalif Harun-al-Raschid im Jahre 807 an Karl den Großen nach Aachen sandte. Auf den Boden einer Metallschale in einem viereckigen Erkerbau fielen so viele Silberkugeln, wieviel Uhr es war, und zu Mittag zogen Reiter aus den Toren eines Nebenbaus und schlugen zwölfmal auf das Eingangstor. Dieses von Karls Chronist Eberhard geschilderte Kunstwerk erlangte im ganzen Römischen Reich eine solche Berühmtheit, daß noch zu Beginn des 17. Jh. ein Wandteppich gewirkt wurde, der die Übergabe von Haruns Uhr an Karl den Großen darstellt.

Mit ihrer Möglichkeit verspielter Konstruktionen eignete sich die Wasseruhr als repräsentatives Geschenk. Schon im Jahre 490 beschenkte der Ostgotenkönig Theoderich den König Gundebald von Burgund mit einer solchen Uhr. In der 2. Hälfte des 8. Jh. sandte Papst Paul I. dem Frankenkönig Pippin dem Kurzen eine Wasseruhr, „die mit ihrer kunstreichen Konstruktion als weltweit bestauntes Wunderwerk galt“. Im 13. Jh. übersandte der Kalif von Bagdad an Kaiser Friedrich II., der ein Verehrer arabischer Kultur war, eine Klepsydra mit astronomischen Angaben. Zu den monumentalsten Kunstwerken auf diesem Gebiet gehört die Himmelsmaschine, eine automatisierte Wasseruhr, die Su Sung um 1090 in China errichtete, wobei er an eine alte Tradition anknüpfte. Es war eine astronomische Maschine in Pagodenform, über elf Meter hoch, mit Wasserantrieb, einem Räderwerk, das die astronomischen Zeiger in Bewegung setzte; das Ganze gipfelte in einer Halbkugel, die den Himmel darstellte. Die Bewegungen sowie das Transmissionssystem der Räder waren dem erst drei Jahrhunderte später in Europa erfundenen Räderuhrantrieb weit voraus. Anhand ihrer annähernd genauen Wiederherstellung hat J. H. Combridge ein Modell erarbeitet (heute im Science Museum, London).

Einen vollendeten Wasserautomaten stellt die Uhr des arabischen Wissenschaftlers Al-Jazari aus dem 13. Jh. dar. Auf ihr wurde die Zeit von vier durch Wasserstrahlen gelenkten beweglichen Pfauen und einem Satz bunter Kugeln angegeben. Diese Uhr ist ein anschauliches Beispiel von Erfindungsgabe orientalischer Wissensschaftler und Künstler, die ähnlichen technischen Kunstwerken in Europa den Boden bereiteten.

Auf unserem Kontinent wurden damals Wasseruhren vornehmlich in den Klöstern benutzt, in denen die strenge Pflicht der regelmäßigen gemeinsamen Gebete bei Tag und Nacht ein frühzeitiges Wecken der Mönche erforderte. Die dazu dienenden Glöckchen wurden durch ein senkrechtes Rad zum Läuten gebracht, wie es die Illumination in der Bible moralisée vom Ende des 13. Jh. anschaulich vorführt (Universitätsbibliothek Oxford).

Die griechischen und orientalischen Erkenntnisse auf dem Gebiet der Wasseruhren kamen in der Neuzeit wieder zur Geltung und deren Mechanisierung wurde bis ins 19. Jh. in Italien und Frankreich weiterentwickelt. Diese Verbesserungen sind freilich nur von der technischen Seite her interessant.

Aber auch die Wasseruhr hatte ihre Mängel. Sie war vor allem für Mittel- und Nordeuropa ungeeignet, da ja bei starken Frösten das Wasser in ihr einfror und sie untauglich machte. Deshalb suchte man, insbesondere in den Klöstern und Burgen, nach einem in dieser Hinsicht besser geeigneten Gerät und kam auf die Feueruhr.

Feueruhren

5 Öllampenuhr. Zinn, H. 30 cm. Böhmen, 1. Hälfte des 19. Jh. Kunstgewerbemuseum, Prag

Nach alten Berichten soll der englische Benediktinermönch Beda, unter anderem auch Verfasser zweier Schriften über Zeitbestimmung, im 8. Jh. die Feueruhr eingeführt haben, als er während des nächtlichen Gottesdienstes in der eiskalten Kirche auf eine brennende Kerze die Stundenskala eintrug. Diese Meßmethode verbreitete sich mit der Zeit, denn neben ihrem Hauptzweck, der Beleuchtung der dunklen Räume mit im Winter fest vernagelten Fenstern, konnten die langsam abbrennenden Kerzen auch ziemlich verläßlich die ablaufende Zeit messen. Die Kerzen waren etwa einen Meter lang, und in einer Nacht verbrauchte man drei. In besserer Ausführung waren in bestimmten Abständen Metallnägel oder -kügelchen an der Kerzenfläche angebracht, die beim Abbrennen des Wachses auf eine Metallunterlage fielen und mit ihrem Aufschlag die Stunden kündeten. Diese Methode war schon lange vorher bei der sog. Luntenuhr in China bekannt. Ihr Hauptbestandteil war eine mit Teer und Sägespänen umwickelte horizontale Metallstange; beim Abbrennen entzündeten sich die über die Stange gespannten Baumwollfasern, von denen Kugeln herabfielen.

Eine andere Art der Feueruhr war im ausgehenden 15. Jh. die feuersichere und besser funktionierende Öllampenuhr. Anfangs bestand sie aus einem einfachen Öllämpchen mit gläsernem Ölbehälter, dessen beim Brennen sinkender Spiegel auf der Skala die Zeit angab. Später entstand dann eine verbesserte Lampenuhr, bei der Lampe und Olbehälter auf einem Kerzenhalter, meist aus Zinn, aufgesetzt waren. Diese im 17. und 18. Jh. übliche Art überlebte bis ins 19. Jh. Die Bemühungen um eine künstlerische Gestaltung sind jedoch gering und beschränken sich auf das Ölgefäß und die Kerzen.

Sanduhren

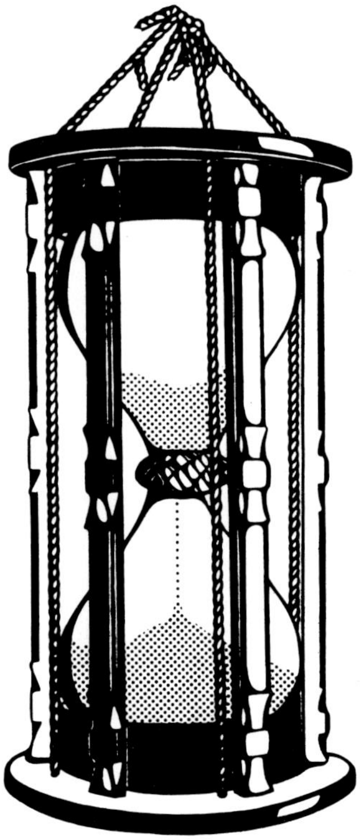

Sanduhr, 18. Jh.

Sonderbarerweise ist die Sanduhr, die als Stundenglas in der Kunst häufig als Symbol oder Attribut der Zeit auftritt, verhältnismäßig spät entstanden. Die deutsche Bezeichnung ist ein wenig irreführend, denn zumeist geht es hier nicht um gewöhnlichen Sand, sondern um ein Gemenge von mehrmals gebranntem, durchsiebtem und völlig trokkenem Marmorschotter, zermahlenen Eierschalen und Blei- bzw. Zinkpulver. Der in Paris gefundene älteste Bericht über Sanduhren aus dem Jahre 1339 enthält ein Rezept für die Aufbereitung von schwarzem Marmorsand: er wurde in Wein gekocht und in der Sonne getrocknet. Da die Sanduhr einfach und vor allem leicht anzuschaffen war, genoß sie seit dem Mittelalter große Beliebtheit. Die wenigen erhalten gebliebenen gotischen Stücke gehen, ihrem schlanken Arkadenbau nach zu schließen, wohl auf das 15. Jh. zurück. Sehr verbreitet war die Sanduhr zur Renaissancezeit infolge des Aufschwungs der Glasmacherkunst im 16. Jh. In Mitteleuropa gelang damals der Versuch, das unreine blasenwerfende Waldglas zu entfärben und die notwendige Reinheit zu erzielen. Davon hing das richtige Funktionieren dieser aus zwei mit der Spitze zusammengefügten Glasbirnen bestehenden Uhr ab, nämlich das reibungslose Rieseln des Sandes aus dem oberen in das untere Gefäß durch die kleine Öffnung an der Fuge. Diese Gläser wurden in verschiedenen Größen hergestellt, je nach dem Zeitraum, für den die Uhr gebaut war; üblich waren Halbstunden- und Stundengläser. Darin lag ihr zeitraubender Nachteil und der Grund ihrer auf Schulen, Kanzeln und Gerichte beschränkten Verwendung. Auch die Anordnung von zwei und mehr Gefäßpaaren in einem Gestell half nicht viel. Im 17. und 18. Jh. waren besonders die süddeutschen Sanduhrmacher um einen möglichst großen Absatz ihrer Erzeugnisse bemüht und schlossen sich in Nürnberg zu einer eigenen Zunft zusammen. Einheitliche Sätze von Sanduhren wurden vornehmlich auf Schiffen benutzt; sie bestanden in der Regel aus acht Geräten, die je eine halbe Stunde, zusammen also vier Stunden, in Betrieb waren. Man versuchte auch, die Ablaufzeit der Sanduhr bis auf zwölf Stunden zu verlängern, und der holländische Schiffszimmermann Barents baute eine solche Uhr. Der Astronom Tycho de Brahe war besessen von der Vorstellung einer vierundzwanzig Stunden lang betriebsfähigen Sanduhr.

Ähnlich waren die Bemühungen mehrerer deutscher Mechaniker des 17. und 18. Jh. um die Entdeckung einer Vorrichtung zum selbsttätigen Umwenden der beiden Gläser.

Trotz aller Nachteile blieb die Sanduhr bis ins 19. Jh. vor allem für Kurzzeitaufgaben in Gebrauch. Nicht selten wurde das dem Zusammenhalt und Schutz der Glasgefäße dienende Gehäuse aus Holz, Metall oder aus vergoldetem Elfenbein kunstreich gedrechselt und verziert. Ein vollendetes Kunstwerk dieser Art ist die i. J. 1544 nach dem Entwurf von Hans Holbein d. J. unter Mitarbeit von Luthers Freund, dem Oxforder Professor Nicholas Kratzer, für König Heinrich VIII. von England angefertigte Sanduhr. Ihr kostbares Gehäuse war reich verziert mit Ornamenten, und freistehende Figuren schmückten Sockel und Gehäusedach.

RÄDERUHREN

Unsere Kenntnis der frühen Räderuhr verdanken wir mehr den keinesweg genauen Archivberichten und Buchillustrationen als erhaltengeblieben Uhren.

Die Räderuhr ist aus dem verbesserten Mechanismus einer Wasseruhr hervorgegangen, wie die im beginnenden 11. Jh. von dem bereits erwähnten Su Sung in China konstruierte Himmelsmaschine. In Europa setzte man als mechanischen Antrieb statt des Wassers die Masse eines Gewichts aus Stein oder Metall. Wann das geschah, ist nicht bekannt. Allgemein wird angeführt, die erste Erwähnung einer Räderuhr sei in einem Vers aus Dantes Paradies (XXIV, 13) zu finden, was zu der Schlußfolgerung führte, daß der spezielle Rädermechanismus im Sinne der heutigen Uhren relativ spät erfunden worden ist. Das für eine derartige Uhr übliche Wort Horologium hatte schon zu jener Zeit eine zu allgemeine Bedeutung, um eine klare Vorstellung vom Aussehen der Uhr in Dantes Dichtung zu gestatten. Ebenso wissen wir nichts über die Uhr der Kathedrale von Sens in Frankreich, über die ein Bericht aus dem Jahr 1176 vorliegt, oder was für Uhren das „Uhrenhaus" enthielt, das der berühmte Architekt Willars de Honecort 1248 in seinem Manuskript als vierstöckigen gotischen Turm gezeichnet hat. Das Wort Horologium, das im Mittelalter die verschiedensten Zeitmesser bezeichnete, kann daher auch nichts darüber aussagen, womit sich die Uhrmacher befaßten, nach denen bereits im Jahre 1220 eine Gasse in Köln „Urlougiengazze" benannt wurde. Und nichts Genaues erfährt man auch aus den englischen Berichten über die Errichtung von Kirchturmuhren in Exeter (1284), Westminster (1288) und Canterbury (1292). Wie die Uhr aus dem Jahre 1300 in Florenz beschaffen war, oder die aus demselben Jahr in der Kathedrale zu Beauvais, bleibt fraglich; es kann eine Sonnenuhr gewesen sein, nach deren Zeitangaben der Turmwächter in bestimmten Zeitabschnitten die Glocke schlug, wie es in der Anordnung des Erzbischofs von Corbeil aus dem Jahre 1198 heißt. Oder vielleicht eine Wasseruhr mit Glockenschlag, doch wohl keine Räderuhr. Eine solche aber muß die mit zwei Gewichten versehene Silberuhr gewesen sein, die im Jahre 1299 (anderen Berichten zufolge erst 1314) der Pariser Goldschmied Pierre Pippelard, neben Jehan Aurologier (1292) und Robert von England einer der ältesten mit Namen bekannten Uhrmacher Europas, für König Philipp den Schönen von Frankreich verfertigte. Jener Robert von England alias Robertus Anglicus spricht bereits von der Waag im Uhrenhemmwerk, doch ist das Jahr seines Vermerks leider nicht angeführt. Da er im ausgehenden 13. Jh. lebte, ist es nicht ausgeschlossen, daß diese für den Gang einer Räderuhr unerläßliche Hemmung schon damals bekannt war. Im berühmten Roman von der Rose aus den Jahren vor 1305 nennt der Dichter Jean de Meung ausdrücklich Uhrräder und Glocken. Ein Hemmwerk muß die großartige Turmuhr aus dem Jahre 1318 des Colard Lefevre zu Cambrai gehabt haben, deren Bau mit genaueren Abrechnungen für die technische und künstlerische Arbeit belegt ist. Diese Rechnungen lassen auf einen komplizierten astronomischen Mechanismus schließen, den eine plastische Darstellung der Sonnen- und der Mondbahn, ein Kalender und eine Tierkreisdarstellung begleiteten. Bewunderung erregten auch seine beweglichen gemalten Engelsfiguren, die den Kalender wiesen, von Aposteln und anderen Heiligen. Es war eine echte mittelalterliche astronomische Turmuhr, der in Prag nicht unähnlich. Eine derart ausgeklügelte Ausstattung ist ohne Uhrhemmwerk so gut wie undenkbar.

Im Jahre 1333 wurde in Mailand eine öffentliche Turmuhr mit Schlagwerk und einem Zifferblatt errichtet, auf dem die Italienische Zeit (1 – 24 Uhr) abzulesen war. Merkwürdig war die 1334 errichtete Pariser Turmuhr von Saint-Jacques de l'Hôpital (Saint-Denis). Sie war zwar prächtig, doch unverläßlich und mußte schon 1399 einer neuen Platz machen, einem Werk Jehan Rays und seines Mitarbeiters Jean Guignons. Dieser stattete sie mit einem Schlagwerk aus, dessen bewegliche hölzerne Engelsfiguren Thomas Privé lieferte. Aus den Eintragungen über diese Turmuhr, die sich über das ganze 15. Jh. erstreckten, erfahren wir, daß die die Glocke schlagenden Engel 1473 der automatischen Figur eines „Wilden" weichen mußten, die Guillaume Santé geschnitzt und bemalt hatte.

Aus der 2. Hälfte des 14. Jh. liegen uns Berichte über Uhrmacher aus ganz Europa vor. Die meisten stammen aus Frankreich, England und Deutschland, etliche aus den Niederlanden und aus Böhmen. Wir wissen, daß Kaiser Karl IV. 1376 den Hofuhrmacher Martin beschäftigte, aber leider wissen wir nicht, was für eine Uhr dieser in Gang halten sollte. Vermutlich war es eine für den Wohnraum bestimmte Räderuhr, wohl ähnlich der, die Karls Neffe, König Karl V. von Frankreich, besaß. Dieser gab 1377 bei seinem Uhrmacher De Sainte Béate eine tragbare Silberuhr in Auftrag, ließ bei ihm eine Uhr aus der Zeit seines Ahnen Philipp des Schönen reparieren und 1370 für die Front des Pariser Königspalais' eine öffentliche Uhr konstruieren, „damit die Stadtbewohner bei Tage und bei Nacht ihren Angelegenheiten besser nachgehen können". Der beauftragte Uhrmacher war Heinrich von Wiek (Henri de Vic). König Karl V. hinterließ eine silberne Säulenuhr, also eine Räderuhr mit Gewichtsantrieb, die auf zeitgenössischen Buchminiaturen abgebildet ist, außerdem eine große Sanduhr – damals noch ein Unikat – sowie eine Kerzenuhr.

In der 2. Hälfte des 14. Jh. besaßen auch andere Städte und französische Burgen, wie z. B. Cornillon, öffentliche Uhren.

Wie diese ältesten Räderuhren des 14. Jh. aussahen, kann man sich nach dem Modell einer astronomischen Uhr, das 1364 Giovanni di Dondi, genannt dell'Orologio, konstruiert und in seiner Schrift Tractatus Astrarium in Padua publiziert hat, ungefähr vorstellen. Diesem Modell nach zu urteilen, das Peter Hayward in zwei Exemplaren nachgebildet hat (eines befindet sich im Smithsonian Institute in Washington, das zweite im Londoner Science Museum), handelte es sich um ein freistehendes siebenkantiges Metallgebilde auf hohen Füßen, das oben auf allen Seiten neben Planetenblättern Zifferblätter trug, auf denen die Tageszeit sowie die astronomische Zeit abzulesen war. Es war eine richtige Bodenstanduhr mit astronomischen Angaben, ein Wunderwerk an Präzision und technischen Finessen, und ihrer Zeit um zwei Jahrhunderte voraus. Eine Rekonstruktion der Dondischen Uhr wurde im Jahre 1978 in der Nürnberger Ausstellung „Kaiser Karl IV." gezeigt, denn Dondi (1330 – 1389), der Sohn des Paduaner Arztes, Physikers und Konstrukteurs der dortigen Turmuhr von 1344, Jacopo di Dondi, war des Kaisers Leibarzt.

Weniger lehrreich sind in dieser Beziehung die Miniaturen in den Handschriften des 14. Jh., von denen mehrere auch thematisch der Uhr gewidmet sind. An erster Stelle steht hier die bekannte Schrift „Oreloge de Sapience" aus dem Besitz von König Karls V. Enkelin Marie, eine Schrift, die 1406 vollendet wurde und heute in der Pariser Nationalbibliothek aufbewahrt wird. Sie enthält eine große Illumination der Primärform der Räderuhr. Ihr Gehäuse ist eine Art geräumiger Metallaufbau auf vier Säulen mit spitzem Dach und Glocken, eine sog. Prismenuhr. Das Uhrwerk ist auf allen Seiten mit je einem Zifferblatt ausgestattet, dessen Ringfläche auf die übliche Weise an der Peripherie des in der Mitte befindlichen zwölfzackigen Sterns weiß gemalt ist. Das damalige Zifferblatt war beweglich, der Stundenzeiger dagegen fest. Uhrzeiger in unserem Sinne stammen erst aus dem beginnenden 15. Jh. Einer der ersten befand sich an der Turmuhr der St. Ulrich-und-Afrakirche zu Augsburg (1402).

Genauere Abbildungen von Uhren sind in der jüngeren Ausgabe (um 1450) der „Oreloge de Sapience" sowie in der Handschrift der Christine de Pisan und des Nicole Oresme, eines Höflings Karls V., sowie in der späteren Abschrift aus der Mitte des 15. Jh. enthalten. Weitere Originalzeichnungen, Entwürfe und Illustrationen mittelalterlicher Werke befinden sich im Vatikan-Museum. Dort wird eine Handschrift aus dem ausgehenden 14. Jh. aufbewahrt, die die genaue Beschreibung eines Uhrwerks enthält. Es bestand aus sieben Zahnrädern mit Zifferblatt, das Werk lag in einem schlichten rechteckigen Rahmen, das Ganze war aus Eisen verfertigt. Diese Beschreibung stimmt mit den genannten Illustrationen und Zeichnungen nicht nur in der Gesamtansicht, sondern auch in der Räderzahl und der Art der Hemmung überein. Dabei ist ein Bestandteil besonders bemerkenswert, nämlich die Luftbremse, ein Rad, dem vier Arme mit Schaufeln (Paletten) an den Enden senkrecht aufgesetzt sind; diese Schaufeln hemmten durch den Luftwiderstand das durch die Schwere des Gewichts angetriebene Uhrwerk und regulierten so dessen Gang.

Das Uhrwerk der Räderuhren

Gewichtsantrieb

Das System der Räderuhr besteht im wesentlichen aus fünf Elementen: Antrieb (Gewicht oder Feder), Räderwerk (Zahnräder und Triebe) und aus der Hemmung (Spindel, Anker und Hemmungsrad, einer Einrichtung, die die Bewegung des Räderwerks rhythmisch hemmt und löst), sowie dem Gangregler oder Regulator der Hemmung (Waag, Pendel und Unruh) und dem Zeigerwerk (Zeiger und Zifferblatt).

Im Verlauf der sechs Jahrhunderte der Entwicklung der Räderuhr waren diese Bestandteile Gegenstand systematischer technischer Neuerungen zum Zweck möglichst genauer Zeitangabe und im Interesse einer bequemen Handhabung. Wir wollen hier Aufgabe und Entwicklung der einzelnen Teile kurz behandeln, denn sie sind auch für die künstlerische Gestaltung der Uhr von Bedeutung.

DER ANTRIEB

Von Anfang an und sehr häufig noch heute dient als Antrieb ein Gewicht, das an einer Schnur oder Kette, an einem Hanf-, Metall-, oder Darmsaitenseil hängt. Die Schnur ist am oberen Ende auf der Schnurtrommel oder der Triebradachse befestigt und um das Triebrad gewunden. Die Triebkraft wirkt zunächst auf das erste Zahnrad und von diesem auf mehrere ineinandergreifende kleine Zahnräder. Ein Radzahn verhindert die Rückbewegung unter der Last des Gewichts.

Die Vorteile des Gewichtsantriebs sind beträchtliche Kapazität und relative Beständigkeit der Triebkraft, regelmäßiger Gang, Einfachheit und Verläßlichkeit. Der Nachteil ist die beschränkte Beweglichkeit dieser Uhren, da ihr Gang sorgfältig ausgewogen werden muß. Deshalb suchte man bereits im 15. Jh. nach einem Ersatz des Gewichts durch eine andere Antriebskraft. Die wurde in der Triebkraft der Uhrfeder, einer in der Trommel befestigten Stahlspiralfeder, gefunden. Das erleichterte den Umgang mit der Uhr, erweiterte deren Typenskala und ermöglichte die Entstehung tragbarer Taschenuhren. Der Federantrieb stammt aus Burgund und wurde schon im Jahre 1459 bei der Uhr angewendet, die Johan de Lyerbourgh für König Karl VII. von Frankreich anfertigte.

Da jedoch die Triebkraft der Uhrfeder bei stetem Gang nachließ, legte man zwischen Federhaus und Gangwerk eine Ausgleichsvorrichtung, die sog. Schnecke. Das war ein weiteres Rad, dessen Achse ein mit der Schutztrommel durch eine Darmsaite oder dünne Kette gekoppelter gerillter Kegel bildete. Beim Aufziehen wurde die Kette über die Schneckenrillen gewunden, Feder und Trommel damit gespannt und dann beim Betrieb der Uhr wieder zurückgewunden. Der aufsteigende Halbmesser der Rillen und damit auch der Kettenwindungen vergrößerte die Zugkraft der nachlassenden Uhrfeder und förderte den gleichmäßigen Gang der Uhr.

Über die Entstehungszeit der Schnecke gibt es verschiedene Ansichten. Im 3. Viertel des 15. Jh. muß sie schon benutzt worden sein, denn sie erscheint auf Paul Almans Uhrwerkszeichnungen (um 1480). Ein Beweis der Nützlichkeit der Schnecke ist ihre mehr als dreihundertjährige Verwendung in Frankreich, England, Deutschland und Böhmen, die bis ins beginnende 19. Jahrhundert reicht.

DAS RÄDERWERK

Der erwähnten vatikanischen Schrift über den Bau des Uhrwerks zufolge bestand im ausgehenden 14. Jh. das Räderwerk

Spindelgang (Trommel und Schnecke)

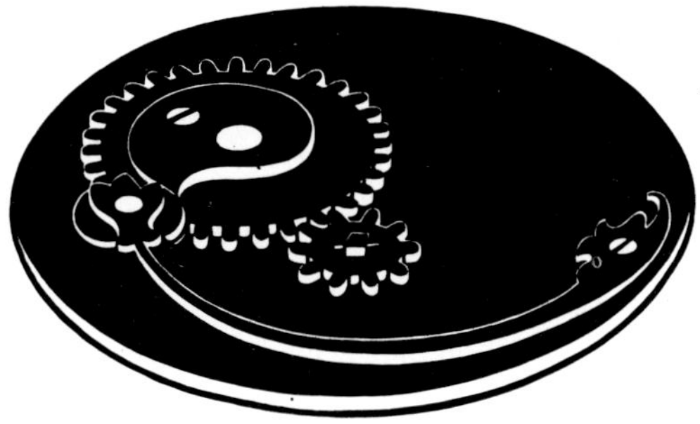

Stackfreed

der mittelalterlichen Uhren mit Schlagwerk aus sieben Rädern, von denen zwei im Gehwerk liefen, eines im Zifferblatt und vier im Schlagwerk. Jedes dieser mit verschiedenem Durchmesser und vielen verschiedenen Zähnen versehene Rad hatte seinen Namen. Interessant ist der sich um seine Achse drehende Windflügel als Regler, wie er noch heute im Schlagwerk benutzt wird. Dieses für die ältesten mechanischen Uhren des 14. und beginnenden 15. Jh. bezeichnende einfache System wurde trotz der zahlreichen Erfindungen im 16. und 17. Jh. bis in die zweite Hälfte des 17. Jh. beibehalten und ist noch in Capriglias Werk „Misura del tempo" abgebildet, das 1665 in Padua erschien.

Das Räderwerk saß entweder in einem Längsrahmen (Konsole) in einer lotrechten oder waagrechten Ebene, oder in einem Vierkant-Säulchengehäuse, wenn es sich um kompliziertere Schlagwerke oder astronomische Mechanismen handelte. Alles wurde aus Schmiedeeisen hergestellt, das Gehäuse ausnahmsweise aus Bronze.

Das System des aus drei Rädern bestehenden mittelalterlichen Gehwerks wurde entsprechend der technischen Entwicklung der Folgezeit auf verschiedenste Weise ausgebaut und die Anzahl der Räder vermehrt, um länger gehende Uhren herzustellen; das betraf vor allem kompliziertere Zeitmesser mit genaueren Angaben oder astronomischen Indikationen, aber auch schlagende und Weckeruhren. Bis in unsere Tage hat sich ein Getriebesystem von fünf Rädern bewährt: Triebrad, Minuten- oder Anlaufrad, Schloßscheibe, Sekundenrad und Hemmung. Die Transmission von einem Rad auf das andere besorgt ein stählerner Zahnkolben auf der Achse eines jeden Rades mit Ausnahme des Triebrades.

Auch Werkstoff und Bearbeitung des Getriebes sind mit der Zeit vervollkommnet worden. Im 17. Jh. begann man die Räder von Innenraum- und Sackuhren aus Bronze herzustellen. Bonze wurde auch für das Uhrgehäuse verwendet, wobei der Prismentypus des Mittelalters, der aus vier oben und unten in waagrechten Tafeln befestigten Säulen bestand, in zwei lotrechte Tragplatten umgestaltet wurde, die durch waagrechte Zugstangen verbunden waren. Die Rückwand war oft mit einer Gravur und der gestochenen Signatur des Uhrmachers verziert. Eine noch kunstreichere Behandlung dieser Gehäuseart tritt uns dann bei den barocken Sackuhren und ausnahmsweise noch bei den Taschenuhren des 19. Jh. entgegen, als flache Uhrwerke in Mode kamen, die seit dem ausgehenden 18. Jh. durch Einführung der Spiral- und der Tonfeder möglich geworden war.

DIE HEMMUNG

Entwicklungsmäßig ist die Hemmung der schwierigste Bestandteil der Räderuhr, vier Jahrhunderte lang hatten sich die Uhrmacher darum bemüht.

Aufgabe der Hemmung ist es, mittels der Waag, später einer Spindel oder

Englischer Ankergang

Schwarzwälder Ankergang

Grahams Ankergang

eines Ankers die Bewegung des Uhrwerks abwechselnd zu hemmen und wieder frei zu machen und den Gang der Uhr mit dem fortschreitenden Ablauf in Übereinstimmung zu bringen. Manche Hemmungen drücken das Kronrad nach Beendigung des Pendelschwungs zurück, andere lassen es ruhen. Die ersteren, älteren, nennt man rückfallende Hemmung, die letzteren, moderneren heißen ruhende und freie Hemmungen.

Zu der ersten Gruppe gehört vor allem die Spindelhemmung. Sie wurde an der Wende des 13. Jh. wahrscheinlich in Italien erfunden und wurde zum anfangs unentbehrlichen, später dann noch viel gebrauchten Bestandteil sämtlicher Arten von Räderuhren; sie überlebte bis ins 19. Jh. Die Spindelhemmung besteht aus einer Achse, an der zwei Spindellappen angebracht sind, und zwar in einer mit dem Durchmesser des Kronrads übereinstimmenden Entfernung und rechtwinklig zueinander angeordnet. Bei den ältesten Uhren war die Hemmung in Vertikallage, da das Räderwerk im Konsolenrahmen gleich beschwert war und die Waag, ein waagrechter Stab, auf der Spindelachse festsaß. Die Vor- und Rückschwünge auf der Waag wurden von zwei auf den Armen verschiebbaren kleinen Gewichten geregelt. Wegen der beträchtlichen Ungenauigkeit der Schwünge einer derart regulierten Hemmung – die Fehler betrugen täglich 15 bis 60 Minuten – brachte man die vertikale Spindel in horizontale Lage und die Rolle der Waag übernahm eine sich drehende Kreisscheibe, die sog. Unrast oder Unruh.

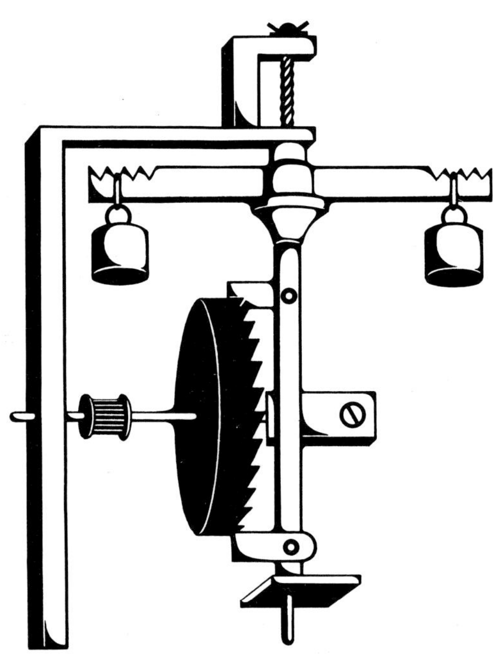

Spindelgang mit Waagregulator

Im Jahre 1657 kommt das Pendel als Taktgeber auf. Eingeführt wurde es von dem Holländer Christiaan Huygens, der sich auf ältere Überlegungen und Experimente Leonardos und Galileis stützte. Nach seinen Anweisungen konstruierte Salomon Coster die erste derartige Uhr. Auf die Spindel wurde eine festsitzende Gabel aufgesetzt, die die Bewegung des an der Hemmung hängenden Pendels übertrug. Da sich die ursprünglich für die Waag bestimmte Spindelhemmung bei Benutzung eines großen Pendels trotz aller Bemühungen Huygens' um Verbesserung dieses Systems nicht bewährte, suchte man nach geeigneteren Vorrichtungen und kam auf die Ankerhemmung. Ihre Heimat ist England, wo der Londoner Uhrmacher Wiliam Clement 1670 die erste Ankerhemmung, eine rückführende, konstruierte. Die Clementsche Hemmung bedeutet eine wesentliche Verbesserung in Bau und Präzision der Räderuhr, denn bei Vereinfachung des Mechanismus erzielte er ein verfeinertes Verhältnis zwischen Hemmung und Kronrad sowie eine geringere Abweichung des Ankers, und damit auch des Pendels, als es bei der Spindelhemmung der Fall gewesen war. Clements auf frühere Erwägungen Robert Hookes gestützte Erfindung wurde von den verschiedensten Uhrmachern weiter vervollkommnet. In vereinfachter Form nutzten sie die Hersteller der billigen Holzuhren im Schwarzwald, wo die Ankerhemmung neben der traditionellen und bei billigen Uhren bewährten Spindelhemmung bald heimisch wurde. Diese Uhren erhielten einen besonderen Namen – Schwarzwälder Blechanker.

England war auch das Land, wo die ruhende Hemmung erfunden wurde, bei der das Kronrad in Ruhe bleibt, während das Pendel sich bewegt. Mit ihr erzielte man eine weitaus größere Ganggenauigkeit als mit der Spindelhemmung. Die Erfindung stammt aus dem Jahre 1715 von dem Londoner Uhrmacher George Graham und konnte von dessen Schüler Thomas Tompion verbessert werden. Im Gegensatz zum Clement-Anker ist der Graham-Anker symmetrisch als leich-

Grahams Ankergang mit langem Anker

ter Halb-, später Viertelkreis geformt, der an den Enden in kurze, in Gegenrichtung abgeschrägte Arme ausläuft.

Nach Tompion und Graham wandelten verschiedene Uhrmacher das System der ruhender Hemmung ab, so F. Leonhardt, der an das Ankerende regulierbare Stahlpaletten setzte. Eine andere Variante der Hemmung ist der Scherenanker, das sind aufgesetzte Zähne, die in kurze senkrechte Arme greifen. Sein Erfinder ist der Pariser Uhrmacher Louis Amant (1741), eine Verbesserung stammt von Jean-André Lepaute. Um 1825 seztzen Louis Brocot und sein Sohn den Ankerarmen zwei Zähne senkrecht als Paletten auf. Ihr System war in der ersten Hälfte des 19. Jh. sehr verbreitet.

Seit der 2. Hälfte des 18. Jh. kannte man die dritte neuzeitliche Hemmungsart, die sog. freie Hemmung, deren Aufgabe die Verhinderung eines mechanischen Kontakts von Gehwerk und Pendel ist. Als erster ist hier der Pariser Uhrmacher Ferdinand Berthoud (um 1780) zu nennen, ein bedeutender Experimentator auf dem Gebiet der Uhrmacherei und Verfasser von Fachabhandlungen über die Chronometertechnik. Um 1800 schuf Urban Jürgensen, ein Mitgilied der berühmten, in Frankreich tätigen dänischen Uhrmacherfamilie, eine andere Variante, und im Jahre 1804 legte Thomas Reid, ein bekannter, in allen Fragen des Uhrfachs bewanderter schottischer Theoretiker, seine eigene Neuerung vor.

Die freie Hemmung erlangte eine noch wichtigere Stellung in der Taschenuhr- und Chronometerindustrie, wovon noch die Rede sein soll.

DAS ZIFFERBLATT

Im Komplex des Uhrwerks gehört das Zifferblatt zu den Gegenständen gelegentlicher Zusammenarbeit von Uhrmachern und bildenden Künstlern. Entwurf und Gestaltung des Zifferblatts tragen stets den Stempel der Zeit, des Orts und des Stils. In der Aufmachung des Zifferblatts widerspiegeln sich nicht selten zeitgenössische Kulturströmungen und die unerschöpfliche menschliche Phantasie.

Schon die drehbaren Zifferblätter des 14. Jh. hatten ihren ausgeprägten, auch wenn stereotypen Charakter: eine weißgemalte Kreisringfläche mit römischen Ziffern und ein heller Stern in der Mitte. Derartige Zifferblätter sind aus Buchilluminationen, später auch von Bildern her bekannt. In den westeuropäischen Ländern gebrauchte man klassische römische Ziffern, in den deutschsprachigen arabische. Ein hervorragendes Denkmal ist das Zifferblatt der Uhr Herzog Philipps von Burgund, dessen Mittelstück mit feinem Maßwerk im Flamboyantstil ausgefüllt ist. Die in Deutschland übliche Benutzung arabischer Ziffern findet man bis heute, vor allem auf den Bauernuhren der Nordschweiz und auf Kuckucksuhren, auch die Zifferblätter von Turmuhren haben sie beibehalten.

In der Renaissance des 16. und 17. Jh. verschwindet die Eigenart des Zifferblatts in den vielen Flächen des damals vorherrschenden Metallgehäuses. Bestimmte Arten weisen eine Bemalung mit vegetabilen, ausnahmsweise auch figürlichen Motiven auf. Besonders reizvoll sind die bunt gemalten Zifferblätter des Winterthurer Uhrmachers Erhard Liechti aus der 2. Hälfte des 16. Jahrhunderts. Die geringe künstlerische Ausdruckskraft der Renaissancezifferblätter wird nur von der Häufung der zu Schlagwerken und astronomischen Konstruktionen gehörigen Blätter ausgeglichen; sie sind untereinander verbunden und bedecken alle freien Flächen des Uhrgehäuses. Diese oft auf die Fläche des Hauptblatts gesetzten Zifferblätter für Minuten, kalendarische und astronomische Angaben sind zumeist ornamental, mitunter auch figural graviert. Man findet sie in allen Uhrmacherzentren, vor allem in Süddeutschland, wo es auch emaillierte gibt, sowie in Frankreich, das in dieser Hinsicht viel nüchterner ist. Nur Luxusstücke zeigen eine mehr komplizierte mythologische oder allergorische Figuralthematik auf dem Zifferblatt. Für die englischen Renaissanceuhren sind ganz schlichte und schmucklose Zifferblätter charakteristisch.

Im Frühbarock der 1. Hälfte des 17. Jh. läßt sich ein Übergang von den raumfüllenden Tischuhren der Renaissance zu frontal wirkenden Wand- und Kastenuhren verfolgen. Dieser Wandel teilt dem Zifferblatt eine weit bedeutungsvollere Aufgabe zu, das nun nicht selten die Stirnwand des Uhrwerks bildet. Man kommt auf breitere Kreisringflächen zurück, stellt sie oft aus Zinn her und stattet sie mit großen klassischen römischen Zif-

Mudges Ankergang

Schweizer Ankergang

Zylindergang

fern aus. Diese Mode hält besonders in Frankreich bis in die ausklingende Barockzeit an. Der Standardtyp trägt am äußeren Kreisumfang ein Minutenblatt mit arabischen Ziffern.

Die Ära Ludwigs XIV., also die 2. Hälfte des 17. Jh., erhöht mit ihrem Sinn für Pracht und Luxus das Zifferblatt zum eigenständigen künstlerischen Faktor. Oft nimmt es die Gestalt einer vergoldeten messinggetriebenen Scheibe an, an deren Peripherie weiße Emailplättchen mit blau oder schwarz gemalten römischen Ziffern eingelegt sind. Häufig wird der Unterteil des Zifferblatts mit getriebenen mythologischen Bronzefiguren des Chronos, des Apollo u.ä. geschmückt. Bekannt für derartige Entwürfe ist der Pariser Balthasar Martinot. Die Mode dehnte ihre künstlerischen Ansprüche auch auf die Verzierung der Pendelscheibe aus und gab ihr allerlei getriebene oder gepunzte Gestalten. Der Pracht des Zifferblatts wurden auch die verschiedenartig kalligraphisch durchbrochenen Uhrzeiger angepaßt.

Das Rokoko kommt von der bildnerischen Gliederung des Zifferblatts ab und führt weiß emaillierte ein, bleibt aber bei dem Zifferntypus des 17. Jahrhunderts. Das hängt mit dem Bestreben zusammen, in der Fülle der Bronzeverzierungen des Gehäuses das Zifferblatt für das Auge hervortreten zu lassen. Gleichzeitig konnte damit auch die Signatur des Uhrmachers besser zur Geltung kommen, dessen Name und Wirkungsstätte direkt auf dem Zifferblattgrund angeführt wurden. Die beliebten Vasenuhren zeigten Zifferblätter in Form von rotierenden, weiß emaillierten Friesen. Das weißemaillierte Zifferblatt ist dann auch für den Klassizismus, das Empire, das ausgehende 18. und die 1. Hälfte des 19. Jh. kennzeichnend, mit dem Unterschied, daß gegen Ende des 18. Jh. neben römischen auch arabische Ziffern erscheinen; regelmäßig werden diese bei den sogenannten Skelettuhren benutzt, deren Zifferblatt in der Mitte offen ist, um das Räderwerk sehen zu lassen.

In der Zeit Ludwigs XVI. verzieren die Maler Jean Coteau und Etienne Gobin die Peripherie des Zifferblatts mit gemalten Tierkreiszeichen, später, in den Jahren des Directoire, mit Blumengirlanden unter den einzelnen Ziffern.

Das Empire gibt dem emaillierten Zifferblatt funktionelle Schlichtheit zurück, erneuert die römischen Ziffern, bringt Blätter mit vergoldeten Zentralscheiben und stattet gewisse Uhren mit Zifferblättern in Form eines Wagenrades aus, so, wie sie der Bildhauer Ravrio herstellte.

Zifferblatt auf englische Art, 17.–18. Jh.

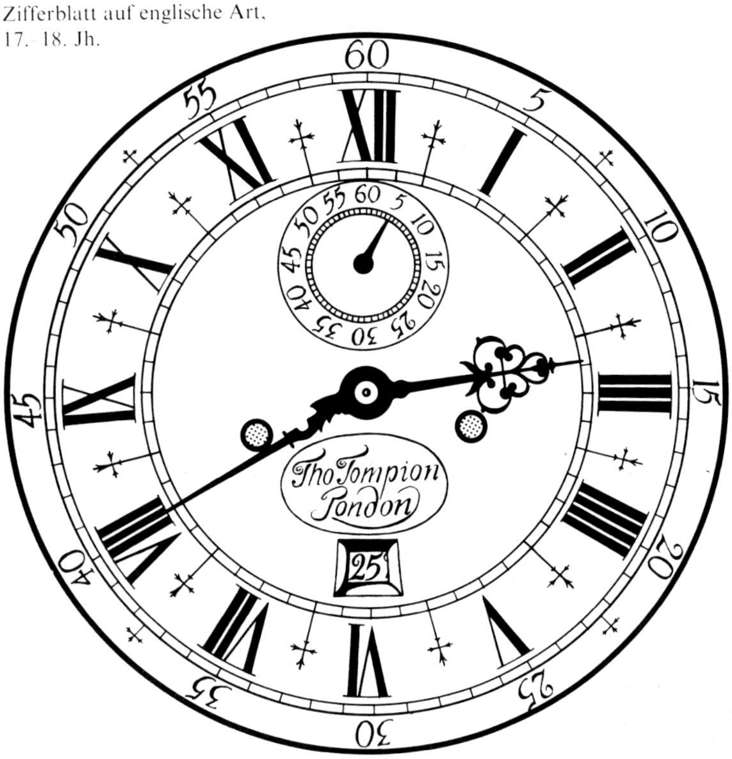

Zifferblatt, um 1840

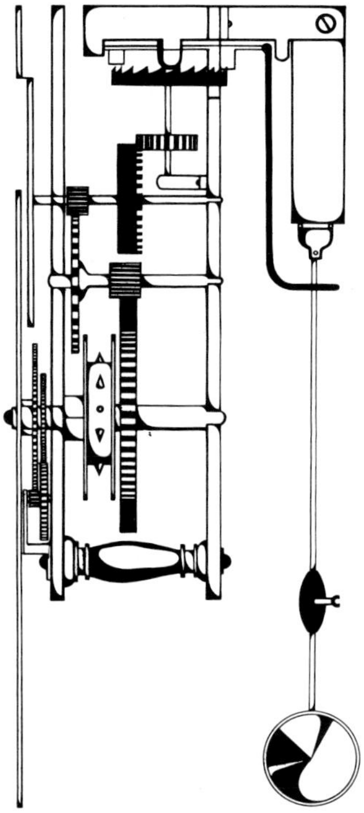

Werkriß der Huygensschen Pendeluhr von 1673

Zifferblatt im Jugendstil, um 1900

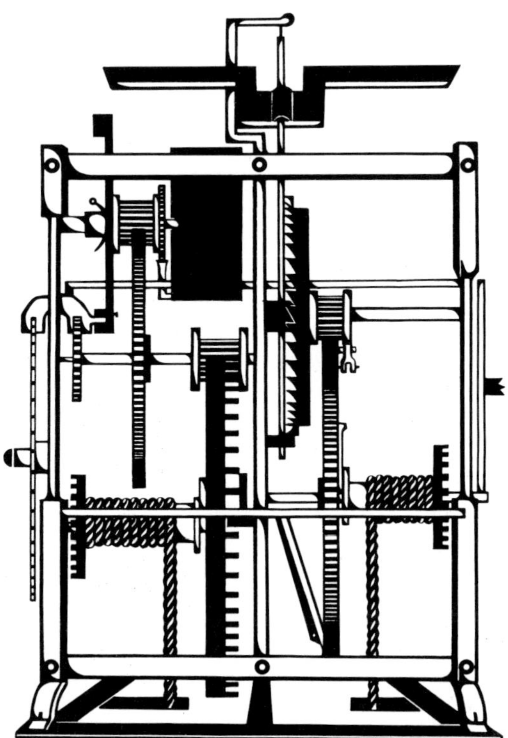

Waaguhr mit Schlagwerk, 17. Jh.

Im Biedermeier war das Zifferblatt in der Regel in der Mitte mit einer vergoldeten guillochierten Metallscheibe verziert. Es erscheinen auch solche mit einer Öffnung in der Mitte, die Einblick ins Uhrwerk gewähren, wie bei den erwähnten Skelettuhren; andere weisen bewegliche Zentralfiguren auf.

Die Uhr des 19. Jahrhunderts zeigt ein mehr oder weniger zweckbestimmtes Zifferblatt – weiß emailliert, mit römischen Ziffern. Bei teueren Exemplaren ist es reicher geschmückt, doch fehlt es hier an Erfindungsgabe. Man ersetzt sie durch Rückkehr in die Vergangenheit, namentlich in den Nachbarock-Klassizismus. Und das ganze 19. Jahrhundert ist begleitet von den Ausklängen der Primärform des mitterlalterlichen gemalten Zifferblatts, auf dem rund herum naiv gemalte, doch sehr reizvolle Volksmotive wie Blumen, Landschaften oder Figuren dargestellt sind. Diese Art Volkskunst blühte im ausgehenden 18. Jh. insbesondere im Schwarzwald, wo die Uhrmacher die Wirkung ihrer Erzeugnisse durch Aufstellung beweglicher Figürchen (Kuckucksuhr) noch erhöhten.

Um die Produktion billiger Uhren für die Stadt- und Landbevölkerung zu erleichtern, druckte man zu Ende des 18. und bis zur Mitte des 19. Jh. Papierzifferblätter, die dann auf eine Holzunterlage geklebt wurden; später ersetzte man sie druch Abziehbilder.

Der Jugendstil bevorzugte ungewohnte, oft verspielte Formen mit dekorativ und kalligraphisch ausgeführten arabischen Ziffern auf Emailunterlage.

Mit dem ausgehenden 18. Jahrhundert verschwindet die Ausschmückung der Pendelscheibe und beschränkt sich bei teuren Stücken auf die Standardtype des Sonnenmaskarons. Auch die Uhrzeiger verlieren ihre barocke Messingverzierung und werden zu nüchternen funktionsbezogenen Stahlpfeilen.

DAS SCHLAGWERK

Eine speizifische Eigenschaft der auf dem mechanischen Prinzip beruhenden Uhren ist die akustische Zeitsignalgebung. Schon die antike Wasseruhr gab die Zeit hörbar an, und im Mitterlalter waren vor allem die Klöster und die ältesten Turmuhren mit einem Schlagwerk ausgestattet. Die Erfindung der Räderuhr im 14. Jh. brachte eine große Verbreitung des Schlagwerks mit sich, denn dieses wurde nun entweder mit gemeinsamem Gewicht direkt ins Gehwerk eingegliedert oder mit einem rad- bzw. räderwerkgetriebenen selbständigen Gewicht an der Rückseite des Gehwerks angekoppelt. Die Hauptaufgabe fiel dem Hebnägelrad zu, das den Hammerschlag oder den Rhythmus der Schläge auf die angeschlossene Glokke bzw. Tonfeder bewirkte. Ein Zahn des Anlaufrades des Gehwerks löste das Schlagen aus, indem er bei voller Stunde einen Hebel mit Sperrzahn hob. Dieses einfache System bildete auch in den folgenden Jahrhunderten die wesentliche Entwicklungsbasis des Schlagwerks.

Im 16. Jahrhundert, als das Schlagwerk so umgebaut wurde, daß die Anzahl der Schläge mit der entsprechenden Stunde übereinstimmte, kam zum Schlagwerk noch eine Spindel hinzu, die die Bewegung der Zahnräder hemmte. Damit knüpfte man an die Neugestaltung des Schlagwerks an, bei der das Hebnägelrad als Schlagauslöser durch die Schloßscheibe ersetzt wurde. Diese war am Umfang in zwölf ungleich breite Zähne ausgefeilt, deren fortschreitende Breite den Sperrzahn während der für die entsprechende Anzahl der Schläge nötigen Zeit in gehobener Lage hielt. Die Drehzeit der Schloßscheibe war auf achtundsiebzig Schläge im Lauf von zwölf Stunden berechnet. Nach gewissen Verbesserungen der Einschnitte zwischen den einzelnen Zähnen erlaubte die Schloßscheibe auch Halbstundenschläge. Schlagobjekt der Schloßscheibe war ein Glöckchen. Der Nachteil des Schloßscheibenschlagwerks bestand darin, daß es bei der Regulierung der Schlagwerkzeiger oft zu einer Diskrepanz zwischen dem Zeiger und der Zahl der geschlagenen Stunden kam, was man zwar durch Vorrücken des Uhrzeigers in eine mit dem Schlagen übereinstimmende Lage berichtigen konnte, doch war das nur bei Uhren in Innenräumen, nicht bei öffentlichen bzw. Turmuhren möglich.

Technisch besser bewährte sich eine einfachere, wohl ältere Vorrichtung zur Schlagauslösung, die aus einem auf die Spindel des Uhrzeigers aufgesetzten zwölfgezähnten Rad bestand, das zu jeder Stunde einen Stift hob, womit es den Impuls zur Bewegung des Schlagräderwerks gab; die Anzahl der Schläge entsprach der eben abgelaufenen Stunde. Dieses System hat bei einfachen Bauernuhren bis in die Anfänge unseres Jahrhunderts überlebt.

Die Nachteile des Schloßscheibensystems konnten im Jahre 1676 von Edward Barlow beseitigt werden. Seine Erfindung einer Vorrichtung für das wiederholte Schlagen von vollen und auch Viertelstunden nahm auch ein anderer Londoner Uhrmacher, Daniel Quare, für sich in Anspruch. Dieses sogenannte Rechenschlagwerk ist ein kompliziertes System von Rädern, Stiften und Federn, hat aber den Vorteil, daß das Gehwerk leicht zu regulieren ist und mit den Schlägen in Übereinstimmung gebracht werden kann. Überdies kann man mittels eines eigenen Auslösers zu jeder Zeit die zuletzt geschlagene Viertel- oder volle Stunde wiederholen. Die zwei Glocken, die ursprünglich das Klangsignal gaben, wurden im 19. Jh. gegen eine Stahlspirale ausgetauscht, die in kleinerer Form schon vorher bei schlagenden Taschenuhren benutzt worden war. Das Schloßscheibensystem mit Glocke bleibt auch weiterhin in Gebrauch und ist besonders in der 2. Hälfte des 19. Jh. ein charakteristisches Merkmal der französischen Uhren geblieben.

6 Horizontalsonnenuhr. Solnhofener Kalkstein, geätzt, polychromiert u. vergoldet, 36,5 × × 25,5 cm Andreas Plenninger, Regensburg, Ende 16. Jh. Kunstgewerbemuseum, Prag

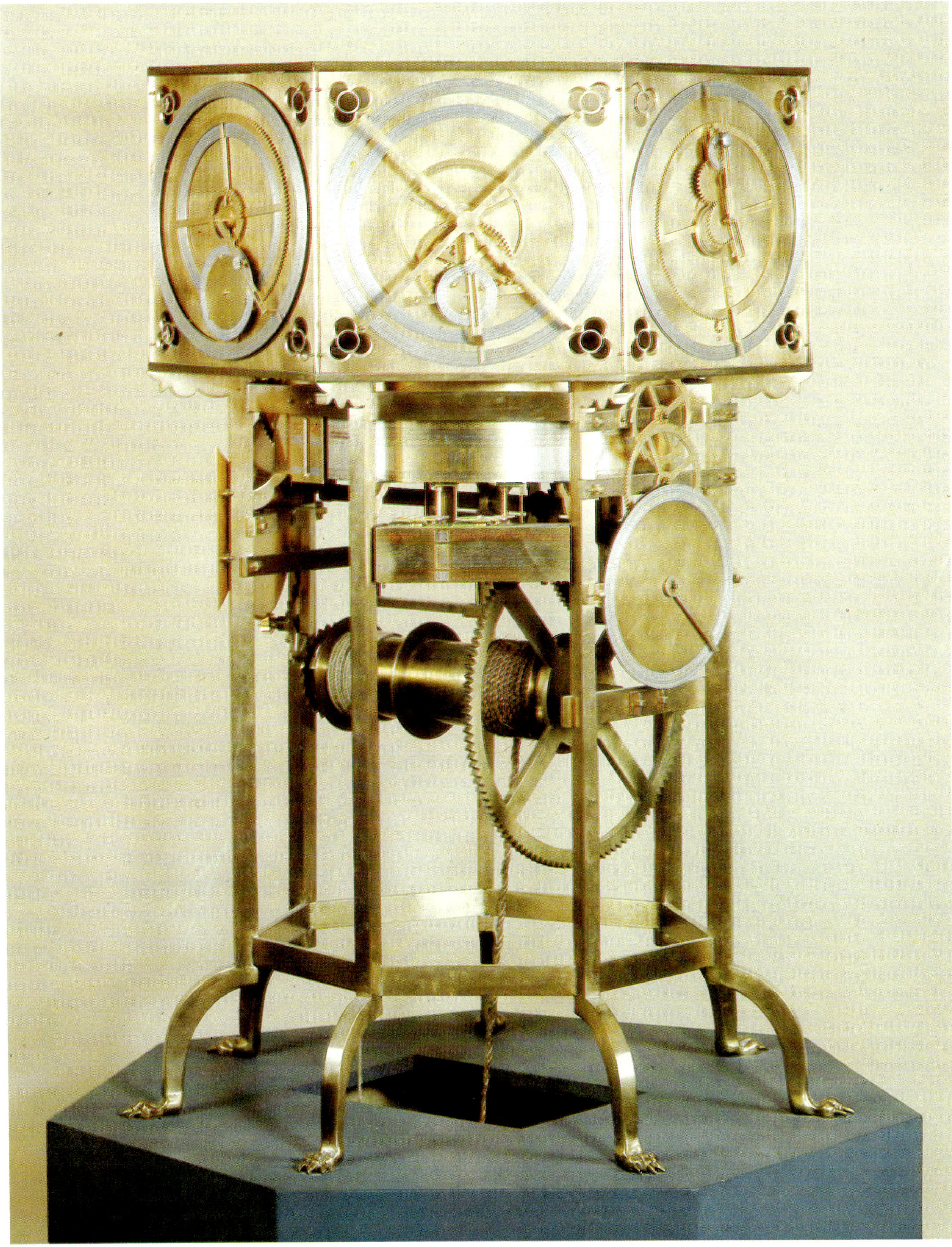

8 Konsolenuhr. Eisen, Ölmalerei, 50,5 × 16 × × 20 cm. Erhard Liechti, Winterthur 1572. Uhrensammlung Konrad Kellenberger, Winterthur

◁

7 Planetenuhr. Bronze u. Messing. Giovanni di Dondi, nach 1348. Wiederherstellung. Museum der Zeitmessung Beyer, Zürich

9 Konsolenuhr. Eisen, Ölmalerei, Darstellung der Jungfrau Maria von Passau. Höhe 29 cm. Süddeutschland, um 1600. Uhrenmuseum, Šternberk (Böhmen)

10 Stuhluhr (Stoelklok).
Holz, Eisen, Messing, Zinn,
Ölmalerei, Höhe 73 cm.
Nördliche Niederlande,
2. Hälfte des 18. Jh.
Uhrenmuseum, Šternberk

11 Wanduhr. Messinggehäuse, 19,5 × 7,5 × 6 cm. Toggenburg 1768. Schweizerisches Landesmuseum, Zürich

▷
12 Wanduhr, Schwarzwälder Uhr. Holz, gemalt, H. 35 cm. Schwarzwald, 1. Hälfte des 19. Jh. Uhrenmuseum, Šternberk

AVGVSTVS
OLYMPIA
SER·GALBA

RÄDERUHREN ALS KUNSTWERK

Eine der ältesten Räderuhren ist die mittelalterliche Turmwächteruhr. Ihr Werk war äußerst einfach, ungedeckt, aus Eisen geschmiedet und gefeilt, etwa 50 cm hoch. Das Räderwerk saß in einem genieteten vertikalen Längsrahmen und bestand aus dem Triebrad mit Gewicht und dem von der Waag regulierten Hemmwerk. Bei den ersten Stücken war das Glockenschlagwerk direkt ins Gehwerk eingebaut. Um 1500 erscheint eine kompliziertere Art mit lotrecht geteiltem Doppelrahmen; der hintere Rahmen barg das Hebnägelrad des Schlagwerks, das entweder vom Gewicht des Gehwerks oder vom eigenen Gewicht angetrieben wurde. Im Augenblick, da das Triebrad des Gehwerks den Sperrzahn hob, setzte das Hebnägelrad einen Hammer in Bewegung, der auf die an der Oberseite der Uhr angebrachte Glocke schlug. Damit war die Hauptaugabe dieser Uhren erfüllt, nämlich jede Stunde den Turmwächter an seine Pflicht zu erinnern, durch sein Schlagen auf die große Glocke öffentlich die abgelaufene Stunde zu verkünden. Darum hatte die Uhr ein Zifferblatt mit der ortsüblichen Tageszeiteinteilung: in Deutschland, Frankreich und England war es der Zwölfstundentag, in Italien und Böhmen der Vierundzwanzigstundentag. Ein einziger Zeiger wies die Zeit.

In ihrer Zeitangabe waren diese Uhren recht unzuverlässig, häufig war es auch die Turmuhr selbst, wie aus vielen Rathausprotokollen hervorgeht. Trotzdem wurden sie, später mit selbsttätigem Schlagwerk versehen, bis ins 17. Jahrhundert hergestellt. Man brauchte diese Turmwächteruhren vor allem als Notbehelf für den Fall, daß die in der Zwischenzeit errichtete große Turmuhr außer Betrieb war und der Turmwächter wieder selbst die Uhrzeit verkünden mußte. Darüber sind wir z. B. aus einem Beschluß des Augsburger Stadtrats von 1539 unterrichtet.

Man darf annehmen, daß es schon zur romanischen Zeit Turmwächter gegeben hat, die nach den Angaben einer Sonnen- oder Wasseruhr durch Schlagen der Kirchenglocke die jeweilige Stunde bekanntgaben. Ein konkretes Beispiel eines solchen auf die große Glocke schlagenden Turmwächters ist aus der Geschichte der Uhr von Montpellier bekannt. Die aus dem Jahr 1410 stammende Eintragung spricht von einem unzuverlässigen Turmwächter, der durch ein Automatenwerk mit beweglichen Holzpuppen ersetzt wurde.

Nur wenige Stücke sind aus dem 15. Jh. erhalten geblieben. Im Wiener Uhrenmuseum, im Mainfränkischen Museum zu Würzburg und im Museum von Karlsruhe sind einige Turmwächteruhren vom einfachsten Typus, mit direkter Kopplung von Geh- und Schlagwerk aufbewahrt. Weiter fortgeschritten ist die Bauart der aus der Nürnberger St. Sebalduskirche stammenden Uhr im dortigen Germanischen Nationalmuseum. Ihr Rahmen ist der Höhe nach in Gehwerk und Schlagwerk zweigeteilt. Zwei gleiche Turmwächteruhren aus dem 16. Jh. befinden sich im Stuttgarter bzw. Züricher Museum. Es ist anzunehmen, daß auch das Uhrwerk des Prager Turmuhrmachers Albert zu dieser Art gehört, der 1402 als Uhrmacher im Alstädter Rathausturm genannt ist. Dem Vermerk nach hatte Alberts Uhrwerk „keinen guten Gang“. Dieser Mangel wurde acht Jahre später mit der Errichtung der Prager astronomischen Uhr behoben.

Turmuhren

Öffentliche Uhren sind in der Regel Turmuhren, denn sie befanden sich dort, wo sie sichtbar und auch zu hören waren, d. h. an Kirch- und Rathaustürmen, an denen die meisten Stadtbewohner vorbeikamen. Man findet sie auch an anderen

◁
13 Telleruhr.
Kupfer, getrieben und vergoldet, Ölmalerei, ∅ 35,5 cm.
Süddeutschland,
2. Hälfte des 17. Jh.
Kunstgewerbemuseum, Prag

Bauten, etwa an Stadttoren, zuweilen auch an Privathäusern. Eine Monumentaluhr mag die öffentliche Uhr des Jacopo di Dondi am Palazzo de Capitano in Padua aus dem Jahre 1344 gewesen sein, oder die Uhr des Königlichen Palastes in Paris, die der französische König Karl V. 1370 errichten ließ. 1352 entstand die astronomische Uhr im Straßburger Münster. Wir werden sie im nachfolgenden Kapitel näher behandeln. Private Uhren waren im 14. und 15. Jahrhundert ein seltener Luxus, der einen Chronik- oder Archivvermerk wert war. Auf die Pariser Uhr folgte die Stadtuhr von Rouen, ein Werk Jehans de Félains aus dem Jahr 1389.

Wenn wir von Turmuhren sprechen, dürfen wir nicht vergessen, daß sie ständig gehen mußten, daß sich ihr Werk daher rasch abnutzte, schadhaft wurde und instandgesetzt werden mußte. Bei diesen Gelegenheiten wurde das Uhrwerk in der Regel modernisiert, entweder zur Gänze oder in den Hauptbestandteilen. Ferner gab es unter den ersten Turmuhren solche, die weder Zifferblatt noch Zeiger hatten und die Zeit nur hörbar ansagten. Im frühen Mittelalter legte man nämlich mehr Wert auf die akustische, im weiten Umkreis wirkende Signalisierung der Zeit als auf den auf die nächste Nähe beschränkten optischen Eindruck. Diese Bevorzugung des Klangs bewog 1379 den König Karl V. zu der Anordnung, daß die Pariser Uhr jede Stunde schlagen sollte. Auch die Turmuhr von Rouen schlug die Stunden, selbst des Nachts. So wie diese, war auch die Schloßturmuhr auf Cornillon nur auf das Stundenschlagen eingerichtet, keine von beiden besaß ein Zifferblatt. Dafür schlug die Rouener Uhr jede Viertelstunde. Ein Zifferblatt erhielt sie erst in der 1. Hälfte des 17. Jh., als sie vom ursprünglichen Standort im Glockenturm auf das benachbarte Stadttor übersiedelte und einen neuen Rahmen im Renaissancestil erhielt. Im Jahr 1713 kam ein Pendel hinzu, und 1783 wich das alte Uhrwerk einem neuen und kehrte in den Glockenturm zurück.

Noch vor der Rouener war eine Turmuhr in Coutrai gebaut worden, von wo sie 1382 nach Dijon versetzt wurde, und dort erhielt sie im 15. Jahrhundert, ähnlich wie 1399 die Uhr von Saint Jacques-de l'Hôpital in Saint-Denis und 1410 die von Montpellier, zwei selbsttätige bewegliche Figuren, die auf die Glocke schlugen und Jacks oder Jaquemarts genannt wurden. Ein derart vor Augen geführtes Glockenschlagen wird dann in mehreren Städten auf mittelalterlichen und auch späteren Turmuhren eingeführt. Anfangs erschienen die Figuren in Engels- oder Knappengestalt, in der 2. Hälfte des 15. Jahrhunderts verwandelten sie sich in Wilde Männer, eine Art Neger. Solchen verdankt die Uhr in der Torre dell'Orologio auf dem Markusplatz in Venedig, aber auch die von Udine, ihre Berühmtheit. Der älteste Vermerk über einen derartigen Figuralautomaten, aus dem Jahr 1473, betrifft die bereits mehrmals erwähnte Kirche Saint-Jacques de l'Hôpital, in die Guillaume Santé im selben Jahr die Holzfigur eines Wilden geliefert hatte.

Die meisten wirklich alten Turmuhren sind in England erhalten geblieben, obwohl dort bis ins beginnende 16. Jahrhundert keine eigene Uhrmachertradition bestand. Man beschäftigte ausländische Uhrmacher oder führte Uhren ein. Das älteste, makellos überlieferte mittelalterliche Uhrwerk geht auf das Jahr 1386 zurück, von dem ein Bericht über den Turmwächter vorliegt, und gehörte zur Domkirchenuhr von Salisbury. Nach ihrer Rekonstruktion von 1955 ist sie das anschauliche Beispiel einer typischen Turmuhr, wie sie im 14. Jahrhundert auf dem Kontinent gebaut wurde. Denn sie ist das Werk der niederländischen Uhrmacher Jan und Willem Uneman und Jan Lietuit aus Delft, die 1368 von König Eduard III. nach England eingeladen worden waren. Der Bau dieser 1,25 m hohen und 1,29 m breiten Turmuhr ähnelt der verkleinerten Konstruktion der Turmwächteruhr von St. Sebaldus in Nürnberg (heute im Germanischen Nationalmuseum). Die Unterschiede bestehen nur darin, daß das Räderwerk nicht in einem Rahmen, sondern in einem prismatischen Eisenkäfig steckt, daß die Glocke separat angebracht ist und daß das Zifferblatt fehlt.

Der Turmuhr von Salisbury gleicht die der Kathedrale in Wells, dem Werk derselben Uhrmacher aus dem Jahr 1392 (heute im Londoner Science Museum). Auf diese Turmuhr wollen wir im Kapitel über astronomische Turmuhren und Kunstuhrmacher noch zurückkommen. Zu den genannten zwei Turmuhren gehört schließlich auch die Kirchturmuhr in Rye, Sussex, die man wohl wegen der Zifferblättumrahmung im Renaissancestil früher als ein Werk des 16. Jahrhunderts ansah. Im 18. Jahrhundert ist ihre Authentizität durch Beseitigung der Waag und deren Ersatz durch ein Pendel leider zum Teil verlorengegangen.

Eine eigene Gruppe bilden die südenglischen Turmuhren, die an das Uhrwerksystem der Schloßturmuhr in Dover anknüpfen (heute ebenfalls im Science Museum). Sie haben ein relativ kleines, aber in die Breite gezogenes Format, und ihr Schlagwerk ist komplizierter als das der Uhr von Salisbury.

Charakteristisch für die beginnende eigene Uhrenproduktion in England sind die spätmittelalterlichen Turmuhren mit bis zwei Meter hohen einarmigen Vertikalketten aus Holz und unten befindlicher Waag. Sie erscheinen insbesondere in der Grafschaft Cornwall. Bekannt sind die dortige Turmuhr von Cothele House (Cornwall), die von Haddon House (Derbyshire), sowie die Kirchturmuhr in Dorset. Das aus dem 16. Jahrhundert stammende Zifferblatt der letztgenannten ist dadurch auffallend, daß auf ihm statt Ziffern und Zeigern Sonnen- und Mondsymbole angebracht sind.

Wir haben uns eingehender mit den englischen Turmuhren befaßt, weil ihr Bau das übliche kontinentale System dieses Zweigs der Uhrmacherei darstellt. Wie bereits gesagt, besaß das gotische England keine eigene Produktion. Noch im 16. Jahrhundert, da sich vor allem dank der Initiative König Heinrichs VIII., eines Förderers von Astronomie und Mechanik, der Bau von Turmuhren rascher zu entwickeln begann, vergab man die wichtigsten Aufträge an französische und deutsche Uhrmacher.

Als die erste authentisch englische Turmuhr gilt die astronomische Turmuhr der Kathedrale zu Exeter aus dem ausgehenden 15. Jahrhundert.

In Frankreich war im 14. Jahrhundert neben Paris auch die Stadt Lille ein Zentrum der Uhrenproduktion, die Namen mehrerer dortiger Uhrmacher sind bekannt. Der Mittelpunkt blieb freilich Paris, wo sich die Uhrmachertradition bis zum Ende der Gotik in der Konstruktion von Turmuhren und figürlichen Automatenwerken mit Schlagwerk weiterentwickelte.

Im 16. Jahrhundert entstand die astronomische Turmuhr der Kathedrale von Chartres in Form einer Renaissance-Ädikula zur Aufnahme des Vierundzwanzigstunden-Zifferblatts, aus dessen Mitte eine Sonne Strahlenbündel aussandte.

Im Deutschland des 15. Jahrhunderts entfaltete sich die Turmuhrenherstellung vor allem in Franken. Die erste öffentliche Turmuhr schlug 1369 in Augsburg die Stunden, und 1383 baute Johann von Hagenau die Turmuhr in Frankfurt am Main. Augsburg erhielt 1402 die Kirchturmuhr von St. Ulrich-und-Afra, vier Jahre später auch eine Uhr am Rathausturm. Diese hatte einen einzigen Zeiger, und ihr Glockenschlag ertönte zu jeder vollen Stunde. Erst 1526 wurde dort der Viertelstundenschlag eingeführt, den die Sebaldus- und die Laurentiuskirche in Nürnberg bereits seit 1498 besaßen. Beachtenswert ist die Rathausturmuhr von Görlitz aus dem Jahr 1502, die mit einem Planetarium verbunden ist.

In Böhmen erhielt um 1381 der Altstädter Rathausturm in Prag eine Uhr, wie aus Archivvermerken über einen Uhrmacher Albert hervorgeht, der die Uhr noch im Jahre 1402 betreute. Aus anderen Archivalien ist das Bestehen einer Rathausturmuhr in Kutná Hora (Kuttenberg) bereits 1375 bekannt, unbekannt ist uns, ob es eine Räder- oder Sonnenuhr war. Verhältnismäßig spät, erst 1460, nach Fertigstellung der Neustädter Rathausturmuhr, errichtete Meister Vaněk die dortige Uhr, und wenig später entstanden die Turmuhren von St. Heinrich (um 1475) und St. Adalbert (1491). Drei Jahre später ist die interessante Turmuhr von Kolín belegt, von der wir wissen, daß sie 1511 der Kouřimer (Kaurim) Uhrmacher Ondřej instandgesetzt hat. Ein anderer Ondřej stellte die Uhr in Rakovník (Rakonitz) her; da sie aber nicht gut ging, wurde sie schon 1596 von einem Kaadener (Kadaň) Meister umgebaut. Auch in Beroun gab es eine Turmuhr, für deren Betreuung halbjährlich ein Schock Groschen gezahlt wurde.

In Preßburg (Bratislava) war die Rathausturmuhr schon vor 1440 entstanden, wie der Bericht über einen Schlosser Hans, der sie betreute, belegt. Im Jahr 1444 wurde sie mit astronomischen Zeigern ausgestattet. Aus der 1. Hälfte des 16. Jahrhunderts stammt die Uhr auf dem dortigen Michaelstor sowie die Domkirchenuhr, die wohl von berufenen Uhrmachern aus Wien bzw. Passau stammte.

Figürliche Automatenuhren

Zahlreiche historische Quellen und überlieferte Denkmäler unterrichten uns davon, daß die Räderuhr mit ihren Möglichkeiten selbsttätiger regulierbarer Bewegung schon in ihren ersten Stadien zum Experimentieren reizte. Damit verbunden waren die Bemühungen um auffallende bildnerische Gestaltung technischer Neuheiten, wie es die Zifferblätter, die astronomischen und Stundenzeiger auf Rathaus- und Monumentaluhren vor Augen führen. Die großen Städte gaben für derartige Verschönerungen und Attraktionen beträchtliche Mittel aus und belebten ihre Turmuhren mit beweglichen Figuren bzw. Figurengruppen. Diese Automatenwerke wurden von einem gemeinsamen oder selbständigen Uhrwerk angetrieben. Ihr recht komplizierter Mechanismus erforderte einen guten Kenner und Betreuer.

Zu solchen Automatenwerken gehören auch weiterhin die Glocken, ab 1480 dann auch Glockenspiele. Waren diese ununterbrochen in Gang gehaltenen astronomischen Turmuhren nach gewisser Zeit schadhaft, wurden sie wieder instandgesetzt und daher modernisiert und zum Teil oder im Ganzen in technischer bzw. künstlerischer Hinsicht erneuert. Keine einzige der auf uns gekommenen mittelalterlichen Turmuhren ist in ihrer ursprünglichen Gestalt erhalten geblieben. Aber auch so zeugen sie vom Erfindergeist, der Kunstfertigkeit und Phantasie des Spätmittelalters.

Zu den astronomischen Turmuhren des 14. Jahrhunderts, die nicht überlebt haben, gehört auch die von Villingen im Schwarzwald, die zu Unrecht für die älteste gehalten wurde. Unter denjenigen, die bis heute in Gang sind, wenn auch umgebaut und in den meisten Fällen in neuer äußerer Gestalt, ist vor allem die berühmte astronomische Uhr des Straßburger Münsters zu nennen. Sie ist 1352 bis 1354 von einem unbekannten Uhrmacher hergestellt worden, der Sage nach von Johann Boernhave, der nach der Fertigstellung geblendet worden sein soll, um kein ähnliches Wunderwerk wiederholen zu können. Solche Sagen umspinnen auch andere kostbare Turmuhren und deren Meister, wie etwa den Prager Uhrmacher Hanuš als Schöpfer der Altstädter Turmuhr.

Einer anderen Überlieferung zufolge soll der Konstrukteur der Straßburger astronomischen Münsteruhr seine Kunst bei den Arabern erlernt haben. Die Uhr erlitt aber schon im 16. Jahrhundert im Zuge der Religionskämpfe sowie aufgrund äußerer Eingriffe schwere Beschädigungen; 1571 – 1574 wurde von Isaak und Josias Habrecht nach den Berechnungen von Conrad Hasenfratz, genannt Dasypodius, in Zusammenarbeit mit weiteren Kunsthandwerken ein neues Uhrwerk angefertigt. Die Bildwerke und Gemälde der 10 m hohen Uhrwerkkulisse stammen von Tobias Stimmer. Hier entstand ein Kunstwerk, das in technischer und künstlerischer Hinsicht bereits in die Spätrenaissance fällt. Trotzdem besprechen wir es hier, ebenso wie andere astronomische Uhren, die sämtlich umgebaut oder neu ausgeschmückt wurden.

Von der zweiten Fassung der Straßburger Münsteruhr sind nur noch Stimmers Holzschnitzerei von 1574, der Kupferstich Isaak Brunos von 1620 sowie zwei vergoldete Bronzemodelle überliefert, von denen sich eines in London, das zweite in Kopenhagen befindet. Die Uhr ist weder in ihrer mechanischen noch in der äußeren Geschlossenheit erhalten geblieben, denn man ließ sie, nachdem sie ein halbes Jahrhundert nicht gegangen war, in den Jahren 1818 – 1842 vom elsässischen Mechaniker Jean B. Schwilgué umbauen. Dabei wurden sowohl die schöne Renaissance-Ädikula als auch der Turmanbau für die Gewichte beschädigt; zum Glück blieb die reizvolle offene Wendeltreppe, die zum Uhrwerk hinauf führt, intakt. Das Ergebnis des Umbaus ist mit der Vollständigkeit der Zeitangaben und astronomischen Angaben ein mechanisches Wunderwerk. Da gibt es ebenerdig einen Ewigen Kalender, umrahmt von zwei stehenden Engelsfiguren, die automatisch die Zeit anzeigen und die abgelaufene Stunde schlagen. Vor dem Kalenderblatt ist ein drehbarer Himmelsglobus mit fünftausend bezeichneten Sternen aufgestellt. Über dem Hauptzifferblatt im ersten Stockwerk zeigt das dritte zwei Plattformen mit beweglichen Figuren. Auf der unteren Plattform ist der Tod zu sehen, der die vollen Stunden schlägt, sowie die Allegorien der vier Lebensalter, die die Viertelstunden verkünden. Auf der zweiten Plattform ziehen jede Stunde die zwölf Apostel vorbei und neigen sich vor der Christusfigur. Wenn sie verschwinden, kräht der Hahn auf der Spitze des dreistöckigen Renaissance-Turmanbaus, in dem sich die Gewichte des Uhrwerks befinden. Der ursprüngliche Metallhahn, der einzige aus dem 14. Jahrhundert überlieferte Teil der Originaluhr, wird im Straßburger Kunstgewerbemuseum aufbewahrt, wo auch die Reste von Habrechts Uhrwerk sowie dessen Renaissanceplastiken von 1574 zu finden sind.

In den Jahren 1356–1361 ließen die Nürnberger eine astronomische Uhr in die im Auftrag von Karl IV. errichtete und eben vollendete Marienkirche am Großen Markt einbauen. Seit 1509, als sie vom Schlosser Georg Hans umgebaut wurde, ist sie mit einem bewundernswerten Figuralautomatenwerk ausgestattet. Zu jeder vollen Stunde treten unter Trompetenstößen von Engelsfiguren die sieben Kurfürsten hervor, schreiten an der thronenden Gestalt Kaiser Karls vorbei und huldigen ihm. Die Szene ist im Zusammenhang mit Karls Goldener Bulle von 1356 zu verstehen. Die kupfernen Kurfürstenfiguren wurden von Sebastian Lindenast d. Ä. geschaffen. Zuletzt wurde die Uhr im Jahre 1953 instandgesetzt.

Um 1380 enstand eine astronomische Turmuhr an der Domkirche von Lund in Schweden. Trotz des Umbaus von 1706 und eines weiteren in unserem Jahrhundert ist die ursprüngliche dreistöckige Holzkulisse mit der seitlichen zum Planetenuhrwerk im obersten Stockwerk führenden Wendeltreppe erhalten geblieben. Unterhalb der Treppe ist ein automatischer Figurenfries mit der Darstellung der Thronenden Madonna mit Jesuskind zu sehen, der sich die Heiligen Drei Könige aus Seitenportalen nähern, um dem Kind zu huldigen. Die Figuren wurden 1623 durch neue ersetzt. Ganz unten befindet sich ein Tierkreiszeichen.

Zu den ältesten astronomischen Uhren gehört die doppelseitige Kathedraluhr von Wells, die 1392 gschaffen und im Lauf des 15. Jahrhunderts ausgebaut wurde. Sie ist in die Spitze eines gotischen Portals aus dem 13. Jahrhundert eingesetzt, dessen vermauerte Fläche von einem neuen astronomischen Zifferblatt bedeckt ist. Über diesem kommen auf einer vor der Mauer angebauten Plattform aus zwei gegenüberliegenden Seitentoren Reiterfiguren herausgeritten und führen eine Art Turnier vor. (Den Touristen zuliebe spielt sich diese Szene heute jede Viertelstunde ab.) Die Originalfiguren wurden 1835 durch neue ersetzt, gleichzeitig erneuerte man auch das Uhrwerk sowie das schlichte Stundenzifferblatt auf der Außenseite der Uhr an der Kirchenfassade. Von der aus dem 15. Jahrhundert stammenden ursprünglichen Außenseite sind die holzgeschnitzten Symbole der vier Evangelisten in den Blattrahmenzwickeln sowie zwei Knappenfiguren (Jacks), die auf zwei Glocken schlagen, erhalten geblieben.

Ein hervorragendes Denkmal der Uhrmacherkunst der Hoch- und Spätgotik ist die Altstädter Rathausturmuhr in Prag. Lange Zeit wurde sie für ein Werk des Magisters Hanuš Růže aus dem Jahr 1490 gehalten. Neuere Untersuchungen haben jedoch gezeigt, daß diese astronomische Turmuhr bereits i. J. 1410 entstanden ist. Damals hat Nikolaus von Kaaden nach den Berechnungen des Mathematikers und Astronomen Jan Šindel (Johann Schindel) die alte Uhr Meister Alberts mit einem Astrolab und Zifferblattsphären im Mittelstock der bis in die Gegenwart bestehenden gotischen Ädikula ausgestattet. Schon der steinerne Rahmen mit gehauenen Tierfiguren, in den das Zifferblatt eingesetzt ist, verrät den älteren Ursprung der astronomischen Uhr, denn seine Architektur und Plastik tragen Stilmerkmale der Peter Parlerschen Bauhütte aus der 2. Hälfte des 14. Jahrhunderts.

Jener Magister Hanuš hat im Zuge des damaligen spätgotischen Umbaus der Ädikula, an dem möglicherweise der berühmte Steinmetz und Baumeister Matthias Rejsek beteiligt war, das astronomische Uhrwerk nur ausgebessert. Die Turmuhr ging bis 1553; in jenem Jahr wurde sie von Daniel Skřivan unter der Leitung des Illuminators Jan Táborský erneuert. 1556 erhielt sie ein neues, auf ein eigenes Werk aufgesetztes Kalenderblatt. 1629 blieb die Uhr für mehr als anderthalb Jahrhunderte stehen und verkam. Statt ihrer schlug ein Turmwächter, so wie in anderen Städten, zu jeder Stunde auf die große Glocke. Erst 1787 konnte der Uhrmacher Johann Landesberg, von dem die neue Rathausturmuhr stammt, im Auftrag des königlichen Astronomen Antonín Strnad das Uhrwerk instandsetzen. Seine acht Statuen wurden damals von Anton Schumann, die Gemälde von Wenzel Obermann restauriert. Landesbergers Wiederherstellung hielt nicht lange, und so führte 1864 nach Anweisung des Direktors der Sternwarte Josef Böhm das Altstädter Uhrenhaus Ludwig Hainz die Instandsetzung durch. Das Uhrwerk erhielt die modernste, vom Engländer Edmund Denison erfundene Hemmung – sie war erstmals 1859 in der berühmten Big-Ben-Uhr auf dem Londoner Parlamentsgebäude eingesetzt worden. Josef Mánes malte das untere, das Tierkreisblatt, und der Holzschnitzer Eduard Veselý schuf die beweglichen Apostel-Halbfiguren, die zu jeder Stunde in den zwei Fensternischen über dem oberen, dem astronomischen Zifferblatt erscheinen, wobei der Tod sein Glöcklein in Bewegung setzt. Gleichzeitig bewegen sich drei weitere Figuren, Allegorien des Geizes und der Leidenschaft sowie ein Türke. Die erneuerte astronomische Turmuhr kündete feierlich in der Silversternacht zum 1. Januar 1866 um Mitternacht erstmals wieder die Zeit. 1882 vollendete Hainz sein Werk mit der Anbringung des krähenden Hahns. Drei Jahre später überstellte man das Mánessche Zifferblatt in das Städtische Museum und ersetzte es durch eine Kopie.

In dieser Gestalt war die Uhr bis zum Mai 1945 in Betrieb, bis sie zu Ende des Krieges stark beschädigt wurde. In den folgenden Jahren setzte man sie wieder instand. Seit 1948 geht die astronomische Uhr wieder und wird von vielen Besuchern bewundert.

Die figürlichen automatischen astronomischen Turmuhren sind fast ausnahmslos im 15. und 16. Jahrhundert entstanden. Die Turmuhr der Danziger Marienkirche von Hans Düringer geht auf die Jahre 1464 – 1470 zurück. Ihre zwei Zifferblätter, das astronomische und das Kalenderblatt, befinden sich in einem einfachen Kasten, auf dem ein Automatenwerk steht, das zwei Szenen aus dem Marienleben, die zwölf Apostel und die vier Evangelisten darstellt. Leider ist die Uhr seit dem 17. Jahrhundert nicht mehr in Betrieb. Dagegen funktioniert die zur selben Zeit entstandene Turmuhr der Marienkirche in Rostock, wenn auch in der neuen Spätrenaissancegestalt von Lorenz Borchardt aus den Jahren 1641 – 1643, noch immer. Auf dem Erkerbau mit dreifachem Zifferblatt ziehen jede Stunde die zwölf Apostel vorbei.

Den größten Verlust in dieser Hinsicht bedeutet die Zerstörung der Turmuhr der Lübecker Marienkirche 1945, am Ende des 2. Weltkriegs. Ihr aus den Jahren 1405 bis 1407 stammender Kern wurde 1508 bis 1510 mit einem Glockenspiel ausgestattet, das, den Tagen des Kirchenjahres folgend, zwanzig verschiedene Melodien spielte. Dieses Spielwerk des Glockengießers Heinrich von Kampen verklang mit der Vernichtung der Turmuhr. 1561–1566 hatte sie eine neue dreistöckige Renaissancekulisse erhalten, ihr Mechanismus war von Matthias von Ost erneuert und das automatische Figurenwerk aufgestellt worden; es stellte den Kaiser und die Kurfürsten bei der Anbetung Christi sowie zwei in echte Gewänder gehüllte andächtige Diener dar. Oberhalb der Christisfigur waren Chronos, der Tod und der römische Janus dargestellt, ferner sieben kleinere Figuren der personifizierten Planeten. Die ganze Apparatur bestand aus acht Uhrwerken.

Älteren Theorien zufolge soll die astronomische Turmuhr auf dem Olmützer Rathaus 1419–1422 von Anton Pohl hergestellt worden sein. Das neuere Schrifttum legt ihre Entstehung erst ins 15. Jahrhundert. Wie sie ausgesehen hat, ist nicht bekannt, es wird wohl nur eine einfache Turmuhr gewesen sein. Der erste Bericht geht auf die Jahre 1572–1574 zurück, als der Olmützer Uhrmacher Hans Pohl nach Anweisung des Wiener Astronomen Peter Fabricius ein Uhrwerk mit Kalender und astronomischen Blatt anfertigte. Später, i. J. 1578, kam das Glockenspielwerk des Glockengießers Daniel von Annaberg hinzu. Den neuerlichen Umbau des Uhrwerks und die Neugestaltung des künstlerischen Beiwerks führte 1661 – 1662 der Uhrmacher Franz Jahn unter Aufsicht des Jesuitenpaters Anton Gebhard aus. Eine überlieferte Zeichnung veranschaulicht das Ergebnis des Umbaus der äußeren Gestalt der Turmuhr. So wie heute füllte sie die Nische an der Nordseite des 15 m hohen Rathauses. Die Seitenflächen der Nische waren mit den Allegorien der sieben freien Künste geschmückt. Die Turmuhr selbst stand auf der Grundfläche der Nische und war der Höhe nach dreigeteilt. Um das große astronomische Blatt im unteren Teil reihten sich fünf Nebenzifferblätter mit genauen Stunden- und Kalenderangaben. Darüber erhoben sich die Gestalten der die Muttergottes mit Jesuskind anbetenden Heiligen Drei Könige sowie St. Georg im Kampf mit dem Drachen. Zwischen diesen beiden Szenen befand sich das Glockenspielwerk, das von zwölf Engeln in Bewegung gesetzt wurde, darüber die Büste Kaiser Leopolds I. und über dieser, unter der Nischenwölbung, die Standbilder Ptolemäus' und Ciceros. 1746 und 1810 erfuhr die astronomische Uhr gewisse Veränderungen, obgleich sie außer Betrieb war. 1829 bemühte sich der Olmützer Uhrmacher Leo Will erfolglos um eine Instandsetzung. Erst 1898, nachdem die Osnabrücker Firma Eduard Korfhage einen neuen Mechanismus geliefert hatte, wurden Bildwerke, Malereien und auch das Automatenwerk der Turmuhr renoviert. Sie erhielt pseudogotischen Charakter, die automatischen Figuren wichen denen der zwölf Apostel. Da die Thematik der malerischen Ausschmückung an die österreichische Verwaltung der Stadt erinnerte, ließ man 1926 von Jano Koehler die Bemalung erneuern. Auch diese Turmuhr wurde im 2. Weltkrieg beschädigt und 1955 erneut umgebaut. Ihre Mosaikfiguren entwarf Karel Svolinský. Fragmente der ehemaligen Turmuhr sind im Sternberger Uhrenmuseum aufbewahrt: ein Überbleibsel des alten Uhrwerks, das Planisphärium des Fabricius, verschiedene Räderwerke sowie die Reste des gotischen, des barocken und des neogotischen Figuralschmucks.

Der Schöpfer der Straßburger astronomischen Münsteruhr, Isaak Habrecht, bewies 1580 auch mit der Rathausuhr in Heilbronn seine Kunst. Die schöne zweistöckige Renaissance-Ädikula, die sich über dem Rathausdach erhebt, hat zwei Zifferblätter. Am Fuß des höheren, des Stundenzifferblattes, sind zwei bewegliche Engelsfiguren in Nischen zu sehen, weiter unten zwei mit den Hörnern stoßende Widder, noch tiefer der krähende Hahn. Ferner hat Habrecht 1581 die alte Ulmer Rathausuhr in eine astronomische umgearbeitet; sie ist statt von beweglichen Figuren von der kunstreich gemalten Darstellung der Anbetung der Hl. Drei Könige und huldigender Landsknechte umrahmt. Mit dem Rathaus fiel auch dieses Kunstwerk 1944 dem Krieg zum Opfer. Beide sind dann in der ursprünglichen Gestalt wiederhergestellt worden.

Interessant ist die 1550 entstandene Rathausturmuhr von Ochsenfurth mit ihren beweglichen Figuren eines Knochenmanns und zweier Ochsen (dem Stadtwappen), die jede Stunde mit den Hörnern an die Glocke stoßen. Auch die astronomische Uhr auf dem Rathausturm in Rothenburg ob der Tauber darf nicht unerwähnt bleiben. Sie wurde 1684 zur Erinnerung an die Rettung der Stadt vor den Schweden im Jahre 1631 errichtet und 1910 restauriert. In den Fenstern neben dem großen Zifferblatt sieht man die beweglichen Figuren General Tillys und des Stadtbürgermeisters Nusch, der auf einen Zug einen Humpen Wein leert – womit er die Wette gewann und die Stadt rettete.

Viel bewundert wird die Uhr am Münchner Rathausturm, in dessen zweistökkigem offenem Erker aus der Mitte des 16. Jahrhunderts ein Turnier zweier Ritterfiguren sowie der Schäfflertanz vorgeführt werden.

Eine Monumentaluhr mit figürlichem Automatenwerk aus dem Jahr 1934 mit Glockenspielwerk ist die Rattenfängeruhr in Hameln, wo unter dem flötenspielenden Rattenfänger abwechselnd Kinder und Ratten vorbeiziehen.

INNENRAUMUHREN

14 Wanduhr. Eisen.
Deutschland, um 1350.
Mainfränkisches Museum,
Würzburg

An der Wand stehende Uhren

Die gotischen Innenraumuhren des 15. Jahrhunderts sowie die an ihren Bau anknüpfenden Uhren der folgenden Stilepochen, deren Hemmungen dank den Erfindungen in verschiedenen Ländern ständig verbessert wurden, gehen in Bauart und Gestaltung von den Turmuhren aus. Das von Gewichten angetriebene und vom Spindelgang und der Waag regulierte Räderwerk war ausnahmslos als Glockenschlagwerk eingerichtet. Diese Uhren sind, der Form nach, Prismenuhren, oder, dem Standort nach, Bodenstand- bzw. Wanduhren. Die Säulenuhren saßen auf vier Säulen, die anfangs wie die zeitgenössischen Kirchenstützpfeiler geformt waren. Später sind es Baluster, die zu einem prismatsichen Skelett gebunden werden, und dieses wird je nach Bedarf des Uhrwerks in weitere übereinander liegende Etagen gegliedert. Der obere Teil wurde zumeist mit einer verschiedenartig ausgefeilten oder durchbrochenen Bordüre verziert, bei kostbaren Stücken auch mit einer Maßwerk- und Fialengalerie. Die Vorderseite war vom gemalten Zifferblatt bedeckt, nach den übrigen Seiten lag das Uhrwerk offen. Mit dieser nüchternen und handlichen Gestaltung ist diese Uhr der Vorläufer der sog. Skelettuhren von der Wende des 18. zum 19. Jahrhundert.

Da von der Fallhöhe der Gewichte die Dauer des Laufs der Uhr abhing, hängte man die Uhr hoch an der Wand auf oder stellte sie auf eine Holz- bzw. Metallkonsole.

So entstanden neben den für das 14. Jahrhundert charakteristischen Säulenuhren die Wanduhren. Die freihängende prismatische Wanduhr kennen wir von Abbildungen auf dem Hintergrund zeitgenössischer Bilder. Sofern Wanduhren überliefert sind, handelt es sich vorwiegend um Konsolenuhren. Anders als bei den direkt an der Wand hängenden ragen bei den Konsolenuhren die Füße in den Raum, auch das Schlagwerk ragt auf der Rückseite des Uhrwerks aus dem Getriebe heraus. Ein klassisches Beispiel einer derartigen prismatischen Konsolenuhr ist die aus dem 15. Jahrhundert stammende, heute im Londoner Science Museum aufbewahrte Wanduhr. Zwei gotische Konsolenuhren aus dem 15. Jahrhundert sind im Besitz der Mährischen Galerie in Brünn. Die eine ist vom einfachsten Typus, die andere auf der ganzen Vorderseite oberhalb des Zifferblatts mit einem Gitterwerk verziert. Beide sind aus Eisen. Eine bronzene Prismenuhr mit gotischen Stützpfeilern und unvollständig erhaltenem Uhrwerk wird im Prager Kunstgewerbemuseum aufbewahrt.

Da wir es hier mit tragbaren Uhren zu tun haben, fällt es schwer, ihre Herkunft näher zu bestimmen. Man darf sie wohl als mitteleuropäische Erzeugnisse bezeichnen, denn sie wurden vor allem in Deutschland, in der Schweiz und auch in Böhmen hergestellt.

Prismenuhren

Den Höhepunkt ihrer Entwicklung haben die Prismenuhren mit offenem Räderwerk und Gewichtsantrieb – vereinzelt auch schon mit Federzugantrieb – in der Werkstatt der Winterthurer Familie Liechti erreicht. Obwohl ihre Uhren zeitlich bereits der Spätrenaissance angehören, bleibt die gotische Tradition in ihrer Gesamtgestaltung wie in Einzelheiten lebendig. Stammvater der Familie, die bis zur Mitte des 19. Jahrhunderts in vielen Generationen zwanzig Uhrmacher her-

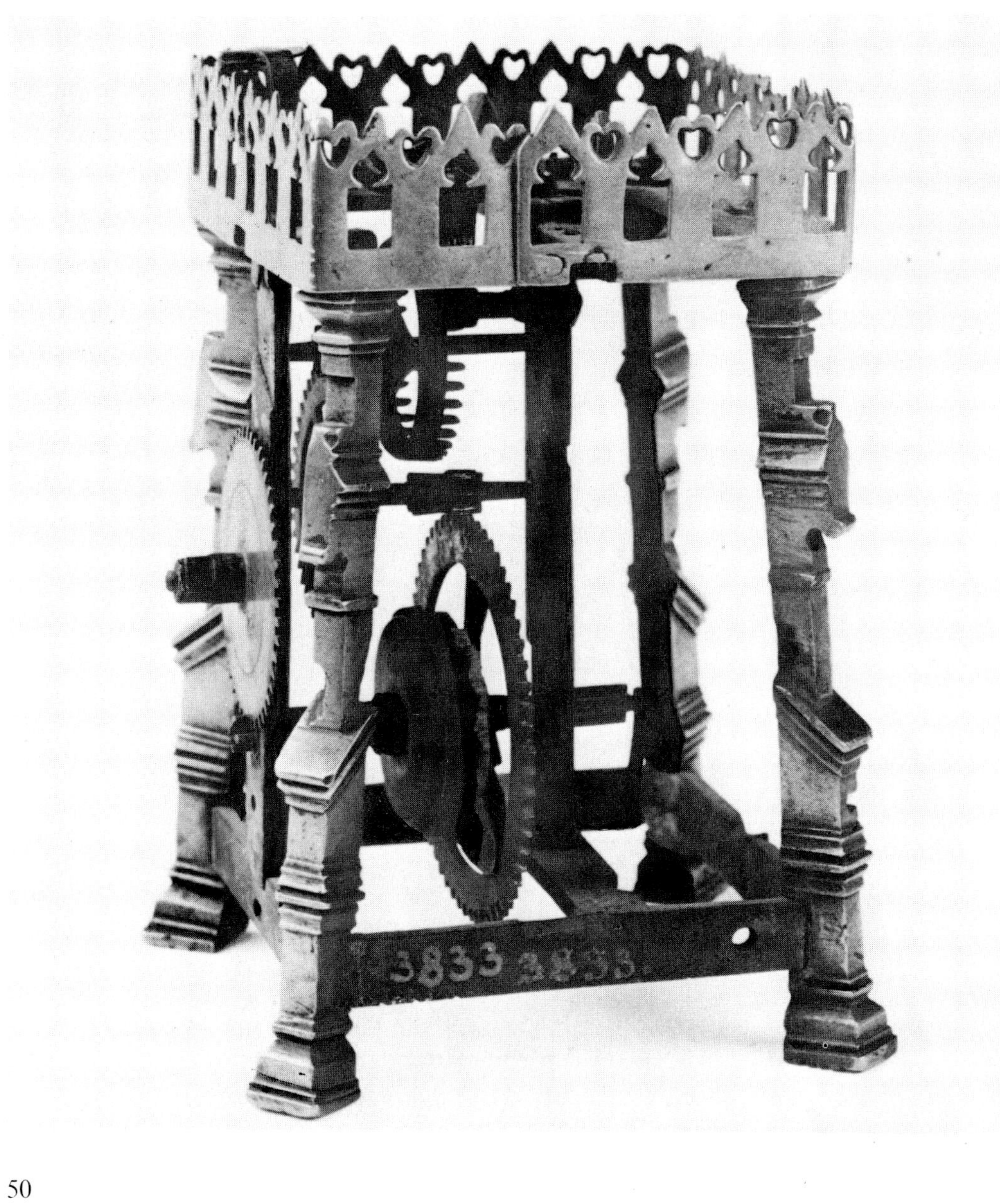

15 Torso einer Konsolenuhr. Messing, Eisen, Höhe 16 cm. Mitteleuropa, 15. Jh. Kunstgewerbemuseum, Prag

16 Konsolenuhr. Eisen. Höhe 48,5 cm. Mitteleuropa. 2. Hälfte des 15. Jh. Mährische Galerie, Brünn

vorbrachte, war zu Beginn des 16. Jh. „der große Uhrmacher" Laurentius Liechti, ein Turmuhrmacher. Sein Nachkomme Erhard ist der berühmteste Liechti geworden. Von 1560 bis 1590 schuf er eine Reihe Prismenuhren, bei denen sich die vier kleinen Konstruktionssäulen auf typische Weise oben zu einem Bogen schließen, der ein Eisenblechsträußlein trägt. Unter diesem hängen ein bis zwei Glöckchen. Die Vorderseite ist der ganzen Höhe nach vom Zifferblatt bedeckt, häufig findet man noch einen beweglichen Mondphasenanzeiger über dem Stundenzifferblatt. Bewundernswert sind die perfekte Ausarbeitung des Räderwerks und der statt von der Waag von einer ringförmigen Unruh regulierten Hemmung. Die Zifferblätter sind gemalt, datiert und oft mit Uhrmacherzeichen signiert. Erhards Söhne Ulrich und Andreas arbeiteten im Stil des Vaters, wenn auch etwas bescheidener.

Mit ihrem sichtbaren Räderwerk verzichteten die Liechtischen Uhren auf den damals bereits üblichen Schutz des Uhrwerks durch ein Metall- oder Holzgehäuse mit seitlichen Türöffnungen. Diese Neuerung geht auf das beginnende 16. Jahrhundert zurück und kennzeichnet die süddeutschen und Schweizer Uhren. Das Gehäuse schützt das Getriebe vor Staub, Fliegen und äußeren Eingriffen, beweist aber auch die steigende Wertschätzung der Uhr. Das bis dahin ziemlich einfache Geh- und Schlagwerk wird im 16. Jahrhundert vielfältig ausgebaut: der Mechanismus der Viertelstundeneinteilung mit eigenem kleinem Zifferblatt und Uhrzeiger wird auf der Vorderseite der Uhr ins Gehwerk eingesetzt, es erscheinen Kalender- oder Mondphasenangaben, die auf einer Drehscheibe im Oberteil des Zifferblatts gemalt sind. Manchmal bedecken auch Blumen- und Figurenmalereien das ganze Gehäuse, und selbst die Plastik kommt zu Wort, wie etwa bei den kleinen glokkenschlagenden Figuralautomaten oder den Tiermaskarons, die beim Schlagen der Uhr ihr Maul auf- und zumachen. Ein schönes Beispiel ist die ganz bemalte astronomische Prismenuhr aus Holz von Hans Kiening aus dem Jahr 1577, eine Konsolenuhr mit Gewicht und Waag.

Die prismatischen Gehäuse von frei hängenden und Konsolenuhren, insbesondere die gemalten Holzgehäuse mit verschiedener Anzahl von Zifferblättern, wurden hauptsächlich in der Schweiz hergestellt. Die ursprünglich hohe handwerkliche Kunst der Uhrmacher wandelte sich im Lauf des 17. bis 19. Jahrhunderts zur Volkskunst, vor allem in ganz Süddeutschland, wo die reichen Waldbestände die Menschen zur Holzschnitzarbeit anregten. Damit hängt auch die Entstehung der ganz aus hartem Holz geschnitzten Uhren zusammen. Sie kommen bereits im 17. Jahrhundert vor, und noch heute stellt man dort Uhren mit holzgeschnitztem Räderwerk und Gehäuse her.

In die Gruppe der offenen bzw. später geschlossenen prismatischen Wanduhren mit Gewicht, Spindelhemmung und Horizontalschwungrad – bzw. nach 1680 mit Pendel – gehört auch die Stockuhr, die unter den Bezeichnungen Laternenuhr oder Vogelkäfig bekannt ist. Sie ist eines der ältesten authentischen Erzeugnisse der englischen Uhrmacher, die erst im 16. Jahrhundert ihre Kunstfertigkeit zu entwickeln begannen. Obgleich die Entstehung der Laternenuhr in die erste Hälfte des 17. Jahrhunderts fällt, einer Zeit, da auf dem Kontinent bereits der Barockstil herrscht, ist der prismatische Werkskörper der englischen Uhren stilmäßig noch der Gotik verpflichtet; ihre Motive gehen allerdings allmählich in solche der Spätrenaissance über.

Laternenuhren

17 Laternenuhr. Messing, graviert und geschnitten, Höhe 38 cm. Sign. „Hen. Harris Peterborough", England, um 1700. Mährische Galerie, Brünn

Die englische Stockuhr leitet ihre Benennung Laternenuhr von ihrer Ähnlichkeit mit einer tragbaren Laterne ab. Mehreren Forschern zufolge hängt jedoch der englische Name lantern clock nicht mit Laterne, sondern mit latten zusammen, d. h. Messing, ihrem Werkstoff. Die Laternenuhr ist in der Regel vierkantig, prismatisch, bis 30 cm hoch, oben mit einer Glocke versehen. Die Seitenflächen haben einen durchbrochenen Messingschild mit typischen Ornamentalmustern, nach dem sich Entstehungszeit und -ort bestimmen lassen. In der ersten Hälfte des 17. Jahrhunderts treten heraldische Motive auf, in den Jahren 1650–1670 sind es Wappen und Initialen oder gekreuzte Delphine, später dann vegetabile und architektonische, oft mit dem Monogramm des Eigentümers versehene Verzierungen.

Bezeichnend für die Laternenuhr ist ihr recht großes kreisrundes Zifferblatt mit römischen Ziffern auf der Vorderseite sowie das verzierte Kreismittelstück, das an den Seiten über die vorderen Skelettsäulen hinausragt.

Die älteste datierte Laternenuhr, ein Werk William Bobbiers, stammt aus dem Jahr 1630, dann folgt die von Edward East 1635 für König Karl I. angefertigte Uhr. Ein sehr schönes Stück aus dem 17. Jh. mit der Signatur „John Ebsworth at Lothbury, London Fecit" befindet sich im Technischen Nationalmuseum in Prag, ein weiteres wird in der Brünner Mährischen Galerie aufbewahrt; diese Laternenuhr ist mit "Hen. Harris Peterborough" signiert und um 1700 entstanden.

Das Vorbild der englischen Laternenuhr blieb auf dem Kontinent, vor allem in Frankreich, nicht ohne Wirkung. Um die Wende des 17. zum 18. Jh. blühte deren Herstellung in der nördlichen Normandie und Picardie, in Avignon und der Provence, in Marseille und Lyon. Das Musée Calvet in Avignon besitzt mehrere derartige Uhren mit Signaturen ortsansässiger Meister. Die Zeiten, da England bei den Uhrmachern des Kontinents in die Schule ging, hatten sich gewandelt. In Friesland machte man bereits im ausgehenden 16. Jahrhundert „Stockuhren à l'anglaise", und auch in den Niederlanden findet man Laternenuhren, deren Signaturen auf örtliche Entstehung hinweisen. Sie sind wohl zur gleichen Zeit wie die englischen Stockuhren geschaffen worden, wenn nicht schon früher, wie die Regulierung mancher Stücke vermuten läßt. Auffallend an ihnen ist, daß am andern Kettenende des Antriebsgewichts ein zum Aufziehen der Uhr bestimmtes kleines Gewicht hängt. Diese Einrichtung ist für die niederländischen wie auch die Schweizer, deutschen und böhmischen Uhren bezeichnend und seit dem 16. Jahrhundert bis in die Gegenwart in Gebrauch.

Auch Italien konnte sich dem Vorbild der Stockuhr à l'Anglaise nicht entziehen. Dabei wird eine spezifisch italienische, sogenannte Kapuzineruhr, entwickelt.

Niederländische Uhren

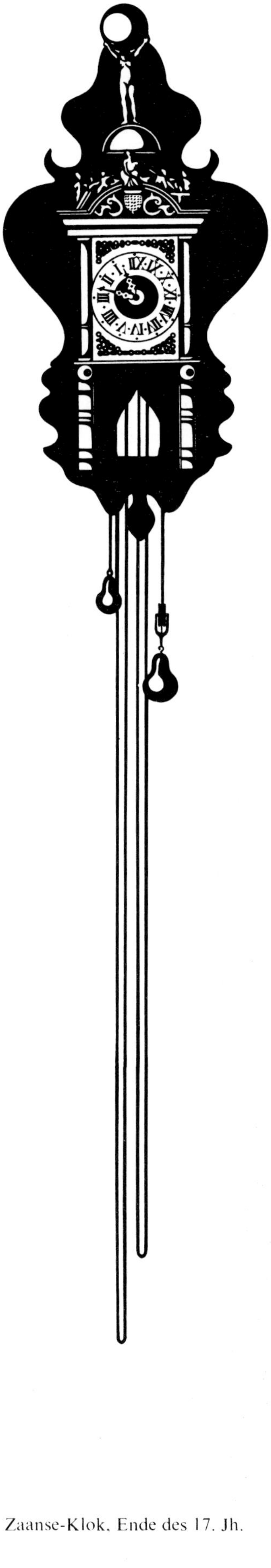

Zaanse-Klok, Ende des 17. Jh.

Nach einer Anfangsperiode, in der eine gewisse Abhängigkeit vom englischen Vorbild spürbar ist, begann man in Friesland und den gesamten Niederlanden die Wanduhr auf eigene Weise weiterzuentwickeln. Auch die Einwanderung der aufgrund des Edikts von Nantes im ausgehenden 17. Jahrhundert aus ihrer Heimat vertriebenen französischen Uhrmacher konnte die Eigenständigkeit der niederländischen Uhrmacher merklich beeinflussen. Eine wichtige Weiterentwicklung gelang Christiaan Huygens aus Den Haag mit der Erfindung des Pendels und des endlosen Schnurantriebs.

Die niederländische Uhrenherstellung des 17. und 18. Jh. blühte dank des Reichtums der Bürger, der vor allem aus dem ergiebigen Fernosthandel floß. Hand in Hand damit ging auch ein kultureller Aufschwung. Der Überseehandel benötigte die verschiedensten Zeitmeßgeräte, und die niederländischen Uhrmacher befriedigten diese Nachfrage mehr als ausreichend, auch wenn ihre Erzeugnisse von der technischen Seite her gleichförmig und recht konservativ blieben. Die meistverbreitete Art war die schlagende Wanduhr mit Gewichtsantrieb, Spindelgang und Waagarm, von der Mitte des 17. Jahrhunderts an mit einem von gabelartiger Kupplung angetriebenen Pendel-Schwungrad. Nach 1730 wird die Clementsche Ankerhemmung von England übernommen. Typisch für die niederländische Stutzuhr des Barock, der wie in anderen protestantischen Ländern gemäßigten und klassizistischen Charakter hat, ist das offene Uhrwerk auf einer Konsole, die nicht direkt an der Wand, sondern an einer den Hintergrund schaffenden lotrechten Wandtafel angebracht ist. Die Uhr sitzt sozusagen – daher ihre Bezeichnung Stoelklok, Stool-Uhr. Derartige „Stool-Uhren" begann man um 1680 herzustellen, wobei der Stuhl aus Palisander- oder Ebenholz gemacht und am Rande schneckenförmig geschnitzt wurde.

Die einfachste Art stell die Uhr aus Zaandam bei Amsterdam vor. Ihr Gehäuse ist nach Art der Wandkastenuhren gestaltet, prismatisch, auf der Vorderseite mit einer Ädikula verziert, deren Säulen anfangs glatt, im 18. Jh. gerillt sind. Dem Gehäusesims wird ein durchbrochenes Blei- oder Messingschild mit allegorischen Figuralmotiven angesetzt und auf der oben befindlichen Glocke steht dann oft eine kleine Atlasstatue. Auf englische Art ist auch das Zifferblatt in den Zwickeln mit gepreßten bzw. gegossenen Metallbelägen verziert. Die Gewichte der Zaandamer Uhren sind birnenförmig und hängen an Stricken.

Mit reicher geschmücktem Stuhl und Gehäuse stellt sich die im 18. Jh. in den mittleren und nördlichen Niederlanden sowie in Friesland erzeugte echte Stool-Uhr vor (Stoelklok). Trotz ihrer auffallenden Verzierung bleibt ihre Aufmachung volksnahe. Der Stuhl ist seitlich mit geschnitzten Figuren von Adlern oder Meerjungfrauen geschmückt, oben trägt er ein vorgewölbtes, zu Figuren und heraldischen Motiven gepreßtes Messingdach, den Baldachin. Eine ähnliche Verzierung, diesmal mit Löwenmotiven, umkränzt das eigentliche Uhrgehäuse und bildet auf dessen Stirnseite eine Art hohes durchbrochenes Gitter, das den Baldachin umrankt und in der Mitte häufig das Zeichen des Eigentümers enthält. Im Gegensatz zu der Zaandamer Uhr hat diese das übliche zylindrische Gewicht an einer Kette. Die echte Stooluhr wurde bunt bemalt und ihr Baldachin mit einem Leinen- oder Spitzenüberwurf geschützt.

Eine typische niederländische Uhr der zweiten Hälfte des 18. und des ganzen 19. Jh. ist die Staartklok genannte Wand-

18 Stockuhr (Staartklok). Holz, Messing, Zinn, Malerei, Höhe 122 cm. Friesland 1. Viertel des 19. Jh. Uhrenmuseum, Šternberk

uhr, die im südlichen Friesland hergestellt wurde und auch als Friese Klok bekannt ist. Die friesische Uhr hat, ähnlich wie die englische Stockuhr, ein vorgewölbtes verglastes Gehäuse, das mittels zweier Konsolen mit dem verschieden langen, unten in ein geschnitztes Dreiblatt auslaufenden Stuhl verbunden ist. Als Verzierung findet man in der Regel ein gepunztes Messingmedaillon, auf dem Gehäusesims auch eine kleine Vase.

Für breiteren Gebrauch waren die ab ungefähr 1710 von drei Generationen der Familie Rerempol in Laren an der Zuidersee hergestellten Uhren bestimmt. Ihr viereckiges Zifferblatt ist oben signiert, auf dem Gehäusedach sitzt in der Regel ein Wappenschild, meist von zwei Löwen getragen.

Für Zwecke der Zeitangabe auf ihren Schiffen, die im niederländischen Leben und Handel, ähnlich wie in England, eine sehr wichtige Rolle spielten, erstellte man kleine Wanduhren, die sog. Schippertje, in zwei Fassungen: als echte Stoelklok, und im 18. Jh. als kastenförmige Staartklok ohne unten übergreifenden Stuhl. Mit Rücksicht auf das Schaukeln des Schiffes war ihr Pendel direkt auf die Hemmung gekoppelt, was den ganzen Bau des Uhrwerks beeinflußte, das im niedrigen Kajütenraum nur kurze Zeit, drei bis vier Stunden, gehen konnte.

In die Gruppe der Wanduhren fallen ferner die im Rahmen der weitverzweigten Produktion in der Franche-Comté hergestellten Uhren. Dort, im französischen Juragebiet, hatten 1650 die Brüder Mayet mit der Uhrmacherei begonnen und um 1690 neben ihren „Pendules" und Kästchenuhren auch die Herstellung von Stockuhren auf englische Art eingeführt. Ihre Uhr war schlicht, nicht kostspielig und konnte die Konkurrenz mit den Uhren aus dem benachbarten Schwarzwald in dieser Beziehung aufnehmen. Sie war jedoch aus soliderem Stoff, aus Metall gemacht und begnügte sich auch nicht mit jener betont einfachen, volksnahen Ausführung. Die ältesten Stücke sind mit Spindelhemmung, Pendel, Gewichtsantrieb und vertikal gesetztem Räderwerk, in der Regel auch Schlagwerk versehen. Die Uhren aus der Gegend von Montbéliard haben ein schlichtes Äußeres mit Blechgehäuse und graviertem Zifferblatt. Erst das 18. Jahrhundert gibt ihnen ihre besondere Gestalt; die Uhr schlägt nun zweistimmig, die Stirnseite besteht aus einem Metallviereck mit weiß emailliertem Zifferblatt, römischen Ziffern und gegossenen Zierbelägen in den Zwickeln. Vom 18. Jh. an setzt man den mit Pflanzenornamenten ausgeführten „Fronton", ein ornamentales Messingband, oben auf das Zifferblatt. Nach den darin vorkom-

▷
19 Carteluhr. Eisen, Ölmalerei, Höhe 40 cm. Mitteleuropa, 1. Viertel des 18. Jh. Mährische Galerie, Brünn

Ju Niggel

◁
20 Wanduhr. Wiener Porzellan, gemalt, Höhe 46 cm. Uhrmacherzeichen sign. „In: Niggel Wien", 1750–1760. Kunstgewerbemuseum, Prag

21 Bilderuhr mit Prager Veitsdom. Glaskomposition des Hyalographen Ernst Kotzaurek, 70 × 62 cm. Prag 1828–29. Kunstgewerbemuseum, Prag

Gabriel London

◁
22 Werkunterseite einer Tischuhr. Sign. „Gabriel London“. Anfang des 18. Jh. Kunstgewerbemuseum, Prag

23 Türmchenuhr. Kupfer, graviert, vergoldet. H. 24,5 cm. Hans Steinmeissel, Prag 1549. Kunstgewerbemuseum, Prag

24 Türmchenuhr. Messing und Kupfer, getrieben, graviert, vergoldet, Höhe 52 cm. Augsburg, 1. Hälfte des 17. Jh. Kunstgewerbemuseum, Prag

▷
25 Tischuhr (Kugellaufuhr). Kupfer, graviert, vergoldet, Ölmalerei. Christoph Margraf, Prag, 1596. Kunsthistorisches Museum, Wien

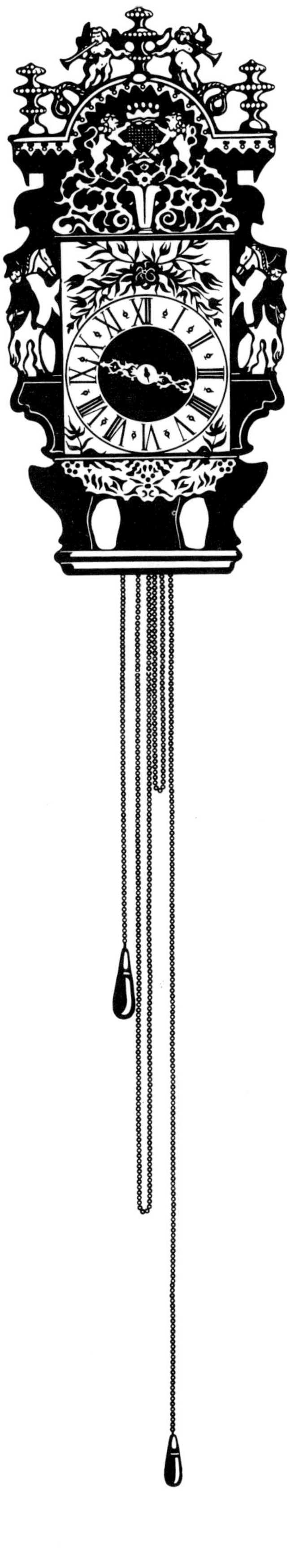

Stoelklok, 1. Hälfte 18. Jh.

menden verschiedenartigen Emblemen läßt sich die Entstehungszeit dieser sonst einförmigen Uhren bestimmen. In der ersten Hälfte des 18. Jh. überwiegen schlichte mit Lilienmotiv, es folgen Rokokoverzierungen, dann das Sonnenmotiv, von 1760–90 ist der gallische Hahn obligat, in der Revoluzionszeit die phrygische Mütze, unter Napoleon der Adler und nachher wieder die Sonne, bäuerliche Motive und Chinoiserien. In der Zeit Napoleons III. liebt man Abbildungen von Familiengruppen in den Frontons, im ausgehenden 19. Jh. kehren Blumenmotive zurück. Diese Uhren wurden von Bailly in Dijon und Meitzner in Vittel hergestellt. Neben der prismatischen Form erscheint um die Mitte des 19. Jh. bei Morez in der Franche-Copté eine „Stierauge" (Oeil de boeuf) genannte Wanduhr. Ihr Pendel und Zifferblatt sind klein, letzteres hat einen ovalen polierten Rahmen. Das Gehäuse ist mit Landschaftsmalereien bedeckt oder mit Blumenornamenten versehen.

Der englische Einfluß auf die kontinentalen Wanduhren des 18. Jh. läßt sich an den seit dem Jahrhundertbeginn im Bergischen Land hergestellten Uhren verfolgen. Auf Anregung der Hamburger Familie Wüsthoff wurde dort Solingen zum Mittelpunkt einer lebhaften Produktion, die Wanduhren nach dem Vorbild der aus der Franche-Comté herstellte. Dank der Einführung der Clementschen Ankerhemmung zeichneten sich diese Uhren durch Genauigkeit und billige Preise aus. Erst um die Mitte des 19. Jh. geriet diese Produktion in Verfall, als Folge der steigenden Konkurrenz der im Südschwarzwald hergestellten Uhren.

◁ ◁

26 Bodenstanduhr. Holz, grün lackiert und vergoldet, Höhe 217 cm. Schweden, 2. Hälfte des 18. Jh. Kunstgewerbemuseum, Prag

◁

27 Bodenstanduhr. Nußholz, intarsiert, Höhe 270 cm. Schnitzereien vom Brünner Bildhauer Josef Winterhalter, 1739–40, Uhrwerk signiert in Scheibe oberhalb des Zifferblattes „William Jourdain London". Mitte des 17. Jh. Kunstgewerbemuseum, Prag

Schwarzwälder Uhren

Zu den ersten Herstellern der Schwarzwälderuhren in ihrer heutigen Gestalt gehören Lorenz Frey aus St. Märgen und Simon Henniger aus Stockwald bei Villingen. Genannt werden auch die Gebrüder Kreuz auf dem „Glashof", die schon vor 1667 „Waag- bzw. Unruhuhren aus Holz gebaut haben sollen". Die eigentlichen Begründer dieses Hausgewerbes aber waren ab 1720 der Drechsler Franz A. Ketterer (1676–1753) aus Schönwald und Simon Dilger (1671–1750) aus Schollach. Zu Mittelpunkten der Schwarzwälder Uhrmacherei stiegen Furtwangen, Schönwald, Triberg, Neukirch, Neustadt und St. Georgen auf. Nachdem Jakob Winterhalter aus Güttenbach 1725 den Uhrenvertrieb in größerem Maßstab begonnen hatte, herrschte nach den Schwarzwälderuhren bald wachsende Nachfrage aus dem Ausland und hundert Jahre später gab es in Triberg und Neustadt eintausendzweihundertdreizehn Meister und Händler. Die Uhren waren einfach, nicht teuer und dabei verhältnismäßig ganggenau. Die ganze Uhr mit dem drei bis fünf Räder zählenden Räderwerk war aus Holz hergestellt. Angetrieben wurde sie von dem an einer Sehne oder Kette aus Blechgliedern hängenden Gewicht, das aus Stein, später aus Eisen und mit Blei, bzw. Sand gefüllt war. Als Gangregler diente der Spindelgang, lange Zeit mit Waag, etwa ab 1740 mit Pendel, dem sog. Kuhschwanz, vor dem Zifferblatt. Da die ursprünglich gläsernen Glocken beim Transport leicht zerbrachen, führte man nach 1740 Glocken aus Metall ein, für deren Herstellung eigene Gießereien gegründet wurden. Um größere Präzision zu erreichen, verfertigte man in der 2. Hälfte des 18. Jh. die Unruh aus Messing und setzte statt der Spindel den Clementschen Hemmungsanker aus gebogenem Blech ein. Um 1790 wurde eine auf die Herstellung von Getrieben und Uhrzeigern – auch den neuen Minutenzeigern – spezialisierte Messinggießerei gegründet. Von der Mitte des 19. Jh. an benutzte man bei den sog. Schottenuhren Messinggetriebe und nur das Uhrgehäuse blieb aus Holz. Die Schottenuhr leitet ihren Namen von dem Schottenhof bei Neustadt ab, wo Joseph Dilger diese Art Uhren herstellte. Um 1760 wurde der sog. Surrer erfunden, ein Schlagwerk mit zwei gekoppelten Hebnägelrädern, das mit jeder Viertelstunde auch die entsprechende volle Stunde schlug und ein einziges Gewicht brauchte. Statt der Metallglocken führte Karl Dold aus Furtwangen in der ersten Hälfte des 19. Jh. stählerne Tonspiralen ein, die dann am Ende des Jahrhunderts im Rahmen der fabrikmäßigen Herstellung Gongschlegeln Platz machten. Ursprünglich war das Uhrwerk offen, von der Mitte des 18. Jh. an schützte man es mit einem Gehäuse.

Eine Spezialform der Schwarzwälderuhr ist die Kuckucksuhr. Ihr Werk ist mit zwei Bälgen, zwei Pfeifen in verschiedener Tonart und einer beweglichen Vogelfigur ausgestattet, die in dem Fensterchen auf dem Zifferblatt erscheint. Auf die Idee einer Kuckucksuhr ist 1730 Franz Anton Ketterer aus Schönwald gekommen. Neben der Vogelfigur gab es auch Werke mit Soldaten, Mönchen u. ä. 1768 baute Hans Wehrle eine Kuckucksuhr mit Glockenspielwerk, und um 1770 begann Salomon Scherzinger aus Furtwangen Pfeifenspiele in Form von ornamentalem Laubwerk herzustellen.

Ab 1775 haben die typischen Schwarzwälderuhren das rechteckige, mit einem halbrunden Abschluß versehene Holzgehäuse mit einem Zifferblatt – später mit einem zweiten, kleineren Viertelstundenblatt. Das Gehäuse wurde handgemalt, vorwiegend mit Ölfarben, ab 1790 wurde

28 Kuckucksuhr. Holz, geschnitzt, Höhe 66 cm. Schwarzwald (?), 2. Hälfte des 19. Jh. Uhrenmuseum, Šternberk

es mit Kupferstichen beklebt und nachträglich koloriert. Um 1830 kam die Rahmenuhr in Mode, deren Schildbogen wie ein Bild gemalt wurde. Auch der bekannte Maler Hans Thoma hat solche Uhrenschilder gemalt. Nach 1850 benutzte man statt der Bemalung auch Abziehbilder. Mehrere künstlerische Entwürfe aus der 2. Hälfte des 19. Jh. stammen von Johann B. Laule und Luzian Reich. In den Jahren 1855–1870 verlieh der Architekt und Professor Friedrich Eisenlohr der Kuckucksuhr die typische Form der Bahnhäuseruhr, die in ganz Europa Aufsehen erregte und noch heute gefragt ist. Noch vor der Mitte des 19. Jh. hatte die Schwarzwälder Uhrenproduktion die stattliche Zahl von jährlich einer halben Million Stück erreicht. Ihre Beliebtheit führte zu verschiedenen Formen des Zwischenhandels, doch nach der Jahrhundertmitte, als die amerikanischen Uhrenfabriken ihre billigen Erzeugnisse nach Europa exportierten, begann trotz der 1849 in Furtwangen gegründeten Uhrmacher-Fachschule der Niedergang. Der Konkurrenz der amerikanischen Uhren versuchte Erhard Junghans mit seiner nach amerikanischem Vorbild 1860 in Schramberg gegründeten Uhrenfabrik entgegenzuwirken.

Schweizer Uhren

In die Kategorie der vom einfachen Volk benutzten Wanduhren fallen auch die von der Mitte des 17. Jh. an in verschiedenen Schweizer Kantonen hergestellten Uhren. Mit den Schwarzwälderuhren haben sie gemeinsam, daß sie aus Holz hergestellt wurden und daß bei den ältesten Stücken Spindelhemmung und Waag, bzw. Radpendel, gleichfalls aus Holz gedrechselt waren. Um die Mitte des 19. Jh. machte das Radpendel einem vor dem Zifferblatt schwingenden Pendel, dem Kuhschwanz, Platz. Die Schweizer Uhren unterscheiden sich im Bau der Gehäuse. Das Schweizer Uhrgehäuse ist je nach der Herkunft entweder mit Blumen, oder wie Bauernmöbel bemalt und oben halbkreisförmig ausgebildet. Auf der Vorderseite befinden sich zwei Zifferblätter, ein großes und darunter ein kleines für die Viertelstunden. Die Uhr wird an die Wand gehängt oder auf eine Konsole gestellt. Die Form ist schon für die ältesten Stücke bezeichnend, die um die Mitte des 17. Jh. im Kanton Bern entstanden. Etwas später, um 1670, begann die Uhrmacherfamilie Ambühl aus der Gegend von Davos derartige Uhren herzustellen, und die Davoser Uhren blieben hundertsiebzig Jahre lang dieser Produktionsweise treu; ihr Zeichen ist das geschnitzte Stirnschild in Form einer Lilie. Ähnlich sind die Toggenburg-Uhren aus dem 3. Viertel des 18. Jh. mit der beliebten Nelke auf dem Zifferblatt. Die prächtige Stirnseite der im Kanton Appenzell hergestellten Uhren läßt den Einfluß der italienischen barocken sog. Tabernakeluhren bzw. den der fränzosischen Cateluhren deutlich erkennen, ersetzt jedoch deren Schnitzwerk durch Malerei. Auch die mit gemalten Wandpfeilern umrandeten Gehäuseflächen zeigen reichverzierte Figural- und Landschaftsmalerei. Eine Besonderheit ist die Wanduhr mit dem beweglichen Kopf des märchenhaften Lällenkönigs aus der 2. Hälfte des 18. Jh. Die beliebten Schweizer Uhren des 17. und 18. Jh. sind heute sehr selten geworden. Im Züricher Landesmuseum werden alle wichtigen Typen aufbewahrt. Ihre Herstellung beschränkte sich lange Zeit auf die Wintermonete, in denen keine Feldarbeit zu tun war.

Telleruhren

Ein wichtiges Kapitel bilden die in neuer Gestalt bis heute beliebten Telleruhren. Sie gehen auf die 2. Hälfte des 17. Jh. zurück und erfeuten sich in der ersten Hälfte des 18. Jh. größter Beliebtheit. Mit ihrem Federantrieb benötigte die Telleruhr keine besonders sorgfältige Aufhängung und ließ sich überall verwenden. Die heute zumeist elektrisch betrieben, die wir in Schulen, Büro- und Arbeitsräumen sehen, sind die Nachkommen der barocken Telleruhr. Ihre Gestalt hat ihren damaligen Charakter verloren. Die ältesten Telleruhren erinnern eher an Arbeiten von Goldschmieden, zuweilen an das Werk eines Malers. In den meisten Fällen bildete getriebenes Messing- oder Silberblech, zuweilen auch mit Vergoldung, einen Zierrahmen um das Zifferblatt, das mit römischen Ziffern und ursprünglich nur mit einem einzigen Zeiger ausgestattet war. Die ältesten, aus den Jahren um 1600 stammenden und in Dresden und München aufbewahrten Telleruhren zeigen die handwerkliche Zusammenarbeit von Uhrmacher und Goldschmied. Sie sind in der Regel Federzuguhren. Das einfache Telleruhrwerk hat Spindelgang und innenliegende Unrast, seit etwa 1680 das kurze Pendel, das vor dem Zifferblatt schwingt. Hergestellt wurde die Telleruhr in ganz Süddeutschland, vereinzelt auch in Sachsen. Mittelpunkt war Augsburg, namentlich die Werkstätten der Familie Buschmann, Johann Halleichers, Markus Böhms u. a. Bei manchen Telleruhren sind wie bei Silberschüsseln am Rande Medaillons mit Kaiserköpfen oder christlichen Motiven in die getriebene Blüten- und Früchteverzierung eingefügt. Um 1700 geht der Tellerumriß in Kartuschen über, im getriebenen Zier- und Laubwerk erscheinen freie Figuren oder Figuralszenen. Um 1720 erscheinen in den Werken eines Matthäus (Martin) Halleicher, Markus Böhm sowie in den Erzeugnissen einiger Frankfurter Werkstätten mythologische oder biblische Figuralszenen. Ihr barocker Formenreichtum machte aus einem Zeitmeßgerät einen effektvollen Wandschmuck.

In anderen Teilen Mitteleuropas waren die Telleruhren weniger kostbar gestaltet, in der Regel aus Eisen, oft durchbrochen und mit gemalten Ornamenten oder Figuren bedeckt. Mehrere reichgeschmückte eisengetriebene Telleruhren werden im Prager und Brünner Kunstgewerbemuseum, in Stuttgart und Augsburg und in Zürich aufbewahrt.

Carteluhren

Die Telleruhr ist im 18. Jh. eine Rahmenuhr und in dieser Hinsicht mit der Wanduhr verwandt, die man Carteluhr nennt. Sie ist der besondere Beitrag Frankreichs zur Geschichte der Uhrgehäuse des 18. Jh. Geschäftsinteressen der Dreher und Bronzegießer förderten auch im Rokoko und Klassizismus den Aufschwung der Carteluhr. Ihre Form ist von den Telleruhren inspiriert, die um 1650 der Pariser Uhrmacher Louis Corel herstellte. Er versuchte, die Integration von Uhrgehäuse mit Konsole zu einem einheitlichen Schmuckgegenstand zu erreichen. Das ist bei der ältesten überlieferten Carteluhr aus der Zeit Ludwigs XIV., einem Werk Isaak Thurets, deutlich zu sehen. Unter Ludwig XV. verschwindet die ehemalige Zweiteilung vollkommen, Uhrgehäuse und Konsole bilden eine Einheit, ein in üppiger Asymmetrie modelliertes Kunstwerk aus vergoldeter Bronze, das im Wohnraum oder Festsaal alle Augen auf sich zog. Rund um das kreisförmige Zifferblatt des Pendelschlagwerks entfaltet sich die plastische Darstellung des flüchtigen Augenblicks als emporgewirbeltes Herbstlaub mit dazwischengestreuten Blütenknospen, als Allegorie der unerbittlichen Zeit, gemischt mit Rocaille, beweglichen Amoretten u. ä. Diese Art der Ausschmückung fällt in die Zeit Ludwigs XV., die kein in sich ruhendes Dekor kennt. Der Pariser Bronzegießer Charles Cressent (vor 1750) verwirklichte die Entwürfe des berühmten Designers Philippe Caffieri (heute im Amsterdamer Rijksmuseum). Neben Bronzeuhren stellte man in

29 Carteluhr. Holz, geschnitzt, vergoldet, Höhe 74 cm. Mitteleuropa, 3. Viertel des 18. Jh. Kunstgewerbemuseum, Prag

den Manufakturen zu Chantilly, in Wien und Meißen Carteluhren aus Porzellan her, in Straßburg bei Paul Hannong aus Fayence.

Um 1765 bringt George Causard etwas mehr Ruhe in die Asymmetrie der Rokoko-Carteluhr. Er verwendet zwar naturalistische, jedoch in ihrer Komposition weniger pompöse symmetrische Pflanzenornamente und wird so zum Wegbereiter der klassizistischen Periode unter Ludwig XVI. Aber noch in der 2. Hälfte des 18. Jahrhunderts sind in den Entwürfen Fortys und Hurquiers die Zifferblattwände nicht nur mit symmetrischem Rankenwerk, sondern auch mit Putten, Fahnenmotiven, mit militärischen Emblemen oder gallischen Hähnen geschmückt. Das waren die letzten Beispiele des Rokokostils vor dem Beginn des klassizistischen Louis-XVI.-Stils, der das Gehäuse mit Blumengehängen und Girlanden umrankte und auf das Gehäusedach eine antikisierte Vase stellte. Die französische Revolution beendete nicht nur die Herrschaft des Feudalismus, sondern auch die kurze, aber in künstlerischer Hinsicht beteutende Periode der Carteluhren.

Frankreichs starker modischer Einfluß auf das übrige Europa des 18. Jh. brachte die Carteluhr in die Wohn- und Repräsentationsräume des Adels und des wohlhabenden Bürgertums. Anstelle von Bronze nahm man Holz, meist Lindenholz, ohne daß dabei der künstlerische Effekt gelitten hätte. Besonderer Beliebtheit erfreute sich die Carteluhr im Berlin Friedrichs des Großen. Hier wirkte Johann August Nahl als Dekorationskünstler und Bildhauer und lieferte mehrere Entwürfe für solche Uhren. In Bamberg hat Martin Maerkel eine Rokoko-Uhr hinterlassen, an der noch die Abstammung von der Konsolenuhr sichtbar ist. In Augsburg schuf Johann Michael Hoppenhaupt Uhren, deren gestochene Vorlagen von I. G. Hertel veröffentlicht wurden. Ihre sehr anspruchsvolle Komposition hält dem Vergleich mit dem französischen Vorbild stand. Auch Wien bemächtigte sich der Carteluhr und gab ihr in den Werken Johann Schreibmayrs (um 1775) und Josef Langkammers eine klassizistische, vom antiken Ideal gebändigte, symmetrische Form, umkränzt von Rankenwerk und unten in eine Art Konsole auslaufend. In Wien setzte man die Tradition der Carteluhr auf ganz persönliche Weise bis in die 2. Hälfte des 19. Jahrhunderts fort und stellte Empire-Bildwerke her, die etwa die Form einer das Uhrwerk umhüllenden gerafften Draperie haben, die von einer Adler- oder Merkurfigur illusionär durch die Luft hinweggetragen wird.

◁

30 Wanduhr. Holz, geschnitzt, vergoldet, Höhe 78 cm. Böhmen oder Österreich, um 1810. Kunstgewerbemuseum, Prag

Bilderuhren

Die Barockzeit fand Gefallen an der Verhüllung notwendiger Alltagsgeräte, an deren Umhüllung mit auffallendem Dekor, wie es auf Teller- und besonders Carteluhren zu Tage tritt. Diese Auffassung kommt auch bei den Bilderuhren zum Ausdruck. Dort, wo wir schon früher der Malerei begegnet sind, nämlich bei den Bauernuhren, hatte es sich immer nur um eine Verschönerung des Uhrgehäuses gehandelt. Demgegenüber wird bei den Bilderuhren die Uhr zum Bestandteil eines thematisch eigenständigen, wenn auch von der Uhr angeregten Gemäldes. Man hat es hier freilich mit keiner großen Kunst zu tun, die Maler der Bilderuhren begnügten sich mit einer Durchschnittsleistung. Hauptthemen waren solche, die traditionsmäßig mit der Uhr in Verbindung standen: Kirchtürme, Schloßpartien, zuweilen das Uhrgehäuse selbst als Symbol, als Attribut einer Allegorie.

Über die Entstehung der Bilderuhr gehen die Meinungen auseinander. Den Anstoß soll in den 80er Jahren des 17. Jh. Friedrich Christian Hirt in Durlach (Baden) gegeben haben, als er begann, Landschaften mit Kirchtürmen zu malen: auf seinen Bildern ließ er eine leere Stelle, auf die er seine Taschnenuhr gelegt haben soll. Anderen Quellen nach sollen Bilderuhren bereits im ausgehenden 17. Jh. von den Brüdern Danbeck zusammen mit Christoph Lee in Augsburg angefertigt worden sein. In London befaßte sich Christopher Pinchbeck, in Frankreich der Karmeliter Sebastian Truchet mit dieser Art Uhren – beide im 18. Jahrhundert. Wie wir sehen, in ganz Westeuropa machte man damals Bilderuhren. Um die Mitte des 18. Jh. erscheinen auf den überlieferten Abbildungen verschiedener Arten von Uhrgehäusen neben Landschaftsgemälden auch die gemalten Allegorien der Zeit und der Eitelkeit. Zuweilen wurden Bilderuhren auch mit einem Automatenwerk kombiniert, wie z. B. jenes berühmte Bild einer Landschaftszene, das „Desmarés à Versailles“ signiert ist. Im 18. Jh. waren es mehr oder weniger exklusive Werke, die erst in der 1. Hälfte des 19. Jh. zur großen Mode wurden, besonders in Wien, und von dort aus in weiteren Ländern der Donaumonarchie. Damals kamen neben Kirchen- und Schloßansichten die Veduten großer Städte wie Wien, Prag, München, Preßburg auf und auch bedeutende gesellschaftliche Ereignisse um den Kaiserhof wurden im Bild festgehalten, wie es etwa die Darstellung des Besuchs von Kaiser Franz I. und seiner Gemahlin im Wallfahrtsort Mariazell zeigt. Man trifft auch auf historische Szenen aus der napoleonischen Zeit.

Anspruchsvolle Bilderuhren haben ein Viertelstundenschlagwerk mit Glocke oder Tonfeder und sind mitunter von einem Zungenspielwerk begleitet. Als Ausnahmefälle sind jene Bilderuhren anzusehen, bei denen das Uhrwerk mit einem Zungenspielwerk oben in die Rahmenkartusche hineingesetzt ist, oder diejenigen, die nicht gemalt, sondern aus buntfarbigen Glasstäbchen hergestellt sind. Auf diese Weise hat Ernst Kotzaurek den St. Veitsdom auf der Prager Burg dargestellt. In der jüngsten Zeit können die Bilderuhren in der Schweiz und in England ein Comeback feiern.

Rahmenuhren

31 Rahmenuhr. Mattglas, Email, 59 × 50 cm. Nordböhmen, um 1830. Kunstgewerbemuseum, Prag

Die Bilderuhr war mehr ein modisches Kuriosum, eine Spielerei als eine Weiterentwicklung der Uhr. In dieser Hinsicht wurde die Rahmenuhr den Anforderungen an ein Zeitmeßgerät besser gerecht. Eine vergoldete Holzplatte trägt das mit einem großen, weißemaillierten oder metallenen Zifferblatt im geschnitzten Kranz sowie mit einfachen pfeilartigen Zeigern ausgestattete Uhrwerk. In die

32 Rahmenuhr. Holz, Blei, gepreßt, vergoldet, 67 × 49 cm. Böhmen, um 1850. Kunstgewerbemuseum, Prag

Holzplatte ist unterhalb des Zifferblatts die Pendelöffnung des Uhrwerks eingeschnitten. Als Fassung dienen geschnitzte Schmuckrahmen, oft Ochsenaugenrahmen mit getriebenem Metallzierat. Alles ist reich vergoldet, bei manchen Stücken ist auch das Zifferblatt farbig getönt. Bis in die 40er Jahre des 19. Jh. wurde der Rahmen auf klassizistische Weise gestaltet, dann bis in die 60er Jahre, in denen die Rahmenuhr aus der Mode kam, im Stil des zweiten Rokoko und bei tiefer Holztäfelung der Blattwand in barocker oder neugotischer Manier. Eine Besonderheit gewisser böhmischer Rahmenuhren ist ihre Ausschmückung mit Glas-, zumeist Opalglastafeln, die mit Pflanzenornamenten aus weißem Reliefemail verziert sind.

Ähnlich wie bei den Bilderuhren enthalten die Rahmenuhren ein Viertelstundenschlagwerk mit Spiralfeder, häufig auch ein Zungenspielwerk. Sie sind in vielen Ländern verbreitet und bilden einen festen Teil der historischen Uhrenbestände etlicher Museen. Wegen ihrer Präzision und dekorativen Wirkung kann man sie noch heute in Wohnungen finden.

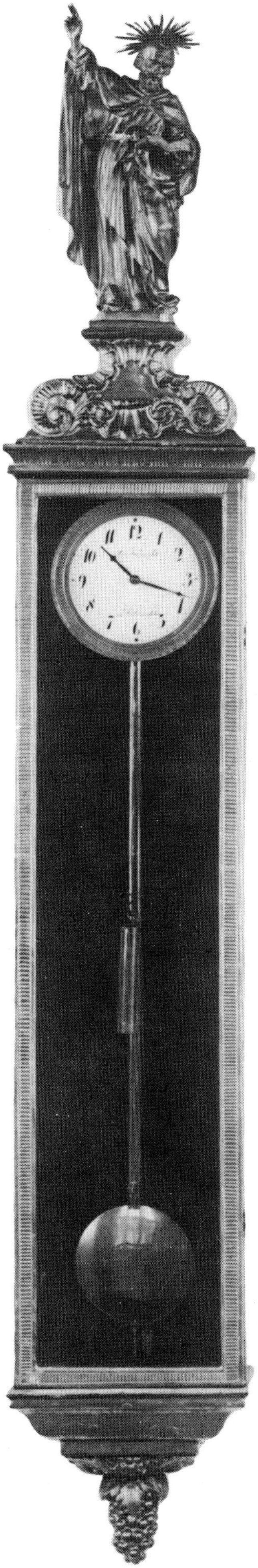

Pendeluhren (Regulatoren)

In der Zeit, da Frankreich und nach ihm Mitteleuropa in den Carteluhren den Gipfel eines freien, ungebundenen bildnerischen Ausdrucks erreicht, gibt das in Dingen der Kunst klassizistisch gemäßigte und immer sachliche England einer möglichst unauffällig präsentierten Genauigkeit der Zeitangabe den Vorzug. Carteluhren finden dort keinen Anklang, und im Gegensatz zu dem Bildcharakter der fränzösischen Uhr wirken die englischen verglasten Kastenuhren streng und nüchtern. Ihr einziger Luxus ist das Material – Edelhölzer, und der gesuchte Kunsthandwerker ist weder Bronzegießer noch Metallschneider, sondern Tischler. Gestützt auf die Uhrmachertechnologie des Landes ist man um höchstmögliche Präzision und Vollständigkeit der Zeitangaben bemüht. Die neue Uhr heißt Regulator oder, nach dem Pendel, das als Regulator dient, Pendeluhr. Diese Benennung ist nicht ganz zutreffend, denn seit seiner Erfindung um die Mitte des 17. Jh. wird das Pendel bei den verschiedensten Uhrenarten gebraucht.

33 Pendeluhr. Holz, geschnitzt, vergoldet, Höhe 126 cm. Uhrmacherzeichen „Jos. Konwička in Dobruschka". Dobruška, Böhmen, um 1850. Kunstgewerbemuseum, Prag

In den Jahren 1760 bis 1780 wurden in England viele Pendeluhren hergestellt, und unter ihren Schöpfern ragt besonders Benjamin Vulliamy hervor, von dem der mechanisch interessante Wand-Regulator von 1778 stammt, dessen Pendel nach einer früheren Erfindung James Harrisons gestaltet ist. Trotz ihrer Präzision und leichten Handhabung konnte sich die Pendeluhr in England nicht ganz durchsetzen, England blieb der Bodenstanduhr, der „Großvater-Uhr" (Grandfather's clock) treu.

Dagegen öffneten die Wiener Uhrmacher des Empire der englischen Pendeluhr Tür und Tor und machten sie unter der Benennung Laterndluhr, auch Geigenkastenuhr, schnell erfolgreich. Bezeichnend für sie ist die Standardform von Uhrwerk und Gehäuse. Dieses ist aus Holz, blank poliert, ausnahmsweise auch vergoldet, oben und unten würfelförmig verbreitert, oben mit einem Fronton versehen. Der untere Gehäuseteil läuft in eine Art Konsole aus, Vorder- und Seitenflächen sind verglast. Diese Form entspricht dem System des Uhrwerks. Es befindet sich im Kopf, in den meisten Fällen ist es mit Viertelstunden-Schlagwerk und Grahamgang ausgestattet, oft mit kalendarischen und astronomischen Anzeigen auf dem weiß emaillierten Zifferblatt mit römischen Ziffern. Im Mittelteil sind die Gewichte zu sehen und im

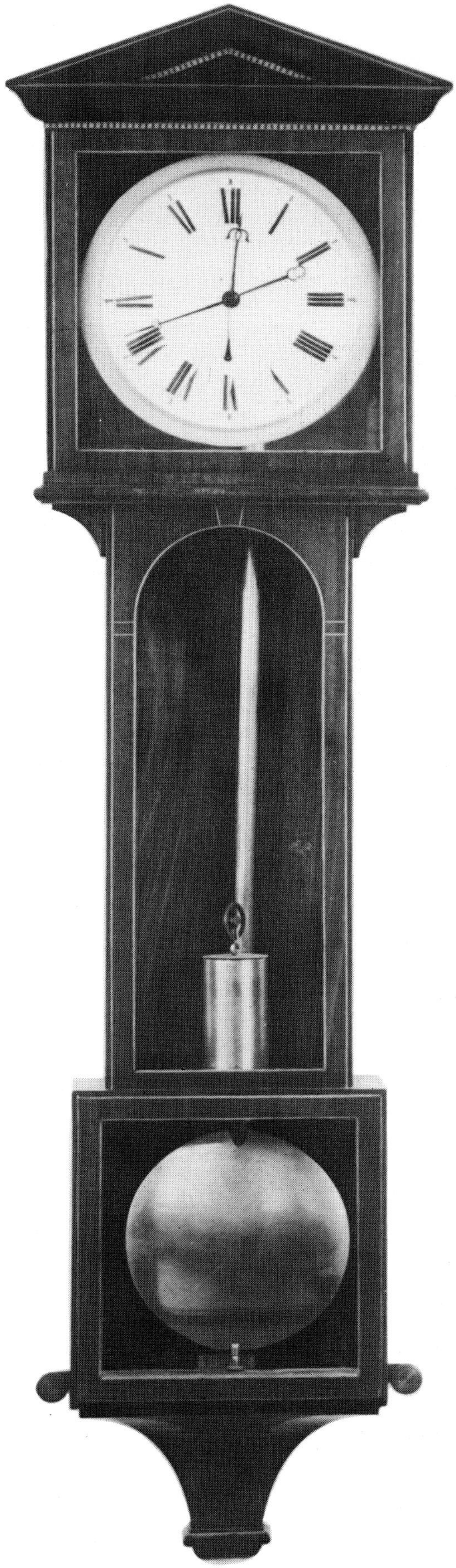

34 Laterndluhr. Mahagoniholz, intarsiert, Höhe 113 cm. Wien, 1825–30. Kunstgewerbemuseum, Prag

verbreiterten unteren Teil glänzt als Gegengewicht des Zifferblatts die große Messingscheibe des Pendels. Es ist eine ganze Reihe von Uhrmachern bekannt, die sich in den Jahren 1810–1830 mit der Herstellung dieser Wiener Laterndluhren befaßten. Zu den bedeutendsten gehören Josef Riedl, Jakob Hitzinger, Anton Glückstein, Philipp Happacher und auch Lorenz Resch, der später in Ebensee wirkte. Wien hat dieser Uhr eine bis in unser Jahrhundert lebendige Tradition geschaffen und auch Künstler wie der Architekt Theophil Hansen entwarfen Laterndl-Uhrgehäuse. Im 2. Viertel des 19. Jh. verloren sie ihre Form und wandelten sich, dem historisierenden Zeitgeist entsprechend, nacheinander im Stil des Neorokokos, der Neorenaissance, des Neobarocks und des Jugendstils. Beachtenswert sind auch die Erzeugnisse der Prager Uhrmacher Karel Suchý und Ludwig Hainz und die der Firma Gustav Becker in Freiburg/Schlesien. In der Schweiz knüpften die Uhren der Firma Junghans, die 1901 Lorenz Reschs Fabrik erstanden hatte, an die Wiener Laterndluhr an; auch die Firmen Mauthe und Kienzle sind hier zu nennen. Inzwischen waren Pendel und freier Ankergang vervollkommnet worden, besondere Verdienste erwarb sich hier der Lehrer an der Uhrmacherschule in Glashütte bei Dresden und spätere Schulleiter in Furtwangen, Ludwig Strasser. Siegmund Riefler in München erreichte mit seiner verbesserten Pendelaufhängung und dem Gangregler mit Doppelpaletten eine nahezu absolute Präzision (Abweichungen von nur einigen tausendstel Sekunden pro Tag). Seit der Erfindung des Kompensationspendels 1898 wurden alle Regulatoren mit ihm ausgestattet. Die Wiener und auch andere Pendeluhren hatten in der Entwicklungsgeschichte der Uhr – abgesehen von individuellen, in der Zusammenarbeit von Astronomen und Technikern entstandenen Mechanismen – die Grenzen der Genauigkeit mechanischer Uhren erreicht. Deshalb wurden alle Ämter, in denen zuverlässige und genaue Zeitangaben wichtig waren, vor allem Eisenbahnstationen und Postämter, mit ihnen ausgestattet. Das führte zu großer Nachfrage und Serienproduktion. Andererseits gab es auch wertvolle Pendeluhren, wie etwa die künstlerisch und funktionalistisch gestalteten Uhren von Karl Bertsch, die 1912 in der

Deutschen Werkstätte gebaut wurden. Eine Variante der Pendeluhr ist die im ausgehenden 18. Jh. im Schweizer Jura hergestellte Pendule-longue ligne. Ihre Baßgeigenform gestattet, die Pendelschwünge mit den Augen zu verfolgen, das Uhrwerk selbst befindet sich in dem als selbständiges Gehäuse gestalteten Oberteil der Uhr.

In die Gruppe der Wanduhren gehört ferner die sog. Act of Parliament Clock, die englische Art einer zweigliedrigen Kastenuhr mit kreisförmigem Kopf für das Uhrwerk und geschlossenem Kasten mit Pendel und Gewicht. Bei manchen Stücken sind die Gehäuse mit dunklem Lack und Chinoiserien bedeckt, auf die Art englischer Möbelstücke aus der 2. Hälfte des 18. Jahrhunderts. In diese Zeit fällt auch die Entstehung und Benennung dieser Pendeluhren, die mit dem 1797 vom Parlament verabschiedeten William-Pitt-Gesetzesakt zusammenhängt, demzufolge der Besitz sämtlicher privater und persönlicher Uhren steuerpflichtig war. Daraufhin verleugnete jeder einen solchen Besitz und versteckte seine Uhr. Das nutzten die Gastwirte und hingen in ihren Wirtsstuben Wanduhren auf. Klassische Beispiele der „Parlamentsaktuhr" sind die Pendeluhren von Thomas Moore in Ipswich und von John Knight in Portsea. Auch nach der Abschaffung des Gesetzes überlebte diese Pendeluhr und kam zu Beginn unseres Jahrhunderts mit dem Jugendstil wieder in Mode.

Eine verhältnismäßig seltene Art ist die sog. Brettluhr, en einfaches Erzeugnis der Biedermeierzeit, typisch für die Länder der österreichischen Monarchie. Sie kommt in zwei Varianten vor. Bei der ersten ist das Uhrwerk mit Gewicht und Pendel an einem lackierten oder polierten Wandbrett befestigt; das Pendel trägt eine Messingscheibe und die Uhr hat ein weißemailliertes Zifferblatt. Bei der zweiten Variante ist das Federzugwerk in einem Kasten im Oberteil des Brettes eingebaut und das Pendel schwingt vor dem Unterteil des Brettes.

35 Pendeluhr. Holz, braun gebeizt, Höhe 128 cm. Böhmen, 2. Hälfte des 19. Jh. Kunstgewerbemuseum, Prag

RAUMUHREN

Innenraumuhren, deren sämtliche Seiten als Schauseiten gestaltet sind und die den Anforderungen an ein Zeitmeßgerät und an einen Kunstgegenstand gerecht werden, nennen wir hier Raumuhren und fassen die entsprechenden Stand-, Tisch-, Türmchen-, Figurenuhren und Dosenuhren unter diesem Begriff zusammen. Sie stehen entweder auf einem eigenen Postament, oder, in den meisten Fällen, auf einem Möbelstück, einem Tisch, Schrank u. ä. Sie sind wegen ihrer aufwendigen Herstellung bei weitem nicht so verbreitet wie die Wanduhren und sie kommen in den verschiedensten Arten und Varianten aus den berühmten Uhrmachergebieten, u. a. aus England und Frankreich, besonders aber aus den Goldschmiedewerkstätten Augsburg, Nürnberg, Ulm und Straßburg.

Ihre Anfänge fallen mit der Entstehung der Räderuhr zusammen. Eine Raumuhr ist bereits jene, die auf den Miniaturen gotischer Handschriften, etwa des bekannten Horologium sapientiae von Henri Seuze, abgebildet ist. Auf einer Miniatur ist auch das Planetarium Giovanni di Dondis aus der 2. Hälfte des 14. Jh. zu sehen, auf einer anderen findet man die Abbildung einer Wanduhr, die noch nicht auf einer Konsole, doch bereits auf einer eigenen Säule steht, die das Sinken des Gewichts gestattet. Diese Art der Aufstellung des Uhrwerks auf einem Stützbau blieb mit gewissen Änderungen bis in die Renaissance- und Barockzeit lebendig, auch bei manchen Stücken, die scheinbar Tischuhren sind und deren Gewichtsantrieb eine erhöhte und freie Lage des Uhrwerks erforderte. Dies ist der Fall bei der Augsburger Türmchenuhr vom Ende des 16. Jh. (heute in einer Winterthurer Privatsammlung) oder bei der astronomischen Uhr von 1588 im Kloster Kremsmünster. Auch die Uhr, die Erzherzog Ferdinand von Tirol 1570 in Prag anfertigen ließ, gehört hierher. Als selbständiges, für den Wohnraum bestimmtes Möbelstück ist die astronomische Uhr für Albrecht IV. von Braunschweig aufgefaßt, die im Aufriß von 1529 – heute im Bayerischen Nationalmuseum – abgebildet ist. Diese Zeichnung deutet auf eine Auffassung hin, die verwandt ist mit der Planetenuhr des Orontius Fineus, die um 1500 für Kardinal Karl von Lothringen hergestellt wurde. Fineus' Uhr ist in einem fünfkantigen Holzkasten vom Nürnberger Typus eingebaut, der auf einer von 5 Greifen getragenen Säule steht. Der Uhrkasten stammt aus dem Jahre 1555, die Uhr befindet sich heute in der Pariser Bibliothek Sainte-Geneviève. Als Bodenstanduhren (Raumuhren) auf Holzpfeilern sind auch beide Bronzemodelle von Habrechts Straßburger Münsteruhr konstruiert (das eine, von 1589, heute in London, das zweite, von 1594, in Kopenhagen). Eine typische Standuhr ist die sog. Moritzuhr, eine mit Intarsien verzierte und von Säulen umringte Kastenuhr, die für Landgraf Moritz von Hessen zu Beginn des 17. Jh. angefertigt worden sein soll (heute in den Staatlichen Kunstsammlun-

36 Altaruhr. Holz, polychromiert, Messing, Höhe 67 cm. Signiert „Johan Oth Halaicher Augusta". Augsburg, um 1680. Uhrenmuseum, Šternberk

LONDON

◁
37 Stutzuhr. Holz, bunt bemalt, Goldbronze, H. 55 cm. Sign. „Robt Finch London", 4. Viertel des 17. Jh. Kunstgewerbemuseum, Prag

38 Stutzuhr. Holz, braun gebeizt, Bronze, versilbert, H. 58 cm. Sign. „Johan Kraus Przevnov". Prag, um 1770. Kunstgewerbemuseum, Prag

◁
39 Stutzuhr. Holz, braun gebeizt, Bronze, vergoldet, Höhe 62 cm. Sign. „Leopold Hoys Fecit Bamberg N: 1“, nach Mitte des 18. Jh. Kunstgewerbemuseum, Prag

40 Pendule auf Sockel. Holz, grün lackiert, Bronze und Messing, vergoldet, Höhe 107 cm. Sign. „Nicolas Delaunay à Paris“, 1. Viertel des 18. Jh. Kunstgewerbemuseum, Prag

41 Pendule. Gemaltes Porzellan, Höhe 53 cm. Meißen, um 1770. Kunstgewerbemuseum, Prag

▷
42 Figurenuhr. Vergoldetes Holz, Höhe 70,5 cm. Geschnitzt vom Prager Bildhauer und Bildschnitzer Ignatz Michael Platzer, Prag, um 1790. Kunstgewerbemuseum, Prag

43 Kaminuhr (Figurenuhr). Goldbronze, gemaltes Meißner und Sèvres-Porzellan, Höhe 55 cm. Sign. „Dutertre à Paris" Jean-Baptiste Dutertre, um 1760. Kunstgewerbemuseum, Prag

gen Kassel). Von gleichem Typus ist die auf Säulen stehende, mit Rebenmotiven bemalte Kalenderuhr von ungefähr 1680 im Museum von Braunschweig. Auch der Hochbarock hat auf dem Gebiet der Bodenstanduhr so manches individuelle Werk hervorgebracht. Neben der Kunstuhr von Johann Martin Arzt aus dem Jahr 1775 (heute im Bayerischen Nationalmuseum in München) muß die sog. Maria Theresia-Uhr genannt werden. Sie ist ein Werk der Darmstädter Uhrmacher Friedrich und Johann Knauss aus den Jahren 1745 – 1750; das auf einem Tisch stehende Rokokogehäuse zeigt auf allen seinen Seiten bewegliche Bilder aus dem Familienleben der Kaiserin.

Zu den Gipfelwerken der Raumuhren gehört die fast sechs Meter hohe Türmchenuhr, die nach der Gräfin Maria Elisabeth Hrzán von Harrachsdorf den Namen Herzanische Uhr trägt. Im ausgehenden 17. Jh. hatte die Gräfin diese Uhr bei dem Augsburger Uhrmacher Christoph Schöner für ihr Prager Palais in Auftrag gegeben. Nach 1839 erstand S. M. Rothschild in Wien die Uhr, seither ist sie verschollen, doch ist sie auf zeitgenössischen Kupferstichen von allen Seiten abgebildet und auch in Volperts Monographie von 1703 beschrieben. Auf einem von gefesselten Sklavenfiguren getragenen Tisch erhebt sich ein vierstöckiges Türmchen, das von Säulen umringt ist, zwischen denen die silbergetriebenen Plastiken der vier Weltteile, der vier Jahreszeiten, vierer berühmter Monarchen und der vier Sibyllen zu sehen sind. Auf dem Dach trägt eine Atlasstatue die Erdkugel, das Türmchen ist mit silbernen Kaiserbüsten sowie einem Porträtmedaillon Leopolds I. geschmückt. Schlagwerk mit Kugelantrieb, Kalenderangabe, astronomische Indikationen sowie ein Musikwerk ergänzen das Kunstwerk.

Die meistverbreitete Art ist die Renaissance-Tischuhr. Dank ihres Federzugantriebs konnte sie beliebig aufgestellt werden, auf einem Tisch, einer Kommode, dem Kamin u. ä. Mit der Erfindung des Federzugantriebs war natürlich die frühere Wanduhr und Wandkonsolenuhr mit Gewichtsantrieb nicht verschwunden. Das Festhalten am Traditionellen ergab im Verein mit dem Entwicklungsprozeß in Technik und Form eine ständig wachsende Zahl von Uhrentypen. Jeder Stil, ja jedes Jahrhundert steuerte zu den Uhrenkategorien etwas Neues bei. Dies gilt besonders für die Renaissance-Raumuhr, die viele neue Arten hervorbrachte und auch den Anteil der Künstler an der Formgebung vervielfältigte. Hier waren hervorragende Bronzegießer, Goldschmiede und Maler am Werk. Die Allegorie „Das Gehör" jenes Gemäldes Jan Breughels d. Ä. vom ausgehenden 16. Jh. im Madrider Prado führt die Vielfältigkeit der europäischen Uhren in der Renaissance und im Manierismus anschaulich vor Augen. Für den Bau der Gehäuse wurde damals neben Holz Kupfer, Bronze- und Messingblech, zumeist mit Vergoldung, verwendet.

Die einfachsten Renaissance-Tischuhren sind kreisrund, oval, zylindrisch, quadratisch oder polygonal, mit horizontalem Zifferblatt auf der Oberseite und einem Uhrzeiger. Innen befindet sich das Uhrwerk mit Federantrieb, Schnecke und zweierlei Schutzvorrichtung für die Unruh: bei den deutschen Uhren bleibt die Löffelunruh mit Spindelhemmung und die Gangregulierung mittels zweier Schweinsborsten im Gebrauch, während die französischen Uhren Spindelbrücken benutzen. Das Uhrwerk der tragbaren Raumuhr ähnelte dem der gleichzeitig mit ihr erfundenen Uhr, die am Körper getragen wurde, der frühen Taschenuhr.

Dosenuhren wurden als transportable Reiseuhren entwickelt. Das älteste Werk einer Dosen-Tischuhr aus dem Jahre 1509 wird leider nur als Torso in den Sammlungen des Bayerischen Nationalmuseums in München aufbewahrt. Die Dosenuhrgehäuse zeigen im allgemeinem ringsum reich gravierte ornamentale Grotesken, Arabesken, Figuren und ganze historische, allegorische oder Schlachtenszenen, ganzflächig oder in einzelne Felder bzw. Arkaden geteilt. Auf dem Mantel oder der Innenseite findet man bei vielen Stücken die Signatur des Uhrmachers, die die Herkunft der Dosenuhr bestimmt und von dem wachsenden Selbstbewußtsein des Uhrmacherstandes zeugt, ganz in Übereinstimmung mit der Bedeutung, die die Renaissance der Kunst und Technik zugemessen hat.

Die älteste datierte Dosenuhr wurde 1525 in Prag von Jacob Zech (Czech), dem Hofuhrmacher der Jagellonenkönigin Anna, für König Sigismund I. von Polen und dessen Gemahlin Beate (Bona) Visconti hergestellt, sie befindet sich heute

44 Tischuhr Philipps des Guten. Bronze, vergoldet. Mitteleuropa, 1430. Germanisches Nationalmuseum, Nürnberg

in London. Im zylindrischen Metallgehäuse sind die Wappen des polnischen Königs, seiner Gemahlin und des Fürstentums Litauen in einem Rankenfries eingraviert. Die Uhr hat Federantrieb mit Schnecke, Spindelhemmung und Löffelunruh sowie ein waagrecht angebrachtes Vierundzwanzigstundenblatt. Zechs zweite Dosenuhr aus demselben Jahr, mit Mantelornamenten verziert, wurde einst im Prager Städtischen Museum aufbewahrt. Eine dritte Uhr von Jacob Zech zeigt in Arkaden die gravierten Wappen tschechischer und polnischer Adeliger, Signum und Datum 1528 (heute im Berliner Kunstgewerbemuseum). Zech war Uhrmacher in der Prager Altstadt und Mitarbeiter, möglicherweise der Sohn, von Meister Hanuš Růže. Mit diesem führte er 1490 Ergänzungsarbeiten an der Prager astronomischen Turmuhr durch. Zechs Schwiegersohn, Hans Steinmeißel, ein anderer bedeutender Prager Uhrmacher des 16. Jh., ist der Schöpfer der signierten und mit der Jahreszahl 1550 datierten Dosenuhr, die heute in Stuttgart aufbewahrt wird. Zechs und Steinmeißels Erzeugnisse sind die ältesten der im 16. und 17. Jahrhundert im süddeutschen Raum hergestellten Dosenuhren. Ihre Höhe hängt davon ab, ob sie ein Schlagwerk haben oder nicht. Die mit Schlagwerk sind höher und oben mit einer Schallöffnung versehen, um das Schlagen gut hörbar zu machen. Kostbar sind die Dosenuhren, die nicht Gravierungen, sondern gegossene und ziselierte Verzierungen tragen – manche mit den Signaturen hervorragender Goldschmiede –, etwa Leonhard Danners. Sie wurden in München und bei Hans Gruber in Nürnberg hergestellt. Besonders kunstfertigen Metallguß kann man an den sog. Orpheusuhren bewundern, die mit Szenen aus dem Orpheusmythos geschmückt sind. Sie stammen aus der Werkstatt von Hans Kels, acht davon sind erhalten geblieben. Viele Dosenuhren sind mit einem Schlagwerk versehen. Weckeruhren haben eine besondere abnehmbare Glockenvorrichtung in einer zylindrischen Trommel, die von drei bis vier zumeist als Delphine gestalteten Stützen über den Dosendeckel emporgehoben wird. Solche Wecker wurden bereits um die Mitte des 16. Jahrhunderts von Nikolaus Lenz in Innsbruck und später von Hans Gutbub in Straßburg angefertigt. Die Herstellung dieser Art Dosen-

45 Dosen-Tischuhr. Messing, graviert. Jacob Zech, Prag 1528. Kunstgewerbemuseum Berlin (West)

Tischuhr entfaltete sich besonders in Frankreich, vor allem in den Werkstätten Paul Cupers in Blois und Simon Gribelins in Paris, auch bei Nikolas Plantard in Abbéville.

In Süddeutschland erscheinen bereits im zweiten Viertel des 16. Jh. Dosen-Tischuhren in quadratischer Form. Ihre Gravierung ist anfangs nicht sonderlich markant, obwohl sie sich auf zeitgenössische graphische Blätter stützt. Manche quadratische Uhren haben ein durchbrochenes Hexagramm. Uhren mit Schlagwerk aus der Augsburger Werkstatt Johann Reinholds sind architektonisch aufgefaßt, mit ihren vielen Zifferblättern haben sie ein kompliziertes Werk. Es gibt quadratische Dosenuhren mit zwei oder mehreren Zifferblättern auf der oberen Fläche. Ein prächtiges Beispiel der Goldschmiedekunst ist das Uhrgehäuse des für die technische Entwicklung der Uhr bedeutenden Jost Burgi (1552–1632, Kassel und Prag) von 1591, auf dem seitlich neben dem Zifferblatt die Reliefiguren berühmter Astronomen zu sehen sind (heute im Astronomisch-physikalischen Kabinett der Staatlichen Kunstsammlungen, Kassel). In Frankreich enstanden quadratische Dosenuhren in der Werkstatt von Nikolas Plantard in Abéville, in London bei David Ramsay, in Kopenhagen bei Hans Kirsch. In ihrer Verzierung überwiegt das Figuralrelief, das ins 17. Jh. übernommen und dann von den Augsburger Uhrmachern immer reicher ausgeschmückt wurde. Die Dosenuhren Kaspar Hoffmans, Jakob Mayrs und Jeremias Pfaffs aus der 2. Hälfte des 17. Jh. werden mit ihren Filigranarbeiten, Figuralplastiken und Edelsteinen zu Kunstwerken des Juwelierhandwerks. Dagegen haben manche Uhren aus den Werkstätten Samuel Haugs und Hans Buschmanns keinerlei Dekor, sie haben nur durchbrochene Seitenöffnungen. Die in der 2. Hälfte des 17. Jh. vor allem in Danzig und Königsberg hergestellten norddeutschen sechseckigen Dosenuhren sind ebenfalls kaum verziert; sie haben nur gegossene Figuralfüßchen und Eck-Karyatiden. Sie wurden bis in die 2. Hälfte des 18. Jh. hergestellt und nahmen, wie die Dosenuhr des in Prag lebenden deutschen Uhrmachers Johann Christian Engelschalk zeigt, mit der Zeit dynamische

46 Dosen-Tischuhr. Messing, graviert. Jacob Zech, Prag, 1525. Society of Antiquaries of London

·und dekorative Barockelemente auf. Beachtliches haben auf diesem Gebiet manche französische Werkstätten hervorgebracht. Ihre Dosenuhren waren mit einer von Säulen, Karyatiden oder Balustern getragenen Kuppel über der Glocke geschmückt, das Uhrwerk unterhalb der Kuppel saß in einem Glas- oder Kristall-Zylinder. Solche Uhren stammen von Isaak Pointevin in Blois.

Die charakteristischste Tischuhr der Renaissance ist die Türmchenuhr. Sie geht auf die Prismenuhr zurück, deren Werk an der Wende des 15. Jh. in manchen Fällen mit Federzugantrieb versehen und auf allen Seiten mit Metallplatten geschützt war. Eine solche ist auf dem Porträt Johann Lefevres zu sehen – einem Werk Rogiers van der Weyden (um 1460, Antwerpen). Die wohl älteste erhaltene Türmchenuhr, noch mit spätgotischen Motiven an den Gehäusewänden verziert, stammt aus der Zeit um 1500 und befindet sich heute im Germanischen Nationalmuseum in Nürnberg.

Dem Anschein nach ist als Urform der Türmchenuhr die italienische Prismenuhr mit durchbrochener Glockenkuppel zu betrachten, verbunden mit Stilelementen der gotischen Eisenuhr. Eine solche ist in der Lamberti-Sammlung in Rom zu sehen. In Frankreich wird diese Art im beginnenden 16. Jh. heimisch, wie es die symbolischen Türmchenuhren in den Händen allegorischer Statuen der Mäßigkeit und der Zeit auf feudalen Grabmälern bezeugen. Die zweitälteste ist die Türmchenuhr im Britischen Museum, ein Werk Julien Coudrays, des Hofuhrmachers König Ludwigs XII. Die französischen Könige förderten die Uhrmacher, daher eigneten sich diese schnell den Renaissancestil an sowie die neue Technologie. Die französischen Tisch-Türmchenuhren sind der beste Beweis dafür. Sie entstanden in allen Uhrmacherzentren des Landes, in Paris, in Abbéville, wo sich besonders Albert und Jacques de la Garde einen Namen machten, ferner in Blois, wo Nikolas Plantards Werkstätte die wichtigste war, in Aix-en-Provence, Beauvais und vor allem dann in Lyon, wo sich

Pierre de Fobis, Nicolas Lemaindre und Jean Naze um das örtliche Uhrmacherhandwerk verdient machten. Alle diese Werkstätten erzielten im gegenseitigen Wettbewerb hohe Genauigkeit ihrer Türmchenuhren und statteten sie verhältnismäßig früh mit kalendarischen und astronomischen Anzeigen aus. Die Gehäusewände waren mit kunstreich gravierten Figuralkompositionen, in den meisten Fällen nach graphischen Vorlagen von Etienne Delaune, bedeckt. Es ist nicht leicht zu entscheiden, welche Form den Vorzug hat; die erhalten gebliebenen Uhren gestatten den Schluß, daß quadratische Formen für die Pariser Werkstätten bezeichnend sind, wie es die Erzeugnisse der berühmtesten unter ihnen, Martinot und Vallin, belegen, während in den übrigen Uhrmacherzentren Frankreichs die Hexagonalform üblich war. Zu den ältesten datierten Türmchenuhren gehört das sechseckige astronomische Gerät des Lyoner Meisters Pierre de Fobis aus dem Jahre 1531. In jenem Jahr entstand wohl nur das Uhrwerk; das einstöckige Gehäuse mit besonderer Glockenplatte ist zweifellos viel jüngeren Ursprungs. Anderseits sind die Gehäuse der Türmchenuhr von Dauville aus Beauvais (1544, heute im Museum zu Scheveningen) und der aus Aix-en-Provence stammenden und 1530–1540 datierten ohne Zweifel Originalwerke und zugleich mit dem Uhrwerk entstanden. Schlichte Formgebung, die nur von reicher Gravierung auf den Seitenflächen aufgewogen wird, sowie durchbrochene Friese unter der Kuppel sind typisch für französische Türmchenuhren. Ebenso typisch ist der genau durchdachte Mechanismus, der in zwei bis drei übereinanderliegenden Etagen aufgegliedert und oft vom komplizierten astronomischen Beiwerk begleitet wird. Zu den

47 Uhrmacherwerkstatt des 16. Jh. Kupferstich von Philipp Galle nach der Zeichnung von Ioan Stradano

48 Seemannsuhr. Bronze, durchbrochen, vergoldet, ∅ 11 cm. Sign. „Johan Van Ceulen Le Jeune Hagg". Haag, um 1700. Kunstgewerbemuseum, Prag

schönsten französischen astronomischen Uhren gehört die von Jean Naze in Lyon für Ludwig XIII. angefertigte Türmchenuhr (heute im Kasseler Museum). Auf ihrem quadratischen Gehäuse heben drei Karyatiden die bewegliche Armillarsphäre (ein altes Gerät zum Messen der Himmelskreise.) Der Goldbronzeschrein stammt von D.L. Cordelière aus Lyon. Das ganze Kunstwerk ist stark vom Manierismus beeinflußt und steht so in scharfem Kontrast zu der üblichen Strenge der französischen Türmchenuhren. Die künstlerisch vollendetste ist fraglos die 1619 für Maria Medici, die Gemahlin Heinrichs IV. geschaffene Türmchenuhr, ein Werk des Nicolas Lemaindre aus Blois. Das Uhrwerk erinnert an Ziselierarbeit, ist nicht weniger kunstreich als das fein gravierte Goldbronzegehäuse, dessen königliche Bestimmung auch die meisterhaft geschnittenen Spindelbrücken am Fuß der Uhr verraten. Die Türmchenuhr der Maria Medici stellt das ausgereifte Werk der französischen Renaissance auf dem Gebiet der Uhrmacherkunst dar.

Die Abkehr von der Renaissance und die neue frühbarocke Mode, die nach Heinrichs IV. tragischem Tod Ludwig XIII. und Kardinal Richelieu in die französische Kultur einführten, wies auch ihren Uhrmachern neue Wege und man begann, an der Wand stehende Uhren herzustellen. Die Weiterentwicklung der Dosen- und Türmchenuhren fiel anderen europäischen Ländern zu. Dort fanden beide Arten Anklang, nicht zuletzt als Folge der hohen kulturellen Ansprüche des Wiener Herrscherhauses und der persönlichen Uhren-Liebhaberei, die sämliche Habsburger des 16. Jahrhunderts, von Karl V. bis Rudolf II., auszeichnete.

Die älteste, 1549 datierte mitteleuropäische Tisch-Türmchenuhr wird im Prager Kunstgewerbemuseum aufbewahrt. Sie ist von dem bereits erwähnten Hans Steinmeißel signiert und stellt die wohl endgültige Form der Goldbronzeuhr vor, die der französischen quadratischen, bis auf das Fehlen der durchbrochenen Kuppel, sehr nahe steht. Ihr Gehäuse ist glatt, vierkantig und steht ohne Füße auf niedrigem Sockel, es ist mit einer Glocke bekrönt und seitlich mit figuralen Gravierungen verziert. Als Vorbild für die Gravuren, die in Frankreich Etienne Delaune inspirierten, dienten in Mitteleuropa die graphischen Blätter des aus Nürnberg stammenden Virgil Solis. Nach seinen Vorlagen wurden auf den Uhren insbesondere Jagdszenen dargestellt. Andere Motivquellen waren die Graphiken der Nürnberger Meister Peter Flötner, Wenzel Dietterlein und Hans Sebaldus Beham. Dem Geh- und Schlagwerk dieser Türmchenuhren ist nicht selten auch ein astronomisches Werk beigegeben.

Die bedeutendsten Zentren der Türmchenuhrherstellung in Deutschland waren von der Mitte des 16. Jh. an Nürnberg, München und Augsburg, in geringerem Maße auch Straßburg. Hand in Hand mit der steten Verbesserung des Uhrwerks geht die Vervollkomnung der äußeren Gestalt. Die Turmkanten werden mit Halbsäulen oder Pilastern geschmückt, auf den figural gravierten vergoldeten Seitenflächen befinden sich zahlreiche Stunden-, kalendarische und astronomische Zifferblätter in Übereinstimmung mit dem funktionellen Werkbau. Einen bedeutenden Beitrag hat hier Karl Gutbub mit seiner Türmchenuhr geleistet, deren Glocke auf der Turmspitze rundum von einer Galerie verdeckt ist. Die französische Art der von einer durchbrochenen Kugel verdeckten Glocke fand in Süddeutschland Nachahmung und wurde besonders in der Nürnberger Werkstatt Hans Grubers gepflegt, dessen Erzeugnisse aus den 60er und 70er Jahren des 16. Jh. heute in verschiedensten Museen innerhalb und außerhalb Europas zu finden sind. Mit Gruber wetteiferte Hans Koch in München, der der Türmchenuhr ihre endgültige prächtige Gestalt gibt, indem er auf das eigentliche Gehäuse eine mehrstöckige, nach oben zu sich verjüngende, die Glocke umfan-

49 Tischuhr. Bronze, graviert, vergoldet, Höhe 8,3 cm. Sign. „George Andreas Gablentz Glatz". Glatz, um 1720. Kunstgewerbemuseum, Prag

50 Tischuhr. Bronze, graviert, vergoldet. Höhe 6,3 cm. Sign. „Kreidt Mayr In Prag", Ende 17. Jh. Kunstgewerbemuseum, Prag

gende Galerie mit kleiner Kuppelbekrönung aufsetzt. Diese Bauweise der Türmchenuhren wurde im ausgehenden 16. Jh. allgemein und besonders in Augsburg übernommen und überlebte in vielen dortigen Werkstätten ein ganzes Jahrhundert lang. Die meisten Renaissance-Türmchenuhren des späten 16. Jh. besitzen einen komplizierten Mechanismus mit kalendarischen und astronomischen Anzeigen. Zu diesen Uhren, bei denen sich ein ausgeklügeltes Uhrwerk mit ausgesuchter, bereits manieristischer künstlerischer Gestaltung verbindet, gehören die zwischen 1563 und 1568 von Gerhard Emmoser und Jeremias Metzger in Augsburg und in Wien von Caspar Bohemus hergestellten astronomischen Türmchenuhren. Sie zeichnen sich durch nahezu gleiche Gehäuse aus vergoldeter Bronze bzw. Messing mit Pilastern und durchbrochenem Dach aus, auf dem sich eine symbolische Figur erhebt. Die allegorischen weiblichen Figurenreliefs in den Zifferblattfeldern sind nach Vorlagen von Hans Beham gestaltet. Jeremias Metzgers Türmchenuhren zeigen im Dach Jagdszenen nach Stichen von Virgil Solis. Die Beliebtheit dieser Uhren im 19. Jh. machte sie zum Muster galvanoplastischer Abgüße, die heute in verschiedenen Museen zu sehen sind. G. Emmoser, J. Metzger und Caspar Bohemus waren Hofuhrmacher Kaiser Ferdinands I. und Maximilians II. Zu nennen ist hier ferner das kostbare, mit Emailgrotesken im Stil des Augsburgers David Attemstättern verzierte Uhrgehäuse aus den Sammlungen Rudolfs II., das heute im Wiener Kunsthistorischen Museum aufbewahrt wird.

Rudolf II. machte Prag zum wahren Paradies der Mechaniker und Uhrmacher. Er brauchte sie wegen seiner besonderen Liebe zur Astronomie und Astrologie, und sie dienten seiner Sammlerleidenschaft und seinem Kunstsinn. Die vom Kaiser nach Prag gerufenen hervorragenden Uhrmacher hatten sich in den

51 Türmchenuhr. Eisen, Ölmalerei, Nürnberg (?), um 1500. Germanisches Nationalmuseum, Nürnberg

Diensten deutscher Fürsten bewährt und arbeiteten nun als freie Meister außerhalb der Innung. Ihr Vorläufer war schon unter Ferdinand I., Rudolfs Großvater, Moritz Behaem aus Wien, der 1549 eine große Uhr mit Glocken, beweglichen Figuren, Tieren und Spielwerk für den Kaiser anfertigte. Von diesem Meister gibt es eine ähnliche Uhr, wie sie später Jeremias Metzger und andere schufen. Behaems Uhr wird im Württembergischen Landesmuseum Stuttgart aufbewahrt. Später kamen Wilhelm Dürhammer aus Öttingen, Gerhard Emmoser aus Augsburg (1579) und Christoph Margraf nach Prag, letzterer als Emmosers Nachfolger im Amt des Hofuhrmachers von 1584 bis 1604. In Prag wirkten ferner Georg Ramhofský und der Schweizer Martin Schneeberger aus Villingen in den Jahren 1602–1612. Der bedeutendste unter ihnen war Jost Purgi; er kam 1604 von Kassel nach Prag und überlebte dort nicht nur Rudolf II., sondern auch dessen Nachfolger Matthias. Wir wissen, daß Gerhard Emmoser 1582 zwei astronomische Uhren für Rudolf II. hergestellt hat. Ein anderer Augsburger, Johann Paul Glocker, siedelte sich 1581 in Prag an, heiratete eine Tochter der Familie Steinmeissel und wirkte hier erfolgreich bis zu seinem Tode 1607. Er besaß zwei Häuser und war Zunftmeister der Schlosser, zu denen die Uhrmacher gehörten. Von ihm ist bekannt, daß er dauernde Handelsbeziehungen zu dem Augsburger Uhrmacher Christoph Spissler pflegte, der ihm Augsburger Uhren lieferte, die Glocker in einem Verkaufsstand im Wladislawsaal der Prager Burg feilbot. Er selbst stellte auch Uhren her, zählte Persönlichkeiten des böhmischen Hochadels zu seinen Kunden und fertigte 1587 zwei Uhren für Rudolfs türkische Gesandschaft an. Glockers Sohn Johann Paul ging in Augsburg in die Uhrmacherlehre.

Georg Ramhofský fertigte vor dem Jahr 1599 für Rudolf II. einen uhrwerkgetriebenen Erdglobus an, ähnlich dem, wie ihn 1588 der Augsburger Meister Georg Roll für den Kaiser geschaffen hatte. Rolls Globus befindet sich heute im Pariser Conservatoire Nationale. Interessant sind die Berichte über die Tätigkeit des gebürtigen Schweizers Konrad Steffenauer, der in den Jahren 1605–1635 in Prag lebte. Auch er hatte seinen Verkaufsstand im Wladislawsaal. Im Ver-

52 Detail der Türmchenuhr von Abb. 23 – Oberseite mit Signatur „Hans Stein Meissel Uhrmacher zu Prach Domini 1549 Iar“

zeichnis seiner Hinterlassenschaft kommen eine Großuhr, eine Blumentopfuhr, Kreuzuhr und Steinuhr vor, ferner Uhren in verschiedenen Tiergehäusen, Truhen, Bildern, Säulenuhren, Anhänger- und Holzuhren. K. Steffenauer stellte auch Quadranten und Kompasse her.

Das allgemeine Interesse für Naturkuriosa, das für den Manierismus und besonders für die Hofgesellschaft europäischer Herrscher mit Rudolf II. an der Spitze charakteristisch ist, gab auch der Uhrenherstellung neue Anregungen. Die Uhrmacher nutzten die Ergebnisse der Naturwissenschaften Astronomie und Physik, ergriffen die Gelegenheit und versuchten, mit großer Entdeckerfreude an neuen Wegen und Arbeitsprozessen, ihren Beruf anziehend zu machen und ihre Auftraggeber, vor allem aber ihre Werkstätten und deren Besonderheiten, berühmt zu machen. Da erwies sich Christoph Margraf als der nützlichste für den Kaiser; er erfand in Prag die Kugellaufhemmung, bei der gleich große Kugeln in regelmäßigen Abständen eine bestimmte Bahn im Gehwerk beschreiben, und erhielt 1595 das kaiserliche Patent darauf. Trotz dieses Vorrechts benutzten schon zu Margrafs Lebzeiten andere Uhrmacher diese technische Erfindung. Die Kugellaufhemmung ist im Uhrwerk von vier Exemplaren mit kostbaren Gehäusen eingebaut (heute im Wiener Kunsthisto-

53 Türmchenuhr. Bronze, durchbrochen, graviert, vergoldet, Höhe 19 cm. Frankreich, 1560. Auf Zifferblatt spätere Signatur „Reiss Prag". Kunstgewerbemuseum, Prag

rischen Museum). Zwei von ihnen sind datiert, 1596 bzw. 1599 und von Margraf signiert, die anderen zwei sind um 1600 entstanden und anonym, allem Anschein nach aber auch aus seiner Werkstatt. Die etwa 40 cm hohen vergoldeten Messinggehäuse dieser Prunkuhren sind mit aufklappbarem Deckel versehen, der mit reich gravierten Ornamenten nach Cornelis Floris bedeckt und in den Nischen mit gemalten Landschaftsbildern und kleinen gegossenen Figuren verziert sind. Das Innere enthält das zumeist schlagende Uhrwerk mit Kugellaufantrieb und zeigt in dem Spiegel auf der Innenseite des Deckels üppigen plastischen und gemalten Dekor. Die Kugellauf-Tischuhr von 1599 hat ein Guckfenster, durch das man eine liegende Minervastatue betrachten kann, deren Abguß sich auf einer der nichtsignierten Uhren von 1600 befindet. Diese ist mit einer gemalten Stadtvedute von Hendricke van Steenwyck verziert. Die einmalige künstlerische Gestaltung dieser Prunkuhren entspricht ganz den hohen Anprüchen, die Rudolf II. an Stoff, Form und künstlerische Ausführung stelle. Einer der bedeutendsten Männer an seinem Hof, Jost Burgi, 1552 in Toggenburg in der Schweiz geboren, arbeitete von 1579 bis 1603 am Hof von Hessen-Kassel und kam 1592 nach Prag, um dem Kaiser ein Geschenk von Landgraf Wilhem IV. von Hessen-Kassel zu überreichen. 1604 nahm er seinen Wohnsitz auf dem Hradschin und 1608 suchte er dort um das Stadtbürgerrecht nach. Sein künstlerischer Beitrag zur Entwicklung der Uhr wird von seinen Erfindungen noch überboten; die wichtigsten sind das Remontoir (ein Zwischentriebsystem) und das Kreuzschlagpendel. Burgi benutzte sie schon in Kassel, aber hauptsächlich nach 1604 in Prag bei der sog. Experimentaluhr, einer frühen Präzisionsuhr (heute im Kasseler Museum). Er konstruierte ferner eine Uhr, die als erste auch Sekunden anzeigte. Sein Hauptgebiet aber war die wissenschaftliche Tätigkeit. Er stellte die Triangulationsregeln auf und auch die ersten Logarithmen stammen von ihm. Sein schönstes Kunstwerk ist eine Kristalluhr mit ziselierten Silberauflagen, die Stunden, Minuten und Sekunden anzeigt und mit einem astronomischen Mechanismus verbunden ist. Er schuf sie 1622–1627 für Karl I. von Lichtenstein (heute gleichfalls in Wien). Nach der Schlacht am Weißen Berge, nach der Prag zur Provinzstadt herabsank, kehrte Jost Burgi nach Kassel zurück, wo er 1632 starb.

Astronomische Uhren trugen viel zur Entfaltung der architektonischen und ornamentalen Pracht der Türmchenuhren bei. Es ist nicht uninteressant, daß es die protestantischen Uhrmacher waren, deren Werkstätten sich an manieristischem Raffinement überboten – einer Stilrichtung, die sich ja von der Kunst des katholischen Italien herleitet. Als Beispiel wollen wir den Uhrturm des Kopenhagener Meisters Steffen Brenner (1553–1556) anführen, dessen vier Etagen eine Bekrönung mit plastischen Jagdszenen tragen. Leider ist die Uhr nur aus Abbildungen bekannt.

Die Tischturmuhr der Renaissance hatte in Augsburg eine Tradition, die von den Kunstwerken David Buschmanns, Isaak Greillachs, Nikolas Rugendas' und Daniel Pfaffs bis ins ausgehende 17. Jahrhundert weitergetragen wurde. In ihren Händen wandelten sich, ebenso wie bei den Nürnberger Uhrmachern Johann Bommel und Peter Schegs, die Uhrgehäuse in ein stark gegliedertes Nebeneinander von Ornamenten und figürlichen Kleinplastiken, in denen die Funktion der Uhr ein bloßer Vorwand zur Hervorbringung formalistischer Effektwirkung wurde, die bereits Anzeichen des italienischen Frühbarocks aufwies.

Ganz unter diesem Einfluß entwickelte sich eine besondere Art von Tischuhr, die astronomische Tabernakeluhr. Zierliche prismatische Architekturen, überwie-

54 Tischuhr. Messing, graviert, vergoldet, zum Teil versilbert, Höhe 21 cm. Sign. „Elias Creitt Mayr Inn Fridtberg", Ende des 17. Jh. Kunstgewerbemuseum, Prag

55 Tischuhr. Bronze, graviert, vergoldet. Silbergetriebene Reliefarbeit vom Goldschmied Jakob Emke. Jost Burgi, Kassel 1591. Staatliche Kunstsammlungen Kassel, Astronomisch-Physikalisches Kabinett

gend aus Holz, erheben sich auf einem Sockel, mit Eckpilastern geschmückt, die sich oben in einen Aufsatz gliedern, entweder in Form einer Stufengalerie, oder als mit Statuen besetzte Attika u.ä. Der Mantel des Uhrgebäudes ist mit fein ziseliertem Bandelwerk oder Ohrmuschelornamenten bedeckt. In ihrer Form ebenso wie im Detail knüpft die Tabernakeluhr an die Planetenuhr an, wie sie um die Mitte des 16. Jahrhunderts Eberhard Baldewin in Marburg herstellte. Hundert Jahre später machten sie Hans Buschmann in Augsburg und Nikolaus Radeloff in Schleswig nach. Durch ihre vollkommenen Proportionen und dem bis ins kleinste ausgearbeiteten Blütenschmuck der Uhrwerkplatte zeichnen sich die Tabernakeluhren Hans Buschmanns aus (heute befindet sich eine im Bayerischen Nationalmuseum, eine zweite in der Wiener Präsidialkanzlei). Auch die sonst schlichte astronomische Uhr des Augsburgers Johann Beitbrock von 1725 gehört zu den Tabernakeluhren (heute im Prager Kunstgewerbemuseum).

Eine weitere Art der Metalltischuhren ist die sog. Spiegeluhr, die auch unter dem Namen Monstranzuhr bekannt ist. Auch ihre Heimat ist Süddeutschland, vor allem Augsburg, wo sie um die Mitte des 16. Jh. erscheint. Die älteste datierte stammt von Jeremias Metzger (1564, heute im Victoria und Albert Museum, London). Die runden Vertikalgehäuse der Monstranzuhr stehen auf einem vasenförmigen oder figürlichen Postament und ähneln dem Ziborium, so daß die Bezeichnung Monstranzuhr treffender scheint als die Benennung Spiegeluhr. Sie kombiniert planetare und astronomische Anzeigen mit Kalender- und Stundenangaben. Oft trägt die Rückseite der Gehäuse kleine Zifferblätter in der reich durchbrochenen Metallverzierung. Neben Augsburg war Nürnberg Zentrum der Herstellung von Monstranzuhren.

In der ersten Hälfte des 17. Jh. statten die Augsburger Uhrmacher, vor allem Johann Martin und Matthäus Halleicher, ihre Gehäuse mit prächtig verzierten Flügeln aus, die am Ende des Jahrhunderts in Akanthusornamente und Rankenwerk übergehen. Der Fuß erhält die Gestalt eines knieenden oder stehenden Herkules oder Atlas, nach der bekannten antiken Statue des Atlas von Farnese. Erst in den letzten Jahren des 17. Jh. erscheint die eigentliche Spiegelform, das kreisrunde Gehäuse verwandelt sich in einen ovalen Spiegel. Eine typische Spiegeluhr ist die von Johann Kreitmaier in Friedberg geschaffene edelsteinbesetzte Uhr, die heute im Wiener Kunsthistorischen Museum aufbewahrt wird. Andere Spiegeluhren entstanden um 1630 in der Augsburger Werkstatt von Hans Buschmann. Ihr polygonales Metallgehäuse, das auf der Rückseite mit brückenartiger Durchbruchsarbeit verziert ist, wird von den gehobenen Armen einer nackten männlichen Figur getragen, die in den Händen flügelartiges Rankenwerk hält. Solche Uhren genossen große Beliebtheit und sind oft in galvanoplastischen Abgüssen zu finden.

AN DER WAND STEHENDE UHREN

Bodenstanduhren

56 Bodenstanduhr. Ebenholz, Zinn-, Messing- und Schildpatteinlagen. Höhe 225 cm. Uhrwerk: Willliam Jourdain, London. Um 1680. Uhrenmuseum, Šternberk

Sie heißen Bodenstanduhren, aber diese Bezeichnung hält die Verfasserin für ungenau.

Die an der Wand stehende Bodenstanduhr wurde in England entwickelt. Technische Voraussetzungen waren – die Nutzung des Huygensschen Pendelregulators mit endlosen Aufzugsketten (1656), der in England schnell Verbreitung fand, die Erfindung der Clementschen Ankerhemmung (1670) und des späteren Grahamgangs (1715).

Die Wandstanduhr hat ein in der Regel aus drei Teilen, dem Sockel, dem Kasten und dem Kopf bestehendes geschlossenes Gehäuse. Die erste, noch zu Cromwells Zeiten, gleich nach der Entdeckung des Pendels in London angefertigte Standuhr ist ein Werk des Ahasverus Fromanteel, der 1658 mit einem Zeitungsinserat für seine Uhr warb. Darin pries er die Ganggenauigkeit seiner Uhr, bei deren Bau er die Erfahrungen der niederländischen Uhrmacher Samuel Coster und Jan van Ceulen genutzt hatte. Im selben Jahr schuf Fromanteel die erste englische Pendeluhr und 1660 die erste Bodenstanduhr. Zifferblatt und Holzkasten – oft aus Ebenholz – sind durchaus nüchtern ausgeführt, wie es den damaligen politischen Verhältnissen und der Geisteshaltung des protestantischen England entsprach. Nach der Wiedereinsetzung des Königs in der 2. Hälfte des 17. Jh. wird die strenge Form des Uhrgehäuses durch Intarsienarbeiten aufgelokkert, besonders Pflanzenornamente waren beliebt. Die englischen Bodenstanduhren haben in der Regel Achttageschlagwerke. Solche wurden in Oxford und London ab 1675 von John Knibb, Daniel Quare, James Clowes und Christopher Gould angefertigt. Die Uhrgehäuse stellte man in Yorkshire her. Anfangs ist der verglaste Uhrkopf quadratisch, und seine zumeist als Säulenädikula gestaltete Vorderseite ist ganz von dem klassisch ausgeführten Metallzifferblatt mit großen römischen Ziffern ausgefüllt. Der Uhrkopfsims ist in den Jahren 1670 bis 1720 konvex heraustretend profiliert. Erst nach 1720 werden Front und Zifferblattwand segmentär vorgewölbt. Als Beispiele mögen die Londoner Uhr von Daniel Delander (1720) oder die von Isaak Nickals aus Wells (Norfolk) dienen. Um 1730 verfertigte George Graham einen Boden-Regulator mit Einmonatsgang und Quecksilber-Kompensationspendel. Sein Kasten mit glatter Oberfläche zieht die ganze Wirkung aus der natürlichen Schönheit der Struktur des Mahagoni-Werkstoffs. Vorher, um 1715, hatte Thomas Windmiller (Windmills?) in London begonnen, nach chinesischem Muster schwarzen Lack zu benutzen und ihn mit figürlichen Chinoiserien zu durchsetzen; das Gehäuse war entweder ganzflächig, oder in Reserven auf Goldgrund so verziert. Eines der ältesten dieser Art ist die Uhr George Tylers aus den Jahren vor 1723 (heute im Museum Antwerpen). Solche lackierte Bodenstanduhren wechseln dann während des ganzen 18. Jahrhunderts mit schlichten gebeizten Edelholzuhren ab. Im ausgehenden 18. Jahrhundert machte der berühmte Thomas Chippendale Entwürfe für ganz im orientalischen Stil gehaltene Uhrgehäuse.

Die englische Bodenstanduhr stellt ein technisch höchst verläßliches und zugleich schön anzusehendes edles Kunstwerk dar. Durch elegante Einfachheit zeichnen sich die um 1790 in den Werkstätten der bekannten, aus der Schweiz stammenden Londoner Uhrmacherfamilie Vulliamy geschaffenen Regulatoren aus.

Außerhalb Englands waren die Boden-Regulatoren vorwiegend in den Niederlanden verbreitet. Die dortigen Uhrmacher übernahmen den englischen glatten geradlinigen Kasten mit quadratischem bzw. vorgewölbtem Kopf. In dieser Ausführung stellte man sie bis ins 18. Jahrhundert her, wobei die Auftraggeber Einzelheiten bestimmten. Unter diesen gab es viele Klöster, deren Äbte mehr Wert auf Ganggenauigkeit als auf künstlerische Gestalung legten. Auch das Material, hauptsächlich Eichenholz, bestimmt den nüchternen Charakter dieser Klosteruhren. Anderseits wird bei Bodenstanduhren, die der Ausstattung von Schlössern und Wohnungen wohlhabender Patrizier dienen sollten, an Holzreliefarbeiten, vorwiegend mit Pflanzenmotiven, an Intarsien, gegebenenfalls auch an Lackmalerei mit Chinoiserien nicht gespart. Herstellungszentren sind die Tischler- und Uhrmacherwerkstätten der südlichen Niederlande (heute Belgien), Lüttich, Löwen und Brüssel. Dort enstehen Kastenuhren vor allem in den Werkstätten Jan van Hoofs und Jan G. Lambreghts, die in der Präzision des Uhrwerks und der soliden Ausführung der oft mit Intarsien verzierten Holzkästen miteinander wetteifern. Für das gängige Gehäuse wird vor allem Eichenholz mit dem typischen, den Bogensims des Uhrkopfs gliedernden Zahnschnitt verwendet. Der Brüsseler Uhrmacher Ägidius Rousseau war berühmt für seine Uhrkästen mit Lackmalereien und Chinoiserien.

Ausdrusksstärker wird der Uhrkasten von den Tischlern der nördlichen Niederlande geprägt. Das ist verwunderlich, denn dies entschieden protestantische Land hatte sich in Dingen der Kunst stets zurückhaltender verhalten als sein katholischer Nachbar. In Haarlem verfertigte bereits 1700 Isaak van Spicht intarsierte Uhrkästen, und dort sowie in Amsterdam und Rotterdam wurden sie im 18. Jahrhundert von Hermanus Huysland, Paulus Bramer, den Brüdern Knibb, Willem Gib, Steven Hoogendijk u. a. hergestellt. Charakteristische Schmuckelemente dieser Holzgehäuse sind Atlasfiguren und trompetenblasende Viktoriagestalten auf dem oberen Uhrsims. In Amsterdam spezialisierte sich 1750 Andries Vermeulen auf die Herstellung von Uhrkästen mit Boullearbeit. Die niederländischen Uhren waren häufig mit einem Musikwerk ausgestattet.

Unter den skandinavischen Ländern übernahm vor allem Schweden die an der Wand stehende Kastenuhr. Zentrum der Herstellung war Stockholm. Anfangs, nach 1700, ist in ihrer Form der vorherrschende Einfluß des englischen Boden-Regulators zu erkennen. Die Kästen wurden aus Edelhölzern, zuweilen mit doppelter Umrahmung des Uhrkopfs hergestellt. Später erscheinen auch farbig lackierte Uhrkästen mit vergoldeten Chinoiserien. Unter dem Einfluß des französischen Rokoko kommen in den Stockholmer Werkstätten Geigenkastenuhren mit kreisrundem Kopf auf. Sie sind verschiedenfarbig

57 Figurenuhr. Holz, vergoldet und weiß polychromiert, Höhe 66 cm. Holzschnitzerwerkstatt Andreas Schweigls, Brünn, nach 1772. Uhrwerk signiert „Sebastian Kurz à Brünn". Kunstgewerbemuseum, Prag

59 Stutzuhr. Holz, schwarz gebeizt und vergoldet, Messing, vergoldet, Höhe 66 cm. Wien, 1. Viertel des 19. Jh. Kunstgewerbemuseum, Prag

60 Reiseuhr. Goldbronze, H. 21,5 cm. Wien (?), um 1820. Kunstgewerbemuseum, Prag

◁
58 Portaluhr. Holz, schwarz lackiert und vergoldet, Höhe 75 cm. Böhmen, Ende 18. Jh. Kunstgewerbemuseum, Prag

61 Figurenuhr mit Mohr. Kupfer und Bronze, graviert, durchbrochen und vergoldet, zum Teil mit Kaltemail bemalt, H. 30 cm. Uhrwerk sign. „Thomas Fridl". Augsburg, 1620–30. Kunstgewerbemuseum, Prag

62 Kaminuhr. Sardonyx, Goldbronze, Email, H. 45 cm. Auf der Rückplatine des Uhrwerks gestempelt: „S. MARTI et Cie Médaille d'argent 1889." Montbéliard. Kunstgewerbemuseum, Prag

▷
63 Zappler. Messing, vergoldet, durchbrochen, Samt. Höhe 25,5 cm. Sign. „Rolcke". Mitteleuropa, um 1730. Kunstgewerbemuseum, Prag

VIGER
A PARIS

65 Figurenuhr. Goldbronze, Marmor, Höhe 45 cm. Sign. „Amant à Paris“, um 1785. Uhrenmuseum, Šternberk

◁
64 Figurenuhr mit Elefant. Bronze, vergoldet und patiniert, Höhe 43 cm. Sign. „Viger à Paris“, nach 1744. Kunstgewerbemuseum, Prag

66 Figurenuhr mit Chronos. Blei, Marmor, Messing, Höhe 57 cm. Uhrmacher Peter Lazarus. Gehäusemacher: Bildhauer Jacob Müller-Molinari. Wien, um 1770. Mährische Galerie, Brünn

67 Bodenstanduhr. Nußholz, intarsiert, Höhe 296 cm. Entwurf: Kilian Ignaz Dientzenhofer (?), Prag, 2. Viertel des 18. Jh. Kunstgewerbemuseum, Prag

lackiert und mit gemalten Blumen oder Landschaften verziert. Ihr Hauptproduzent war Johann Ch. Knopp in Stockholm. Gleichzeitig bringt die dortige Werkstatt von Petter Hellqvist gemalte Kästen mit kreisförmigem Mittelstück hervor, die Vorläufer des Uhrgehäuses des schwedischen Klassizismus.

Die dänische Kastenuhr ist robust, in der Regel glatt, mit auffallend vorgewölbtem Kopf, manchmal mit doppelter oder gegliederter Brüstung. Die meisten stammen aus dem zweiten und dritten Viertel des 18. Jahrhunderts. Um 1770 erscheinen auch Kastenuhren auf französische Art; sie stehen auf Säulenpostamenten an der Wand und sind mit klassizistischen Schnitzereien geschmückt; ihr Hersteller war Christopher Balke in Kopenhagen.

In Deutschland erscheinen die Bodenstanduhren um 1700. Ihre Uhrwerke wurden vorwiegend aus England importiert. Zu Beginn waren es Geigenkastenformen mit quadratischem Kopf, dessen Vorderseite als Säulenädikula gestaltet war. Mit der fortschreitenden Barockisierung wölben sich die Seitenflächen vor oder sind konkav bzw. konvex geformt. Neben Holzschnitzereien werden Intarsien und Lacke zur Verzierung herangezogen. Die Regensburger Werkstatt Johann Lerbs brachte um die Mitte des 18. Jahrhunderts eine bunte Reihe derartiger Uhrkästen hervor. Kunstreich gegliedert im Umriß und besonders im Uhrkopf mit reichen Intarsien oder Holzschnitzereien verziert sind die Uhrkästen der Würzburger Uhrmacher Carl Maximilian Mattern, Benedikt Schlecht und Johann W. von Auver aus den 40er Jahren des 18. Jahrhunderts; die Schnitzereien stammen von Georg A. Guttmann. In München stellte Georg Sebastian Guglhör in den 60er Jahren des 18. Jahrhunderts geometrische oder wie mit Bandelwerk intarsierte Uhrkästen her. Die schönsten Münchner Kastenuhren schuf Johann M. Arzt, der die bereits erwähnte, im Bayerischen Nationalmuseum München aufbewahrte, freistehende Prunkuhr mitgeschaffen hat.

In Baden machte sich Johann Georg Dirr als Schöpfer von Bodenstanduhren einen Namen; von ihm stammen die weißlackierten Rokokoschränke sowie die ganze Ausstattung der Arbeitstube im Kloster zu Salem (1764), und wohl auch jene Uhr, die einst in der Wieskirche stand und heute im Wuppertaler Uhrenmuseum aufbewahrt wird. Ihr großer Uhrkopf greift seitlich über den eigentlichen Kasten hinaus. In Braunschweig schuf nach 1750 Johann B. Sang Rokokogehäuse mit Ornamenten in Reliefgold, in Speyer machte der Tischler Eberlein Uhrkästen.

Charakteristisch sind die unter Friedrich dem Großen in Berlin entstandenen Uhrkästen. Sie lassen den starken französischen Einfluß erkennen, der damals die ganze Atmosphäre am Berliner Hof beherrschte. In diesem Geist machten Johann M. Hoppenhaupt, Johann Friedrich und Heinrich Spindler sowie Johann Melchior Kambly Entwürfe zu Uhrkästen; Hoppenhaupts Zeichnungen wurden von I. G. Hertl in Augsburg realisiert. Der produktivste Hersteller von klassizistisch maßvoll stilisierten Uhrkästen mit glatten oder auch gegliederten Mahagonipilastern war der berühmte Ebenist David Roentgen (1743–1806) aus Neuwied, der mit dem Uhrmacher Peter Kinzing zusammenarbeitete. Roentgen stelle seine Uhren nicht nur als selbständige Möbelstücke her, sondern kombinierte sie auch mit solchen, etwa einem Schreibtisch u. ä. Man findet sie heute in verschiedenen Museen, vor allem in Kopenhagen und Stockholm.

In der ausgehenden Barockzeit baute man Uhrwerke in Möbelstücke ein. Tischler und Holzschneider waren im 17. Jahrhundert nach Metallgießern, Graveuren und Goldschmieden als Mitgestalter des Uhrengehäuses an die vorderste Stelle getreten. Im Barock wird das Tischlerhandwerk neben dem des Uhrmachers zum dominierenden Faktor der Formgebung. Den Einfall, ein Uhrwerk zum Bestandteil eines Möbelstücks zu machen, hatte vor 1726 der Mainzer Maler Johann Heyg – er entwarf einen Kabinettschrank, in dessen Volutenaufsatz er eine Uhr setzte. In der zweiten Hälfte des 18. Jahrhunderts war dann die Kombination von Uhren mit Schreibtischen nicht nur in Deutschland, sondern auch im Frankreich Ludwigs XVI. verbreitet. Ein Beispiel ist der Schreibtisch des Herzogs de Choiseul in Chantilly. Man baute Uhren in Schreibschränke, in Komodenaufsätze und Wandschränke, deren Mittelstück für die Aufnahme eines Uhrwerks ausgespart war (Büchereischrank in Prag, Strahov). Und nicht nur das: Uhren

68 Bodenstanduhr. Eichenholz, Eisen, Messing, Höhe 200 cm. Entwurf: Jan Koula, Prag 1886. Uhrwerk signiert unter Zifferblatt „L. Hainz v Praze". Kunstgewerbemuseum, Prag

wurden in die Wandtäfelung von Wohnstuben, und auch in Altaraufsätze eingebaut, wie 1768 in der Klosterkirche Benediktbeuren. Noch um 1880 entwarf Josef Durm in Karlsruhe die Uhr für einen Neorenaissance-Geschirrschrank der Firma Himmelheber (heute im dortigen Museum).

Gleichlaufend mit dem Stilwandel von Roentgens Uhrkästen entwickelte der traditionelle englische Prismenbau im Klassizismus des ausgehenden 18. Jahrhunderts in Umriß und Verzierung neue strengere Linien, die die Arbeit des Tischlers hervortreten lassen. Prunkuhrkästen kommen nur noch ausnahmsweise vor; der antikisierende vergoldete und feingeschnitzte Uhrkasten Johann G. Friedlers aus dem Berlin des letzten Jahrzehnts des 18. Jahrhunderts bildet eine solche Ausnahme. Die an der Wand stehenden Kastenuhren gab es in Form von Spieluhren, die im beginnenden 19. Jahrhundert vor allem in Berlin, aber auch in Dresden und Mainz hergestellt wurden.

In den österreichischen Ländern wurde die englische Bodenstanduhr mit vorgewölbtem Kopf zu Beginn des 18. Jahrhunderts übernommen. Die Kästen sind größtenteils mit Intarsien versehen, in Wien kam eine besondere Art Zinnmarketerie in Boullestil in Mode. Bedeutende Wiener Meister waren Franz Forster und Stephan Fuchs, in Graz wirkte Simon Geist. Unter Wiener Einfluß werden auch in den böhmischen Ländern Kastenuhren angefertigt und in böhmischen Adelsschlössern und Klöstern aufgestellt. So entwarf Kilian Ignatz Dientzenhofer im Rahmen der Neuausstattung des Prager Klosters Břevnov eine intarsierte Bodenstanduhr (heute im Prager Kunstgewerbemuseum). Daneben wurden auch Lackkästen mit vergoldeten Chinoiserien und ausnahmsweise auch Uhrgehäuse mit intarsierten Seitenflächen und vergoldeten geschnitzten Plastiken als Bekrönung angefertigt. Ein Beispiel ist die Standuhr mit Helios auf dem Sonnenwagen, wohl aus der Werkstätte des mährischen Holzschneiders Josef Winterhalter um 1750, die für das Prämonstratenserkloster bei Olmütz bestimmt war (heute im Prager Kunstgewerbemuseum).

Die große Zeit der Bodenstanduhr klingt 1810–1840 mit den Regulatoren eines Josef Binder, Franz Foggenberger u. a. aus. Ihre Form ist durchweg schlicht und maßvoll. Empire, Biedermeier und Romantik vernachlässigten die Bodenstanduhr, erst die Neugotik der 60er Jahre des 19. Jahrhunderts kehrte zu ihr zurück und schuf individuelle Stücke, die für die Repräsentation in öffentlichen Sälen oder Amtsräumen bestimmt waren. In der Neorenaissance finden wir sie auch in großbürgerlichen Salons, wie es der Uhrkasten von Hainz nach dem Entwurf des Architekten Jan Koula für eine Prager Wohnung von 1886 oder jene Uhr belegt, die Hermann Gotz 1892 für die Tischlerwerkstatt Himmelheber in Karlsruhe entwarf.

Das hohe Niveau, das die individuell gestalteten Bodenstanduhren zu Beginn unseres Jahrhunderts erreicht haben, ist hervorragenden Architekten zu verdanken – wir nennen Josip Plečnik in Wien, Josef M. Olbrich in Darmstadt und Bruno Paul in München. Pauls Zeichnung einer Bodenstanduhr aus dem Jahre 1905 zeigt bereits Anklänge an den Kubismus. Funktionalismus und Sachlichkeit kennzeichnen die 1907 von dem Architekten Peter Behrens für das Berliner AEG-Gebäude entworfene Uhr sowie die von M. Stellmann in Hannover aus dem Jahr 1910, für die die Firma Strasser und Rohde in Glashütte bei Dresden das beste Kompensationspendel lieferte.

In Frankreich fand die Bodenstanduhr keine so starke Verbreitung. Zumeist benutzte man Stutzuhren auf eigenen Postamenten, die den Eindruck einer Bodenstanduhr erweckten. Die französischen Uhren haben eine auffallende Form und prächtige Verzierungen. Die Uhrkörper sind schwungvoll im Umriß und in der Regel aus Edelhölzern gemacht, die entweder mosaikartig zusammengesetzt oder mit Schildpatt, Messing- und Zinnblech eingelegt sind. Es ist der Stil des Pariser Ebenisten Charles Boulle, der nach den graphischen Entwürfen des Malers Jean Bérain arbeitete. Die Gehäuse sind mit vergoldeten Bronzegußornamenten bedeckt, die die Kanten schützen, die Front verzieren und in Figuren- und Reliefaufsätze auslaufen. Entwürfe für solche Uhren schuf D. Marot.

Schon in der zweiten Hälfte des 17. Jahrhunderts, unter Ludwig XIV., kommen Boden-Regulatoren in Frankreich auf und an ihren Fassaden widerspiegelt sich die Vielfalt ihrer Herkunft. Die Uhrköpfe tragen klare Züge der Stutzuhr-

Französische Louis-XIV-Uhr

type „Religieuse" oder der Trommelform der sog. „tête de poupée". Das eigentliche Gehäuse ist zweigliedrig und besteht aus einem relativ hohen Sockel, der den geigenförmigen Kasten trägt. Diese Pendule ist eine französische Erfindung, sie bildet den Übergang zu den Bodenstanduhren. Erst nach der Mitte des 18. Jahrhunderts, in der ausklingenden Rokokozeit, erhalten die dann allgemein Regulator genannten französischen Kastenuhren einen einheitlichen Bau. Nach den Entwürfen von Balthasar Lieutard, Benoist Gérard und auch J. Meissonnier wird das Gehäuse einem Geigenkasten ähnlich, und mit einem Fenster durchbrochen, es steht auf einem hohen Sockel und ist oft bekrönt mit der „tête de poupée". Die intarsierten Seitenflächen sind mit noch immer prächtigen, doch schon klassizistisch vereinfachten Bronzeappliken bedeckt. Uhrwerke lieferten die königlichen Uhrmacher Julien Le Roy, Ferdinand Berthoud und Jean Antoine Lépine. Zwei Stilrichtungen trafen hier aufeinander: die auffallende Rokokoform und die antikisierende Nüchternheit des Dekors, Vorläufer des spätbarocken Klassizismus, des Louis seize-Stils.

Dank der Ebenisten Philippe Montigny, Balthasar Lieutard u. a. werden die französischen Regulatoren geradlinig und gleichseitig. Nur vereinzelt klingt der Rokokostil in den von allem Dekor entblößten Geigenkastenuhren aus, die aus den Werkstätten Nicolas Petits, Martins Carlins u. a. hervorgehen.

Die neuen „Rostpendel mit Temperaturkompensation", die bei Robert Robin, Jean Lepaute d. J. und Ferdinand Berthoud angefertigt werden, sind von Glasfenstern geschützt. Das Holzmosaik der Gehäuse ist, soweit es sich nicht um glattes Mahagoni handelt, aus verschiedenfarbigen Edelholzfournieren zusammengesetzt.

Die Bodenstanduhr des Pariser Rokoko gehört nach den Figuraluhren des Augsburger Manierismus zu den Gipfelleistungen der Uhrmacherkunst.

In Frankreich gab es aber auch Bodenstanduhren einfacher Machart. Die Form der im 18. Jahrhundert in den verschiedenen Provinzen auf dem Lande hergestellten Uhren war eine mehr oder weniger freie Wiederholung des Pariser Rokoko-Geigenkastens oder der englischen Gehäuse mit glatten Flächen und prismatischem Uhrkopf. Die in der Normandie hergestellten Uhren waren eine Kreuzung von englischen und niederländischen Einflüssen mit dem Pariser Vorbild. Vorherrschend sind hohe, schlanke konische Kästen, mit eiförmiger Trommel, Fenster im Mittelstück und Uhrkopf à la „tête de poupée" oder mit dem Stutzuhrkopf „Demoiselle". In Poitou und in der Provence dominiert das englische Vorbild und als Material Eichenholz, manchmal auch geschnitzt. Die meisten Kastenuhren des 18. und 19. Jahrhunderts sind Werke der Uhrmacher der Franche-Comté. Auch ihr Gehäuse hat in der Regel die Geigenkastenform, unten ein Fenster oder eine Glastür auf der Vorderseite, ebene Kopfgesimse bzw. eine vorgewölbte Stirn, die den Einblick in die getriebene oder gepunzte Ziffernumrahmung freigibt. Berühmt sind die Pendel dieser Uhren: Die Pendel aus den Uhrmacherwerkstätten in Morez tragen auf dem Kompensationsarm eine Reliefscheibe, während man in Morbière in den Pendelscheiben die Geigenkastenform des Gehäuses wiederholte. Die Pendelfläche war mit gestanzten Blumen-, Vasen-, oder Körbchenmotiven verziert; jede Verzierungsart hatte im Geist der Romantik der ersten Hälfte des 19. Jahrhunderts ihren besonderen Namen wie „Les draperies", „Le bienvenu", „La corbeille de l'exposition" u. a.

Stutzuhren - Stockuhren

69 Stutzuhr. Holz, braun gebeizt, Bronz, vergoldet, H. 55 cm. Sign. „Andreas Nagl in Wienn", 2. Hälfte 17. Jh., Kunstgewerbemuseum, Prag

In der deutschen Terminologie wird für sämtliche Innenraumuhren mit Ausnahme der Wanduhren, der Bodenstanduhren, der Kastenuhren (und einigen Sonderformen) der Gattungsnahme Stutzuhr bzw. Stockuhr verwendet, d. i. eine niedrige kurze (gestutzte) Konsolenuhr. Der erstmals um 1608 gebrauchte Ausdruck scheint uns einen zu weiten Begriff auszudrücken und kann die Vielfalt der Verwendung und der daraus sich ergebenden Verschiedenartigkeiten dieser Uhren nicht umfassen. Er läßt sich nämlich für alle Arten von tragbaren Uhren ohne Rücksicht darauf benutzen, ob es sich um eine Raumuhr (eine frei im Raum stehende Uhr) oder um eine an der Wand stehende Uhr handelt. Beide unterscheiden sich jedoch durch ein wichtiges Merkmal. Die im Raum stehende Uhr kann die Zeit auf allen Seiten und manchmal auch auf der oberen Fläche des Uhrgehäuses angeben, hat überall Schauseiten und im Zusammenhang damit werden auch ihre Gehäuse auf allen Seiten künstlerisch behandelt. Demgegenüber konzentriert die an der Wand stehende Uhr alle Informationen einzig auf die Vorderseite, sie hat nur eine Schauseite und zieht so auch alles Streben nach Ausschmückung auf diese eine Fläche zusammen. Der Individualismus der Renaissance und des Manierismus begreift die Uhr vom Aspekt der Indikation und der Verzierung als in sich geschlossenes selbständiges Ganzes, und daher entspricht ihm die frei in den Raum gestellte Uhr. Jene Stilepochen wiesen ihr in der Gestaltung eines komplex stilistisch oder bildnerisch organisierten Innenraums keine Aufgabe zu. Erst im Barock sind die Uhrgehäuse kein isoliertes, mehr oder weniger interessant gestaltetes Zeitmeßgerät mehr, sondern sie werden zu einer wichtigen, künstlerisch und ästhetisch wir-

70 Stutzuhr. Wurzelholz, vergoldete Bronze, H. 42 cm. Sign. „Elias Creitt Mayr Fecit Inn Fridtberg", ausgehendes 17. Jh. Kunstgewerbemuseum, Prag

Italienische Uhr, 17. Jh.

kenden Ergänzung des Wohn- und Repräsentationsraumes. So ist die an der Wand stehende Uhr nicht nur zur einflächig konzentrierten Stundenanzeige bestimmt, sondern auch von den künstlerischen Tendenzen, die aus dem Wesen des Barocks, aus seinem Streben nach geschlossener harmonischer Anordnung von Materie und Raum hervorgehen. Ihre Entstehung hängt mit der Erfindung des Federantriebs zusammen. Die Weiterentwicklung wird von ihrer Mobilität, ihrer bildnerisch wie räumlich herausgehobenen Stellung gefördert, auch um den Preis, daß die Gangsicherheit der Uhr vermindert und das systematische Bemühen um ihre Ganggenauigkeit gering geschätzt wird. Ganggenauigkeit war dort gewahrleistet, wo sich die Aufgabe des Pendels mit der des Gewichtsantriebs verband, das heißt bei Wanduhren und Boden-Regulatoren. Aber man gab sich nicht zufrieden und suchte unermüdlich nach immer neuen Möglichkeiten der äußeren Formgebung. Die Rücksicht auf die Ganggenauigkeit blieb Angelegenheit von Astronomen und Physikern, während im täglichen Gebrauch die neu erfundenen Zeitmeßgeräte vorwiegend ein Mittel zum Zweck der verschiedensten Gestaltung und Verkleidung vorstellen. So war es auch bei der Entdeckung des Federantriebs und dessen Kupplung mit dem Pendelregulator. Auch hier stießen physikalische Natureigenschaften auf die Natur der Menschen, alles nach der Mode, dem Zeitgeschmack umzugestalten. Darum gibt es auch so viele äußere Formen der Uhr.

Die älteste und meistverbreitete ist die Stockuhr und deren kürzere, gedrungene Abart, die Stutzuhr. Gegenüber den Bodenstanduhren haben sie den Vorteil leichterer und mehr Möglichkeiten bietender Aufstellung. Man kann sie auf Konsolen oder Schreibtische, auf Schränke, Kommoden oder den Kaminsims stellen.

Schon in ihren Anfängen hat sich die Stutzuhr ihre lokalen Varianten in Form und Verzierung geschaffen. Die englischen sehen anders aus als die französischen und wieder anders sehen die deutschen aus. Ihre Entstehung und Weiterentwicklung hängt mit der Anwendung von Costers Realisierung des Huygensschen Pendelregulators nach 1656 zusammen.

In England begann 1658 John Fromanteel, der in den Niederlanden bei Coster in die Lehre gegangen war, in der väterlichen Werkstätte in London solche Uhren herzustellen. Seine Stockuhr war von einfacher Prismenform, die oben in ein Fronton auslief und auf der Vorderseite mit einer Glastür versehen war. Eine ähnliche, 1660–1665 von Edward East geschaffene Stockuhr befindet sich im Britischen Museum. Die Uhr wurde auf eine Konsole gestellt – daher ihre Bezeichnung „bracket clock“. Wie die großen englischen Bodenstanduhren steht auch sie anfangs im Zeichen der puritanischen Geisteshaltung unter Oliver Cromwell und seinem Sohn Richard. Mit der Restitution des Königtums jedoch werden Form und Verzierung anspruchsvoller, vorübergehend machen sich kontinentale Einflüsse aus Holland und Frankreich (die „Religieuse“) geltend, auch die Altaruhr mit Portalädikula wird nachgebildet, bis schließlich um 1700 die Stockuhr ihre typisch englische Prismenform mit viereckiger Glastür erhält. Sie steht auf einem niedrigen Sockel, auf dessen Gesims ein Messinggriff zum Transportieren der Uhr angebracht ist. Das Uhrkästchen ist aus Ebenholz oder einem anderen Edelholz, manchmal auch farbig lackiert und mit Chinoiserien verziert. Das einfache Zifferblatt ist aus Stahl oder Zinn, die Ziffern römisch, die Zeiger kalligraphisch durchbrochen Die Blattwinkel füllen Messingzierate in Gestalt geflügelter Engelsköpfchen. Um 1720 weichen sie Ornamenten mit Putten, stilisierten Kroninsignien, Phantasie-Maskarons oder nur Rankenwerk. In Ausnahmefällen sind Appliken und Zifferblatt, manchmal auch das Gehäusedach aus Silber.

Um 1705 bereicherte Thomas Tompion das Zifferblatt um Nebenblätter für das Ein- und Ausschalten des Schlagwerks oder Weckers bzw. für die Pendelregulierung. Er zeichnete seine Erzeugnisse mit der Signatur auf der Platine des Uhrwerks und rahmte sie mit reichen ornamentalen und Blumengravuren ein. Um 1720 wird das bis dahin auf einem rechteckigen Grundriß erstellte Zifferblatt durch einem Halbkreis und Datumsanzeige, Mondzeiten u. a. ergänzt. Eine solche Uhr schuf Daniel Quare im Jahre 1715. Um die Herstellung der englischen Stockuhren hat sich neben Tompion und dessen Schüler und Grahams Nachfolger Fromanteel der Neffe des letzteren, Joseph Knibb, verdient gemacht; von ihm stammen das Glockenspiel nach römischer Art sowie eine Reihe von Nachtlampenuhren, die den kontinentalen ähneln. Als produktivster Hersteller auf diesem Gebiet gilt der ab 1671 in London tätige Thomas Tompion, der Schöpfer von zwei durch ihr vier Meter langes Pendel berühmten Uhren für das Greenwicher Observatorium (1674). Ursprünglich machte er seine Stockuhren allein, von 1701 bis 1708 dann gemeinsam mit seinem Verwandten Edward Banger und danach bis zu seinem Tode 1713 mit George Graham. Aus dieser Zusammenarbeit gingen die „bracket-clocks“ in drei Standardgrößen hervor.

71 Tabernakeluhr. Holz, bunt bemalt u. vergoldet, Goldmessing, Höhe 78 cm. Sign. „Johann Petz Nikolsburg" und „Kristof Hasreiter 1794". Kasten: Mähren, um 1730, Zifferblatt und Uhrwerk: Nikolsburg (Mikulov) in Mähren, 1794. Kunstgewerbemuseum, Prag

Um die Mitte des 18. Jahrhunderts wird die englische Stockuhr mit Figuralautomaten (wie Genreszenen, Affenkonzerte u. ä.) ausgestattet. Die Gehäuse werden architektonisch reicher gegliedert und an den Kanten mit Bronzegußappliken verziert. Der Ruhm der englischen Uhren war auf den Kontinent und nach Übersee gedrungen und man begann, sie mit entsprechender Aufmachung des Zifferblatts und Wahl der Spielwerkmelodie auch in größeren Mengen in den Nahen Osten zu exportieren. Einige Londoner Werkstätten spezialisierten sich auf diesen Export.

Im Laufe des ausgehenden Jahrhunderts wandelte sich der traditionelle englische Kästchentyp in individuell konzipierte Formen, die die berühmten Designer Sheraton und Chippendale entwarfen. Damit endet die Zeit des Ruhms der „bracket-clock". Sie war schon früher

72 Kastenuhr. Holz, schwarz gebeizt, Goldbronze, Höhe 49 cm. Sign. „Wenceslaus Kältenbrunner Prag". 2. Viertel des 18. Jh. Kunstgewerbemuseum, Prag

von den effektvolleren französischen Konsolen- und Kaminuhren zurückgedrängt worden; diese haben die Form der sog. englischen Ballonuhr (baloon-clock) beeinflußt.

Der Einfluß der englischen Stockuhren war sowohl im Europa als auch im Amerika des 18. Jahrhunderts überaus stark. Varianten erscheinen vor allem in den Niederlanden, wo bereits um 1680 Jan van Ceulen und Pieter Visbach in Den Haag Stutzuhren à la „Religieuse" herstellen. Gleichzeitig setzt dort Tompions ehemaliger Mitarbeiter Edward Banger die klassische englische Tradition fort. Der niederländische Uhrmacher N. Weylandt schuf um 1725 Stockuhren mit vorgewölbter Glastür, und seine Spieluhren

mit vegetabil durchbrochenem Zifferblatt und Fenstergittern an den Seitenflächen des Kästchens sind charakteristische Modifikationen der englischen Uhr auf dem europäischen Kontinent.

In den skandinavischen Ländern konnte der englische Stockuhrtyp in der Kopenhagener Werkstatt Gottfred Kleins sowie bei Johan Wideman in Stockholm Wurzeln schlagen.

Die deutschen Uhrmacher widerstanden dem englischen Einfluß. Augsburg bewahrte noch immer, selbst im beginnenden Barock des 17. Jahrhunderts, seine führende Stellung sowohl in der Perfektion des Uhrwerks als auch in der Pracht der Uhrgehäuse. Der Bilderkatalog Augsburger Erzeugnisse von 1670–80 zeigt u. a. auch eine reiche Auswahl von Uhren. Die typische, frei im Innenraum stehende Tischuhr der Renaissance und des Manierismus rückt in der zweiten Hälfte des 17. Jahrhunderts an die Wand. Sie zeigt nicht mehr alle Schauseiten und wird fast durchgehend zur Wandstanduhr. Hier macht sich der Einfluß der wachsenden Zahl italienischer Vorlagen geltend, der in Zusammenhang steht mit der Ausbreitung der Gegenreformation über ganz Mitteleuropa. In der politisch und religiös gespannten Atmosphäre des Dreißigjährigen Krieges und nach dem Westfälischen Frieden wird das Gehäuse als ein verkleinerter Altarbau vom italienischen Portaltyp entwickelt: die Altaruhr. Die ersten Stücke kommen aus den Werkstätten der Familie Buschmann; auf Stufensockeln stehen Säulenädikulen aus Ebenholz mit Silberappliken um das Zifferblatt, das die Stelle des Altarbildes einnimmt. Von den 60er Jahren des 17. Jahrhunderts an benutzte man die Altaruhr als Nachtlichtuhr; in das gemalte Altarbild ist das Zifferblatt mit durchbrochenen Ziffern eingesetzt, die von einem Öllämpchen durchleuchtet werden; das Zifferblatt kann auch drehbar sein. Bei der Projektions-Nachtlichtuhr wirft das Licht den Schatten der Zeitangabe an die Wand. Hauptthersteller der Nachtlichtuhr war um 1664 Johann Philipp Treffler in Augsburg. Er hatte sich während seines Aufenthalts in Florenz und Mailand mit diesen Uhren vertraut gemacht, die laut päpstlichen Patents von 1656 die Brüder Giuseppe und Pietro Tomasso Campani, die Erfinder des Leisegangs, in Rom anfertigten.

73 Stutzuhr. Holz, braun gebeizt, Bronze, vergoldet, Höhe 52 cm. Sign. „Bernard Biswanger Prag", nach 1770. Kunstgewerbemuseum, Prag

Es ist nicht uninteressant, daß sich der Altartypus in den Augsburger Uhrmacherwerkstätten parallel zu den frühbarocken mitteleuropäischen Kirchenaltären entwickelte. Nach 1670 verbreitert und erhöht David Buschmann die bisher bescheidene geschlossene Säulenädikula der Altaruhr, modelliert sie räumlich, bereichert sie mit architektonischen Elementen und schmückt ihren Bau mit Silber, Email, Edelsteinen und Silberplastiken. Eine derart üppige Uhrkulisse steht in der süddeutschen Uhrmacherei nicht vereinzelt da. Zur gleichen Zeit schuf Johann Georg Mayr in Zusammenarbeit mit dem Goldschmied J. A. Thelott aus München ähnliche Altaruhren. Ihre Herstellung blieb aber auf Augsburg beschränkt, wo sie nach 1700 Buschmanns Nachfolger Christian Gut und Georg Braun, ebenfalls in Zusammenarbeit mit J. A. Thelott, weiterentwickeln. Eine verwandte Art sind die Kabinettschrankuhren, bei denen das Uhrwerk im Aufsatz des Kabinetts, eines Schränkchens für Schmuck und Wertsachen, eingebaut ist. Einige derartige Uhren mit Thelots schönen Goldarbeiten werden im Museum von Kopenhagen sowie in der Leningrader Eremitage aufbewahrt. Diese verhältnismäßig großen Uhren standen auf besonders dazu hergestellten Konsolentischen.

Neben den Spitzenleistungen kostbarer Uhrengehäuse läuft in Süddeutschland eine bescheidenere Uhrenproduktion im Stil der englischen Stockuhr. Ihre Erzeugnisse sind auf dem Antiquitätenmarkt unter dem Namen Altdeutsche Stockuhr bekannt, obwohl sie eher aus den österreichischen und böhmischen Ländern stammen. Die deutschen Städte und ihre Uhrmacherwerkstätten übernahmen die englische Stockuhr in eigenständigen Sonderformen, auf die die französischen Uhren der Régence-Zeit nicht ohne Einfluß waren. Die Altdeutsche Stockuhr hat ein geradliniges verglastes Kästchen auf volutenförmig gedrehtem Fuß und ist oben mit einem großen Zifferblatt versehen. Diese Form gaben ihr um die Mitte des 18. Jahrhunderts die Würzburger Uhrmacher Johann F. Weinmeister, Johann Langschwert und Georg Engelschalk. Die Kästchen sind mit Messingblechappliken, kleinen Vasen u. ä. verziert und manchmal mit einer allegorischen Figur bekrönt. Es kommen auch intarsierte Kästchen mit Boullearbeit vor. In München stellten Johann M. Arzt und Paul Graf ähnliche Stockuhren her, deren typisches Merkmal nach außen vorgewölbte und unten nach innen eingedrehte Füße sind.

So stellten sich auch die Holzgehäuse mit getriebenen Bronzeauflagen des Uhrmachers Leopold Hoys (oder Hoyss) in Bamberg aus den Jahren 1750–1780 vor. Ihr Umriß ist aufgelockert, ihr Dach abgestuft, ihr prächtig vergoldeter Blattgrund oft mit einer Pendelöffnung versehen. Bei vielen Stücken erscheint unter dem Zifferblatt das Pendel mit einem schaukelnden Figürchen statt der Pendelscheibe. Eine Besonderheit war auch die Uhr mit zwei gegenläufig schwingenden Pendeln. Auch die Ulmer Werkstätte

74 Stutzuhr. Holz, braun marmoriert, Höhe 110 cm. Schnitzereien vom Prager Bildhauer Ignatz Franz Platzer. Uhrwerk signiert „Joseph Graff Prag“, um 1780. Kunstgewerbemuseum, Prag

von Valentin Stos (1709–1785) sowie die des Elias Kreittmaier (oder Greitt Mayr) aus Friedberg stellten Uhren in freien Varianten der englischen Stockuhr her.

Die getreuesten Nachahmer fand das englische Vorbild in den österreichischen Uhrmachern. Die Einfuhr von Uhren aus England wurde damals durch die Regierung erschwert, so begannen die österreichischen Hersteller eine eigene Produktion à l'Anglaise. Bereits im ausgehenden 17. Jahrhundert bringen Kaspar Frick und Peter Humpz die „Bourgeoise“, eine Nachahmung der englischen Stockuhr, auf den Wiener Markt. Im 18. Jahrhundert wird die Stockuhr à l'Anglaise in großer Vielfalt, manchmal auch uniform, bei Andreas Nagl, Predhauser und Sebastian Adeldinger u. a. hergestellt und zuweilen mit einem Automatenwerk verbunden.

Auch nach Böhmen wurden englische Stockuhren importiert, wie überlieferte Stücke aus böhmischen Schlössern und Klöstern belegen. Und ähnlich wie in den österreichischen Ländern regte die Einfuhr die örtliche Produktion à l'Anglaise an. In Prag wurde 1704 eine eigene Uhrmacherzunft gefordert bei Abtrennung von der mit den Schlossern und Meistern der „Großen“ Uhren gemeinsamen Zunft.

Im 16. Jahrhundert gab es in den böhmischen Ländern eine hochentwickelte Uhrmachertechnologie, von der wir vor allem aus Archivberichten unterrichtet sind. In Prag lebten im 16. Jahrhundert siebzehn Uhrmacher, daneben wirkten unter Maximilian II. und Rudolf II. vorübergehend so bedeutende Hofuhrmacher wie Margraf, Johann Michael Schneeberger, J. Burgi, Erasmus Habermehl u. a. Leider haben die unglücklichen politischen und religiösen Wirren im zweiten Viertel des 17. Jahrhunderts so manchen fähigen Uhrmacher aus Böhmen vertrieben und so die vielversprechende Tradition der Renaissance unterbrochen. Erst nach der Konsolidierung des wirtschaftlichen und kulturellen Lebens nach dem Westfälischen Frieden 1648 wurden die böhmischen Länder wieder zum Zielort einer lebhaften Einwanderung der verschiedensten Handwerker und Künstler. Mit ihnen kamen auch Uhrmacher aus Deutschland, Österreich und der Schweiz nach Böhmen, und aufs neue entwickelte sich eine Uhrenproduktion, die im 18. Jahrhundert ihren Höhenpunkt erreichte. Zu den bedeutendsten Werken der böhmischen Uhrmacherkunst gehören die in den Jahren 1738, 1751 und 1752 von dem Prager Jesuitenpater Johann Klein geschaffene geographische Uhr sowie die zwei beidseitigen astronomischen Uhren. Die erstere befindet sich heute in Dresden, die beiden astronomischen sind im ehemaligen Jesuitenkolleg des Prager Klementinums verblieben. Der komplizierte Mechanismus dieser Uhren ist in Klaus Maurices Buch „Die deutsche Räderuhr“ genau beschrieben. Kleins Rokokouhr zeigt Zifferblätter mit getriebenen Goldornamenten hinter der Glastür des reichge-

75 Uhrwerk-Rückseite mit Sign. „Andre: Glenck Prag", 1. Viertel des 18. Jh. Kunstgewerbemuseum, Prag

schnitzten, ebenfalls vergoldeten Holzkastens nach englischer Art. Von diesem unterscheidet sie sich nur durch die stärker betonte Zurschaustellung der geschwungenen Eckpilaster und des Volutendachs mit der Kaiserkrone. Ein ähnliches Stück ist die kleinere Stutzuhr (um 1720) im Prager Kunstgewerbemuseum, die aufgrund ihres Karyatidenschmucks als Wiener Arbeit bezeichnet wird. Doch erscheint das in der Wiener Architektur des 18. Jahrunderts beliebte Karyatidenmotiv sehr oft auch im Kunsthandwerk Böhmens, denn die heimischen Uhrkästen sind vielfach von Vorbildern der Nachbarländer inspiriert. Ein anschauliches

Beispiel ist der Uhrkasten von Josef Graff im Prager Kunstgewerbemuseum mit den Eckfiguren der vier Jahreszeiten und der Chronosgestalt als Bekrönung, der in Auffassung und Figurenthematik eine vereinfachte Variante der mit Silberfigürchen verzierten Bronze-Prunkuhr des Münchner Hofuhrmachers Paul Graf, wohl Josefs Verwandten, vorstellt. Paul Grafs Stutzuhr geht auf die Jahre 1755–60 zurück und wird im Münchner Bayerischen Nationalmuseum aufbewahrt. Den heimischen Ursprung des Prager Uhrkästchens beweist der Stil der Figuren, der für die Erzeugnisse der Werkstätte Ignaz Franz Platzers, des bekannten Vertreters der Prager Rokoko-Bildhauerei, kennzeichnend ist.

Ein weiteres Beispiel des süddeutschen Einflusses auf die Barockgehäuse der Prager Uhrmacher ist das Tabernakelkästchen aus den Jahren um 1730, in das Johann Petz in Nikolsburg nachträglich (1794) ein Uhrwerk gesetzt hat. Das Kästchen erinnert an die Stutzuhren Benedikt Fürstenfedters aus Friedberg (Bayerisches Nationalmuseum). Die Beziehungen zwischen Friedberg und der böhmischen Uhrmacherei reichen ins 17. Jahrhundert zurück, denn drei Mitglieder der dortigen berühmten Familie Kreittmaier wirkten in Prag. Das Prager Kunstgewerbemuseum bewahrt eine Stutzuhr à l'Anglaise von Elias Kreittmaier, aus dem ausgehenden 17. Jahrhundert.

Es läßt sich freilich nicht immer von Einfluß reden, sondern oft geht es um direkten Import. Die „Josef Graff, Prag" signierte intarsierte Stutzuhr (Privatbesitz) wurde sicherlich aus München eingeführt. Derartige von den französischen Pendulen beeinflußte Stutzuhren gab es aus den Münchner Werkstätten eines F. X. Seitz, Arzt u.a.

Den Beitrag Wiens zur böhmischen Sonderform der englischen Stockuhr bezeugt die Tatsache, daß viele Uhrmacher entweder aus Wien kamen oder durch Verwandtschaftsbande mit Wien verknüpft waren. Das trifft für die Uhren von Adam Hartmann zu und vor allem für die von Bernhard Biswanger aus Folbach in Österreich, einem Mitglied der auf der Prager Kleinseite tätigen weitverzweigten Uhrmacherfamilie. Ein weiterer Beleg sind die Stockuhren Simon Schreiblmayrs, des Verwandten zweier zeitgenössischer Wiener Uhrmacher. Indirekt ist der Zusammenhang der böhmischen Barockuhr mit dem über Wien vermittelten englischen Stockuhrtyp durch die Werke der bedeutendsten böhmischen Uhrmacher des 18. Jahrhunderts belegt – wir nennen nur Wenzeslaus Kaltenbrunner, Wenzeslaus Wilfahrt, Johann Kraus, Thomas Oswald, Leopold Schmidt. Die böhmische Variante der englischen Stockuhr gab es nicht nur in Prag, sondern auch in mehreren Städten Böhmens und Mährens, in Goldenkron, Böhmisch-Leipa, Elbogen, Brünn, Kyjov (Gaya) u. a.

Französische Stutzuhren (Pendule)

76 Pendule in Boullestil. Schildpatt, Messing, Goldbronze, H. 116 cm. Sign. „Jacques Panier à Paris", Mitte 18. Jh. Kunstgewerbemuseum, Prag

Anders als die englische Stockuhr, die in ihrem strengen klassizistischen Bau und Dekor der westeuropäischen Stilrichtung des 17. Jahrhunderts folgt, trennt sich die französische Stutzuhr trotz der klassizistisch gestimmten darstellenden Kunst Frankreichs von dem einheitlichen Stil.

Der Klassizismus hatte in Anknüpfung an die Kunst der Regierungszeit Heinrichs IV. und Ludwigs XIII. nur die Anfänge der französischen Stutzuhr gekennzeichnet. Als Pendeluhr, französisch Pendule, tritt sie um 1650 in historischem Gewand und in Standardform in Gestalt der „Religieuse" in Erscheinung. Diese Benennung leitet sich im allgemeinen von der Form der italienischen Renaissance-Kirchenaltäre her, die als verkleinerte Pilaster- oder Säulenportale mit segmentiertem Fronton die Vorderseiten der ältesten französischen Stutzuhren des 17. Jahrhunderts bilden. Sie sind in gewissem Sinne Gegenstücke der süddeutschen Altaruhren. Ihre nüchterne, wenn auch in Edelhölzern ausgeführte und oft mit Kupfer-, Zinn- und Elfenbeimarketerie verzierte Form hat ihnen den Namen „Louis XIV. Pendule" eingebracht. Sie wurden bis in die 80er Jahre des 17. Jahrhunderts hergestellt. Die einfachste „Pendule Religieuse" kommt aus dem alten französischen Uhrmacherzentrum Blois, während die Pariser Uhren architektonisch reicher gegliedert sind und neben dem englischen Zifferblatt und auch auf der Kästchenoberfläche Bronzegußverzierungen haben. Eine jüngere Art der Religieuse sind die architektonisch gestalteten Kästchen, die von einer Balustradenattika gekrönt sind und das gewölbte abnehmbare Dach verdecken, in dem die Glocken untergebracht sind. Die Entwürfe für die Stutzuhren dieser Zeit stammen von den bei Hofe angesehenen Künstlern Isaak Thuret und Balthasar Martinot.

77 Pendule. Mahagoni, Goldbronze, Höhe 65 cm. Sign. „De Saint Jean à Paris" Jean-Baptiste de Saint-Jean, Paris, 3. Viertel des 18. Jh. Kunstgewerbemuseum, Prag

In den 90er Jahren des 17. Jahrhunderts lockerte sich die architektonische Gebundenheit der französischen Stutzuhr mit dem „echten" Louis XIV.-Stil auf. Das englische Gesicht des Zifferblatts mit gravierten Ziffern verschwindet und wird gegen ein rein französisches eingetauscht, dessen Ziffern auf isolierten, weiß emaillierten Medaillons angebracht sind. Ebenholz, Lack und Marketerie à la Boulle, reichvergoldete Bronzegußappliken an Kästchen und Zifferblattgrund und die Hermen an den Gehäusekanten zeugen von der wachsenden Prachtliebe der Auftraggeber. Die Künstler des Hofes, der Goldschmied Gilles (Gille) und Balthasar Martinot, Nicolas Delaunay und Pierre Goudron, sind die Haupt-

78 Reiseuhr. Goldbronze, Höhe 15 cm. Sign. „Johann Andreas Schmidt Elbogen". Loket (Elbogen), Böhmen, 1. Hälfte des 18. Jh. Kunstgewerbemuseum, Prag

hersteller dieser französischen Uhrkästchen, in deren figürlichen Bronzegußverzierungen mit Darstellungen des Sonnenwagens Apollos, mit Chronos und Putten auch ein Medaillon mit dem Königsporträt nicht fehlt. An der Herstellung der Uhrkästen sind die verschiedensten Kunsthandwerke beteiligt; Tischler, Ebenisten, Marketeristen, Bronze- und Goldschmiede u. a.

Gegen Ende der Regierungszeit Ludwigs XIV. wird der Umriß der Pendule einfacher und erhält statt des Daches ein Postament für die bronzenen Chronos- oder Viktoriastatuen bzw. andere Uhrplastiken. Die Pracht der Konsole wird durch ihre nach unten zu verlaufende volutenförmige Einschnürung noch hervorgehoben. Wir haben eine Prunkuhr vor uns, die mit ihrer Form und Verzierung

79 Reiseuhr. Goldbronze, Höhe 14 cm. Sign. „Aug. Želisko in Prag", Mitte des 19. Jh. Kunstgewerbemuseum, Prag

den Raum beherrscht und deren richtiger Platz nur an der Stirnwand des Innenraums sein kann. Neben diesem Pendulentyp kommt eine weitere Form vor, eine als ovale plastische Kartusche gestaltete Uhr, die auf einem niedrigen gewölbten Postament steht, „tête de poupée" benannt. Ihr Schöpfer ist der Architekt D. Marot. Die Pendule wird zu einem Möbelstück, das hinter den zeitgenössischen Schränken, Kommoden und Tischen nicht zurücksteht. In diesem Stadium verbleibt die Pendule bis in die Régence-Zeit (1715–1723), der Regentschaft des Philipp von Orléans für den unmündigen Ludwig XV.

Unter Ludwig XV. verändert sich der Stil zugunsten der aufgelockerten Form und Verzierung des phantasievollen und ungebundenen Rokokostils. Nach den geraden Seitenflächen der Pendulen kommen geschwungene Linien auf, statt der starren äußeren Form fließende Umriße, die in großem Bogen um das Zifferblatt führen und sich unten in geschwungenen Bronzefüßen verzweigen. Die verglasten Gehäuse sind aus Edelhölzern oder im Boullestil intarsiert, auch à la „Vernis martin" lackiert oder mit Chinoiserien verziert. Die Pracht der Gehäuse unterstreichen neben Konsolen eigene Postamente oder Sockel in Prismen- oder Kegelform (à la gaine) aus demselben wertvollen Material. Zusammen mit dem Uhrgehäuse erwecken sie den Eindruck von Bodenstanduhren; diese übernahmen im Uhrkopf die Rokokoform der Pendule. Vorlagen für Gestalt und Verzierung der Uhrgehäuse und die Postamente der Pendulen kamen vorwiegend aus Marots Atelier.
Bronzegußappliken triumphieren als unerläßlicher Dekor der Pendulen, sie werden asymmetrisch ornamental, fast unübersichtlich aufgelegt und oft auch mit Putten und weiblichen Büsten ausgeschmückt. Die führenden Designer dieser Uhren sind neben Marot Charles Cressent und Antoine Vassé.

Eine neue Pendulenart ist die speziell zum Aufstellen auf den Kamin gebaute Pendeluhr. Diese Prunkuhren werden von einer Vase bekrönt. Ihr Schöpfer ist Julien le Roy, der zusammen mit Thuret in der Regierungsperiode Ludwigs XV. den Pendulen größere Leichtigkeit und grazile Beschwingtheit gibt. Die Aufhellung wird von der größeren Farbigkeit der Oberfläche unterstützt, die mit dem Gold der Bronzeauflagen kontrastiert. Diese beleben mit den maßvolleren, doch dynamischeren Wellenlinien des vegetabilen Bronzezierats die Oberfläche des Gehäuses. Marots Postamente treten in den Hintergrund, vorgezogen wird die Konsole, die in Material und Dekor mit dem Gehäuse übereinstimmt. Wesentlichen Einfluß auf diesen Stilwandel übte der gebürtige Italiener Aurèlle Maissonnier aus. Die größten Kunstwerke in der Uhrengeschichte sind aus der Zusammenarbeit der Ebenisten Lieutard, Adrien Dubois und der Söhne Boulles sowie der Bronzegießer Cressent und der Brüder Caffieri mit den bedeutendsten Uhrmachern, etwa Julien le Roy, hervorgegangen. Holzkästen, aber auch Kartuschengehäuse aus vergoldetem Bronzeguß, mit Kleinplastiken, mit Figuralmotiven von Wilden Männern, Amoretten, Chinesen

80 Portaluhr. Biskuitporzellan, Goldbronze, Höhe 60 cm. Uhrenmacherzeichen „Bergmiller à Paris", auf dem Uhrwerk Stempel „Ad. Mougin Deux Mèdilles", auf dem Sockel Zeichen, graviert: „Ure Imple de Sèvres". Sèvres, um 1810. Kunstgewerbemuseum, Prag

81 Figurenuhr „Die Pferde des Diomedes". Goldbronze. Höhe 45 cm. Sign. „Mme Gentilhome Palais Royal à Paris". 1. Viertel des 19. Jh. Kunstgewerbemuseum, Prag

▷
82 Figurenuhr, genannt „La Lecture". Schwarz patinierte und vergoldete Bronze. Höhe 54 cm. Uhrwerk sign. „Japy Frères et Compagnie Médaille d'Honeur". Beaucourt, Frankreich, um 1810. Kunstgewerbemuseum, Prag

84 Carteluhr. Porzellan, bemalt, Höhe 51 cm. Prag, Krieglsche Porzellanfabrik, nach 1850. Kunstgewerbemuseum, Prag

◁
83 Portaluhr. Holz, rotbraun und schwarz gebeizt, zum Teil vergoldet, Messing, vergoldet, Alabaster, Höhe 66 cm. Sign. „Östhälder in Wien", 1. Viertel des 19. Jh. Kunstgewerbemuseum, Prag

86 Säulchenuhr. Alabaster, Goldbronze, H. 50 cm. Sign. „Ferdinand Schmidt in Prag", Anfang des 19. Jh. Kunstgewerbemuseum, Prag

◁
85 Figurenuhr. Porzellan, bemalt. Höhe 46 cm. Schlaggenwald (Slavkov) (?), um 1850. Kunstgewerbemuseum, Prag

87 Figurenuhr „Die drei Grazien". Bronze, Alabaster, H. 76 cm. Sign. „Josef Radda in Olmütz". Olomouc, (Mähren), um 1860. Uhrenmuseum, Šternberk

88 Anhängeruhr in Form eines Käfigs mit Vogel. Vergoldetes Messing, 50 × 27,5 cm. Neuchâtel, um 1780. Schweizerisches Landesmuseum, Zürich

89 Reiseuhr. Goldbronze, Höhe 18 cm. Sign. „Boeck in Wien", 1825–30. Kunstgewerbemuseum, Prag

oder Tieren und Vögeln bergen das Uhrwerk.

Seltener erscheinen die von der Straßburger Manufaktur Paul Hannong hergestellten Fayencegehäuse.

Die figürlichen Elemente, etwa Nashörner und Elefanten, nehmen schließlich derart überhand, daß wir von einer eignen Gruppe, den Figurenuhren sprechen können; sie sollen später behandelt werden.

An die französischen Louis XIV.- und Louis XV.-Pendulen haben sich Form und Verzierung der Pendeluhren in der Nachbarschaft Frankreichs so stark angepaßt, daß es zwischen beiden scheinbar keinen Unterschied gibt. Parallel zur Herstellung von Stockuhren àl'Anglaise in der Züricher Werkstätte Christophle Zellers und der Winterthurer von Jakob Koller entwickelt sich die Produktion auf französische Art im Schweizer Grenzgebiet, im

90 Stutzuhr. Nußholz, Goldbronze, Höhe 54 cm. Wien, Anfang des 19. Jh. Kunstgewerbemuseum, Prag

Kanton Neuchâtel mit dem Zentrum La Chaux-de-Fonds. Dort stellte man schlagende Konsolen-Pendeluhren her, die in ihren Anfängen an den glatten Bau der französischen Religieuse anknüpfen. Zu ihnen gehören die Uhren aus den Werkstätten der Brüder Huguenin und J. P. Ducommun. Um 1730 übernahmen die Neuenburger Uhren die Geigenkastenform der französischen Régence-Pendule und deren ausladende Volutenpostamente. Sie sind mit vergoldeten Messingappliken, dem sog. „laiton repoussé“ verziert oder farbig lackiert, manchmal im Boullestil intarsiert. Hübsche und dekorative Louis XV.-Pendulen gehen um 1750 in la Chaux-de-Fonds insbesondere aus der Werkstatt von Pierre Jaquet-Droz hervor. Er hebt die Krümmungen der Seitenflächen stärken hervor und schmückt die Oberfläche verschwenderisch mit den aus Paris eingeführten vegetabilen Bronzeauflagen. Neben bloßer Nachahmung erarbeiteten die Neuenburger Uhrmacher um die Mitte des 18. Jahrhunderts ihren eigenen Stil, in dem die französische Vorlage auf die Geigenkastenform beschränkt wird, während die Gehäuseflächen nur verschiedenfarbig koloriert und auf dieser Unterlage mit gemalten Blumen verziert werden. In der Regel sind diese Uhren mit Spielwerk oder Figurenautomaten ausgestattet.

Dieser Rokoko-Blumenschmuck der Oberflächengestaltung der Neuenburger Pendeluhren und deren Konsolen ist für sie charakteristisch und überlebt bis ins 19. Jahrhundert. Bei der Firma Georg Ditizheim und Fritz Ducommun in la Chaux-de-Fonds kann man solche Stutzuhren noch heute antreffen. Nach dem zweiten Weltkrieg wurden sie für eine Zeit sogar zum Uhren-Bestseller. Die umfassendsten Sammlungen Neuenburger Uhren besitzen das Uhrenmuseum in La Chaux-de-Fonds sowie das Historische Museum in Neuenburg. Am meisten bewundert man dort die weltbekannten Automatenfiguren des Schreibers, der Klaviervirtuosin und der sog. Androiden aus dem dritten Viertel des 18. Jahrhunderts; ihre Schöpfer sind Henri L. Jaquet-Droz d. J. bzw. Jean-Frédéric Leschot.

Die übermäßige, leicht aufdringliche Pracht der Louis XV.-Pendule milderte sich am Ende der Regierung jenes Königs unter dem Eindruck der neuen Entdeckungen antiker Kultur in Pompeji und Herkulaneum um die Mitte des 18. Jahrhunderts. Die komplexe Welt altrömischer Ordnung und die ausgereifte Ästhetik der römischen Klassik begeisterten die von der Ungebundenheit des abstrakten Rokoko-Formalismus übersättigte europäische Gesellschaft und zeigten neue Wege der Gestaltung. Die römische und griechische, auch die altägyptische Baukunst, Plastik, Malerei und Ornamentik finden ihren Widerhall im Kunstschaffen und in der Manufaktur, gefördert von den Herrschern. Da geben Ludwig XVI. und sein Hof den Ton an, in den die höchsten Künstlerpersönlichkeiten einstimmen und den sie weiter verbreiten. So bildet sich der Louis XVI.-Stil heraus als Ausdruck des Beginns einer neuen klassizistischen Stilperiode.

Auch die Uhr, die sich im Frankreich des 17. und 18. Jahrhunderts ihre führende Stellung in der Innenraumgestaltung erworben hatte, geht mit der neuen Mode. Und mehr als das: die französische Uhrmacherei erobert nach England den ersten Platz in der Theorie und Technologie, dank so hervorragender Uhrmacher wie Ferdinand Berthoud, Robert Robin, J. Lepaute, Antide Janvier und Pierre Le Roy. Sie stellen Regulatoren mit Kompensationspendel, beweglichen Sphären, Planetenuhren, Skelettuhren her, alles unter dem direkten Patronat des Königs, eines Schlosser- und Uhrmacherdilettanten.

Das Selbstbewußtsein der Mechaniker verbindet sich mit der Erfindergabe und Schaffenslust der für die Gehäuse zuständigen Kunsthandwerker. Die Entwürfe eines Jean Hauer, Thomire, Delaforme, Blondel und Forty verwirklichen Ebenisten wie Lavasseur, Montigny, Séverin in Zusammenarbeit mit den Bronzegießern Forestier, Gouthier, den Bildhauern Caffieri u. a. In ihren Entwürfen

91 Stutzuhr. Goldbronze, Palisanderholz, Messing, Alabaster, Wedgwood-Steingut, Höhe 58 cm. Wien, 1. Viertel des 19. Jh. Kunstgewerbemuseum, Prag

klingt der dynamische Rokokostil aus und weicht ruhigeren Linien. Holz wird jetzt nur für den Bau von Bodenstand- und Wanduhrkästen benutzt, bei den Stutzuhren beschränkt sich sein Gebrauch auf die Vitrinenbauten astronomischer, Planeten- und Spieluhren, die von speziellen Uhrmachern, den Mechanikern, vervollständigt werden. Das bisherige System der Glockenspieluhren wird durch Pfeifeninstrumente bereichert. Spieluhren waren damals größtenteils aus Holz. Bronze ist der ausschließliche Werkstoff der französischen Figurenuhren, sie dringt auch ins Gebiet der Stutzuhr ein und beschränkt deren Erscheinungsformen auf Wecker- und Reiseuhren. Da gibt es prismatische, vorgewölbte und zylindrische Uhrgehäuse, auf niedrigen Füßen, mit pflanzlichen und symbolischen Reliefarbeiten.

Die Französische Revolution unter-

92 Stutzuhr. Holz, schwarz gebeizt, Messing, vergoldet, Höhe 49 cm. Sign. „Wenzl Weiskopf in Jungbunzlau". Böhmen, 1. Viertel des 19. Jh. Kunstgewerbemuseum, Prag

93 Tischuhr. Patinierters Zink, Höhe 47 cm. Auf der Uhrwerkrückseite: „Médaille d'Argent S. Marti et Cie 1889." Auf Zifferblatt Sign. „J. Havlíček Prague". Kästchen signiert „C. Bonnefond", Paris, 1889. Kunstgewerbemuseum, Prag

brach für drei Jahre den Aufschwung des Uhrmachergewerbes zu Beginn der klassizistischen Periode. Der Gregorianische Kalender wurde abgeschafft und der Tag in 10 Stunden à 100 Minuten eingeteilt. Doch im Directoire 1795–99 erreichte es erneut hohes künstlerisches Niveau, wozu der Maler Piranesi wesentlich beitrug. Vom technologischen Gesichtspunkt sind hier die hervorragenden Skelettuhren zu nennen, deren Glasgehäuse das empfindliche Werk schützen.

Auf diese rationalistische Stilperiode, die Reaktion auf den Louis-Seize-Stil, folgt nach 1800 eine neue Welle des ausgeprägten strengen Klassizismus, der auf die ideelle Betonung von Napoleons Imperium gerichtet ist. Seine künstlerische

Skelettuhr. Frankreich um 1800

(Neuchâteler) Neuenburger Uhr, 1790–1840

Thematik kommt auch in der Uhrenherstellung zur Anwendung auf dem Gebiet der Bronze-, Holz- und Alabastergehäuse, die nach den Entwürfen der kaiserlichen Zeichner Percier und Fontaine angefertigt werden. Ihre Entwürfe kombinieren in Form und Verzierung Reminiszenzen an Napoleons ägyptischen Feldzug mit triumphaler altrömischer Symbolik. Die Uhrgehäuse aus Holz, Marmor, Alabaster oder Biskuitporzellan sind als Obelisken und kleine Tempel mit altägyptischer religiöser Thematik und Ornamentik gestaltet, ihre Oberfläche ist verziert mit Figuren der griechischen Tempelfriese und Vasenmalerei, die umrankt sind von Lorbeergirlanden und Festons. Napoleon führte den gregorianischen Kalender wieder ein, der Tag hatte wieder 24 Stunden mit 60 Minuten.

Echte Uhrkästen kommen nur als Schutzhülle astronomischer und Weckeruhren oder bei Phantasiestücken vor, wie etwa bei Breguets Pendule sympathique. Sonst beschränkt sich das Gehäuse – mit Ausnahme der Figurenuhren – auf Miniaturbauten, Säulenerker, Tempel, Tiumphbögen etc., in die das Uhrwerk und weißemaillierte Zifferblatt auf verschiedene Weise eingesetzt sind. Unter der ständig wachsenden Beliebtheit der Skelettuhr wird das Mittelstück des Zifferblatts manchmal durchbrochen, damit man in das Werk Einblick nehmen kann. Steigendes Interesse finden die von Breguet technisch verbesserten Glocken- und Pfeifenspieluhren; das hier funktionell motivierte Spieluhrgehäuse erfährt dank bedeutender Ebenisten wie z. B. Jacob Desmalter, der mit den Bronzegießern Delafontaine und Thomire zusammenarbeitet, ein Höchstmaß an klassizistischer architektonischer Gestaltung.

Die Blüte des romantischen Stils im zweiten Viertel des 19. Jahrhunderts, der seit dem ausgehenden 18. Jahrhundert den dominierenden Klassizismus nur sporadisch und am Rande begleitet hatte, brachte eine Wiedergeburt der an der Wand stehenden Stutzuhr mit sich. Man endeckte aufs neue die Schönheit der Gotik und modellierte Uhrkästen à la cathédrale, als bunte Kombinationen von Arkaden, Maßwerk und Spitzbögen, und vertiefte sich gleichzeitig in die Betrachtung vergangener Barock- und Rokokoformen. Im Boullestil messing- oder zinnintarsierte Mahagonikästen dienten als

94 Kaminuhr. Eichenholz, Goldbronze, Kupfer, Höhe 27,5 cm. Entwurf Arch. Jan Kotěra, Prag 1919. Kunstgewerbemuseum, Prag

Gehäuse, und dieser Stil findet seine Nachahmer in Wien und München, und auch bei Karel Suchý in Prag.

Im Frankreich Napoleons III. kommt nach 1850 die Mode des Neoklassizismus auf, während sich im übrigen Europa die Künstler wieder der Renaissance zuwenden, in der sie den ureigensten Ausdruck ihres Lebens- und Kunststils finden. Die Pariser Weltausstellungen von 1855, 1863, 1867 und 1889 sind ein getreues Spiegelbild der Stilwandlungen in der europäischen Gesellschaft, die auch in der Gestaltung der Uhr ihren Niederschlag fanden. Neorenaissance und Neobarock zeichneten sich nicht durch ausgeprägte Stilchronologie aus.

Erst die modernen Stilrichtungen des

95 Kaminuhr. Patiniertes Messing, H. 24 cm. Entwurf: Arch. Josef Gočár (Bestandteil einer kubistischen Inneneinrichtung), Prag 1913. Kunstgewerbemuseum, Prag

20. Jahrhunderts, Jugendstil und Kubismus, auch Neoklassizismus, bringen das Original-Uhrgehäuse wieder zur Geltung. Die Anregung kommt aus Frankreich, wo Guimard und J. und C. Bonnefond Uhren im Sezessionsstil entwerfen, die nach ganz Europa exportiert wurden und dort als Vorbild dienten. In Deutschland machte sich Josef M. Olbrich von der Darmstadter Künstlerkolonie Mathildenhöhe um die Hebung des künstlerischen Niveaus der Uhr verdient, in Wien fertigten Otto Prutscher, Ferdinand Morawéc und Josef Hoffmann in der Wiener Werkstätte Entwürfe für Uhrgehäuse. Einen wichtigen Beitrag zur Modernisierung des Uhrkastens haben von 1900 bis 1910 auch die Prager Architekten Jaň Koula, Josef Gočár und Vlastislav Hofman geleistet.

Die Pariser Ausstellung dekorativer Kunst im Jahre 1925 war die letzte Gelegenheit, bei der künstlerisch gestaltete und individuell konzipierte Uhrgehäuse ausgestellt waren. Die Industrialisierung der Uhrenproduktion in unserem Jahrhundert, kommerzielle Interessen und das Fehlen einer festen Stilgrundlage haben einen gemeinsamen und zeitgemäßen Stil für die Uhren unserer Zeit nicht aufkommen lassen.

Carteluhren und Zappler

96 Zappler mit Napoleon. Messing, gepreßt, H. 12 cm. Mitteleuropa, 30er Jahre des 19. Jh. Mährische Galerie, Brünn

Zu den auf Kommoden, niedrigen Schränken, Truhen und manchmal auch auf Konsolen an der Wand stehenden Uhren barocker Herkunft gehört die als Zierkartusche gestaltete flache Uhr, die vorne auf zwei kleinen Füßen bzw. auf einem Sockel steht und hinten mit einer Metallstütze versehen ist. Die Kartuschenfläche ist ähnlich wie bei den als Vorbild dienenden Telleruhren je nach dem Werkstoff der Uhr verschieden verziert. Die Ableitung von der Telleruhr dokumentiert die um 1720 in Augsburg von J. A. Thelott hergestellte Carteluhr, deren silbernes Rollwerk in vier Figurenreliefs mit Szenen aus der antiken Mythologie getrieben ist (heute im Metropolitan Museum, New York).

Ihre einfachste Art ist aus Eisen, gemalt oder mit durchbrochener Metallornamentik bedeckt. Die meisten Stücke sind aus Messing- oder Silberblech, getrieben, gepunzt oder, wie die Porzellanuhren, plastisch modelliert. Ihr einfaches Werk hat ein direkt an den Spindel-, später Ankergang gekoppeltes Pendel. Wenn das Pendel auf der Rückseite angebracht ist, findet man im Zifferblatt ein ausgeschnittenes Fensterchen, in dem zur Gangkontrolle ein zweites, kurzes Hilfspendel schwingt. Zwecks leichteren Umgangs brachte man dann das kurze Pendel vor dem Zifferblatt an. Sein schnelles Schwingen, sein Zappeln, brachte der Uhr den Namen Zappler ein. Nicht alle an der Wand stehenden Carteluhren können daher als Zappler bezeichnet werden. Wegen ihrer Gangempfindlichkeit schützte man die Carteluhren im 18. Jahrhundert mit Glasstürzen.

Ihre Entwicklung beginnt in Augsburg, wo im selben Jahr (1720) wie Thelotts erwähnte Silberuhr mit großem Zifferblatt bei Adam Glück solche Zappler mit astronomischem Werk und Zifferblatt hergestellt wurden. Aufgrund ihrer praktischen Handhabung, Einfachheit und Billigkeit waren sie sehr gefragt, und zahllose süddeutsche Uhrmacher nahmen ihre Herstellung auf. Besonders anziehend und leistungsfähig sind die Zappler aus der Bamberger Werkstatt von Johann Leopold Hoys. Die meisten sind aus vergoldetem Messing- oder Kupferblech, ausnahmsweise auch Silberblech, verziert mit ornamentaler und figürlicher Treibarbeit. In den 30er Jahren des 18. Jahrhunderts fertigte der Münchner Goldschmied C. Schreiber solche Uhren an; sie sind mit Zinn-Zifferblättern auf englische Art versehen und dreizehn bis fünfunddreißig Zentimeter hoch.

Nach einer Pause im Klassizismus kommen die Zappler in den österreichischen Ländern wieder in Mode. Mittelpunkt ihrer Herstellung ist Wien, wo sie sich um 1830, im sog. Zweiten Rokoko, neuer Beliebtheit erfreuen. Der Zappler wird nicht mehr als bloße Kartusche, vorwiegend aus örtlichem Porzellan gemacht, sondern im Sinn des Biedermeiergeschmacks mit allerhand Metallblechfiguren kombiniert. In Miniaturmaß werden da Napoleon, eine gotische Burg mit Pferdekutsche, ein Lautenspieler, ein Gärtner, mit Taubenhaus u. ä. dargestellt. Es gibt auch Zappler mit einfachen Automatenfiguren, etwa Maria Verkündigung im Fensterchen über dem Zifferblatt. Eine Sondersammlung dieser Zappler befindet sich im Wiener Uhrenmuseum.

Kaminuhren in Frankreich und Österreich

97 Figurenuhr mit Athene. Schwarzer Marmor, Goldbronze, Höhe 55 cm. Sign. „Henri Voisin". Paris, vor 1807. Kunstgewerbemuseum, Prag

98 Pendule. Holz, vergoldet, H. 59 cm. Sign. „Leopold Schmidt Prag", um 1790. Kunstgewerbemuseum, Prag

99 Skelettuhr. Goldbronze, Marmor, Höhe 38 cm. Wien, um 1810. Mährische Galerie, Brünn

Nach 1700 wurden in den Wohnungen des französischen Adels und des gehobenen Bürgertums Kamine mit neuen Formen eingebaut, die oben mit einer Marmoreinfassung abschlossen. Auf diese stellte man die Uhr. Dafür waren Holzgehäuse nicht mehr geeignet und so wurden die Gehäuse aus Bronze, Marmor, Alabaster, Fayence, Majolika und Porzellan, aber auch aus Zinn und sehr häufig aus Kombinationen von Bronze und Porzellan unter Mitverwendung anderer Materialien hergestellt.

Im Streben nach möglichst starker plastischer Wirkung der Uhr wird das Werk in kleine Prismen oder Trommeln eingezwängt. Das gestattet die verschiedenartigsten Varianten. Neben Figuraltypen spielen bei den Uhrgehäusen jener Jahre architektonische Gestaltungen eine wichtige Rolle. Das Uhrgehäuse erhebt sich auf einem Pfeiler oder Säulenschaft und wird manchmal zwischen zwei Säulen, Karyatiden oder Obelisken eingebaut. Das architektonische Element wird reich profiliert, plastisch und als Relief mit antikisierenden Ornamenten, Festons, Girlanden, Mäandern oder symbolischen Zeichen verziert. Vorlagen für diese Uhrenarchitekturen zeichnen und publizieren Delafosse, Forty und Duguerre in Paris. Die Werkstoffe Marmor, Alabaster, Goldbronze sowie gemalte Porzellanauflagen und Emailarbeiten lassen der künstleri-

100 Säulchenuhr. Holz, braun gebeizt, zum Teil vergoldet, Messing, vergoldet, Höhe 60 cm. Sign. „Joseph Radda in Prossnitz“ Prostějov, 1. Viertel des 19. Jh. Kunstgewerbemuseum, Prag

101 Triumphbogenuhr. Goldbronze, H. 47 cm. Sign. „Willenbacher & Rzebitschek in Prag". Prag, 1830–40. Museum der Hauptstadt Prag

102 Portaluhr. Goldbronze, Höhe 46 cm. Ungarn (?), um 1850. Kunstgewerbemuseum, Prag

schen Phantasie freies Spiel. Kontrastwirkungen werden durch die Verbindung von farbig getönten Gehäusen und weiß emailliertem Zifferblatt erzielt; die Ziffern sind römisch oder arabisch.

Die modische symbolische Figurenstaffage sowie die übermäßig antikisierende Ornamentik mit dekorativen Vasen übertönt die architektonische Struktur. Das meist mit Ankergang und kurzem Pendel versehene schlagende Uhrwerk wird in isolierte Fassungen, oft dosenförmig, direkt dem Sockel aufgesetzt oder von amorphen Stützen, Pfeilern oder Säulen getragen, in den meisten Fällen zwischen zwei Baugliedern eingehängt. Als Bekrönung dient oft eine Vase oder Figur. Unter französischem Einfluß entstehen auch in den großen Städten Belgiens, in Brüssel, Gent und Lüttich Varianten der französischen Uhrgehäuse.

Der klassizistische Empirestil unter Napoleon I. mäßigt diese Vielfalt der Uhrgehäusebauten und bescheidet sich mit der Uniformität schlichter Prismenformen, wie sie Nicolas Thuret entwarf, er bevorzugt die sog. Portalform, bei der der Uhrkörper zwischen zwei Säulenpaaren auf rechteckigem Sockel eingegliedert ist. Werkstoffe sind Bronze, Marmor und Alabaster, aber auch Malachit. Als Oberflächenverzierung liebte man figürliche und ornamentale vergoldete Messingguß- bzw. Messingblechappliken. In Frankreich überlebt diese Portalform bis in die Mitte des 19. Jahrhunderts; man findet auch Stücke aus geschliffenem Glas oder mit Marketeriezierat.

In der Kongreßzeit fällt Wien eine führende Rolle auf diesem Gebiet zu. Nach dem Sieg über Napoleon übernimmt Wien und mit ihm andere Kulturzentren der österreichischen Monarchie die Kunstformen des französischen Klassizismus und paßt sie bescheideneren Verhältnissen und Geschmacksrichtungen an. Über-

103 Portaluhr. Holz, intarsiert, Höhe 43 cm. Österrich, um 1830. Kunstgewerbemuseum, Prag

104 Säulchenuhr. Holz, schwarz gebeizt, Alabaster, Perlmutt, vergoldetes Messing, Guaschmalerei aus dem Lilienfelder Kloster, Höhe 44 cm. Sign. „Sylwester Kortrbelitz in Deutschbrod". Havlíčkův Brod, um 1830. Kunstgewerbemuseum, Prag

nommen werden die französischen sog. Liebestempel, Skelettuhren, Vasenuhren sowie Figurenuhren, vor allem aber die Portaluhr. Diese Form lebte jedoch nicht lange, ebnsowenig die Marmor- und Bronzeportaluhren, die Peter Götz und Anton Brandl im Geist des französischen Vorbilds schufen. Nach 1815 entwickelt Wien die Säulenbasis der Portaluhr freier, wobei deren räumlicher Grundriß abgeflacht und ausgewölbt wird. Der Uhrkörper wird über die Platine gesetzt, vorn eine Säulenkolonnade geführt. Die Zierlichkeit dieser Säulenuhren unterstreichen schlichte Metallauflagen und kleine holzgeschnitzte Vasen, Adler- oder Delphinfiguren an den Seiten und auf dem Giebel. Auf den Zifferblattwänden sind häufig Aquarellmalereien oder figürliche Automatenbilder angebracht (Amor mit Pfeil, Glockenschläger u. a.). Bedeutende Wiener Hersteller dieser Portaluhren waren Valentin Vorderheid und Ludwig Orthalder.

Um 1830 setzt man den Uhrkörper nach unten, zwischen die Säulen und legt ein Bogenfeld mit gemalter oder applizierter Verzierung darüber. Billigere Hölzer werden wieder verwendet und neben Metallauflagen erscheinen auch Perlmuttappliken. Die Säulenuhr des österreichischen Biedermeiers ist in den Werkstätten aller größeren Städte anzutreffen, und dank ihrer Großproduktion entsteht das selbständige Gewerbe der Gehäusemacher.

Ein noch hübscheres und kostbares Erzeugnis der österreichischen Empire- und Biedermeierkunst ist die Bronze-Stutzuhr. Ahnlich wie beim Holzgehäuse wird der Uhrkörper oft von Delphinen hochgehoben, wie es auf Peter Raus oder Friedrich Quinches Uhren zu sehen ist. Häufig steckt das Uhrwerk in einem prismatischen Bronzegehäuse aus der Werkstatt von Martin Boeck oder zwischen Marmorobelisken, wie sie Leopold Körner geschaffen hat. Die Federzugwerke der österreichischen Portaluhren sind unter dem Namen „Wiener Stockuhrwerke" bekannt, sie sind sehr dauerhaft. Noch heute schaffen diese reizenden Wiener Biedermeieruhren eine gemütliche Atmosphäre.

Im zweiten Rokoko bevorzugte man Pendeluhren, gegebenenfalls auch französische Figurenuhren aus Goldbronze unter Glasstürzen; sie wurden auch in billiger Gußmetallausführung nachgeahmt.

▷

105 Figurenuhr mit Kreuzigung. Bronze und Messing, vergoldet und versilbert, Höhe 40 cm. Uhrwerk sign. „Christoff Leuschner". Süddeutschland, 2. Hälfte 17. Jh. Kunstgewerbemuseum, Prag

Figurenuhren

Der Kunsthistoriker Max Dvořák charakterisierte den Manierismus als einen „auf vielfache Weise mit den objektiven Ausdrucksmitteln verbundenen Subjektivismus geistigen Gehalts".

Diese Definition läßt sich beim Studium der Uhrgehäuse der rudolfinischen Zeit gut anwenden: Die ungewöhnliche Vorliebe der Herrscher und Fürsten für die Astronomie und das daraus folgende Bedürfnis nach mechanischen Erd- und Himmelsgloben, die in der Lage waren, die tatsächliche Bewegung anzuzeigen. Darum waren viele Planetenuhren nicht nur als Zeitmesser, sondern auch als Geräte zum Anzeigen der Bewegung der Erde und Himmelskörper eingerichtet. Das brachte den Menschen auf die Idee, das Uhrwerk auch ins Innere eines Globus zu setzen, der so die augenblickliche Lage von Erde und Kosmos selbsttätig angeben konnte. Automatische astronomische Uhrwerke wurden von den Uhrmachern hergestellt. Jost Burgi in Kassel, insbesondere Georg Roll und Johann Reinhold in Augsburg schufen kinetische Globen, die sie in reich profilierte vergoldete Bronzerahmen auf vier Füßen faßten. Ein solches Gerät bestellte 1588 Kaiser Rudolf II. bei Georg Roll (heute in Paris).

Doch auch ein solcher Globus konnte die wachsende Nachfrage nach Ausdrucksmitteln für eine bestimmte wahre oder scheinbare Bewegung nicht befriedigen. Das führte dazu, daß man die mechanische Bewegung des Globus bildnerisch mit der Bewegungsillusion seiner Stütze potenzierte. Das erzielte 1579 Gerhard Emmoser in Augsburg mit seinem laufenden Pferd, auf dessen Rücken er den Globus setzte. Meist aber legte man den Globus, der antiken Mythologie entsprechend, auf die Schultern einer Atlasfigur. Als bewußter Ausdruck des raffinierten Lebensgefühls

106 Figurenuhr mit Allegorie der Zeit. Bronze, schwarz patiniert und vergoldet, weißer Marmor, H. 64 cm. Sign. „Berthoud à Paris". Ferdinand Berthoud, Paris, um 1770. Mährische Galerie, Brünn

wird die mit dem Mechanismus verbundene menschliche Figur in den Details sich beweglicher Automaten dargestellt. Die bisher nur gelegentlich vorkommende astronomische Uhr gewinnt an Bedeutung und dient entweder als bloße Spielerei oder als Erweiterung des Uhrwerks. Am weitesten ist hier Hans Schlottheim in Augsburg mit seinem nach 1580 entstandenen Tischuhr-Automaten gegangen, seinen Galeeren, die sich bewegten, dem Turm von Babel, dem Trompetenwerk und der Krippenszene. Derart komplizierte Schöpfungen waren zwar höchst interessant und konnten vom Eigentümer stolz vorgezeigt werden, doch verloren sie weitgehend die Anzeigefunktion des Uhrwerks.

Die Auffassung des Uhrgehäuses als bildnerischer Ausdruck der körperlichen Erscheinung in Bewegung ist kennzeichnend für zahlreiche süddeutsche Goldschmiede, an denen Augsburg im ausgehenden 16. und im 17. Jahrhundert sehr reich war; führende Kunsthandwerker waren Wenzel Jammitzer und Matthias Walbaum. Sie setzten das Türmchen- oder Prismengehäuse auf den Rücken eines schreitenden Elefanten – ein Motiv, das bereits von den spätgotischen deutschen Goldschmieden verwendet wurde – bzw. eines anderes Tieres, oder sie faßten es in Kartuschen, die von einem Löwen oder Greifen gehalten werden. Ein derartiges Uhrgehäuse von Georg Schmidt, 1610–16, ist aus dem Inhalt von Herzog Phillipps im zweiten Weltkrieg vernichtetem berühmten Pommerschen Schrein er-

107 Vasenuhr. Weißer und grauer Marmor, dunkel patinierte und vergoldete Bronze, Höhe 73 cm. Sign. „Dufaud Paris", Ende 18. Jh. Kunstgewerbemuseum, Prag

108 Vasenuhr. Goldbronze, H. 65 cm. Sign. „J. Lefebvre Caters et Fils à Cournay“, Frankreich, Ende des 18. Jh. Kunstgewerbemuseum, Prag

109 Figurenuhr „Der Schwur der Horatier". Goldbronze, Höhe 44,5 cm. Sign. „Ledure, Bronzier à Paris- Hémon H ^{er}", um 1810. Kunstgewerbemuseum, Prag

halten geblieben. Das Uhrgehäuse wurde auch in und um den Triumphwagen Dianens, Amors oder Bacchus' eingearbeitet. Die Reiterfiguren türkischer Paschas gingen auf die Beziehungen zum Orient zurück und das Studium der Antike inspirierte Diana-, Urania- und Kentaurenfiguren.

In selteneren Fällen gaben drehbare horizontale Ziffernringe die Stunden an. Sie sind auf Kugeln angebracht, die auf einem Baumstamm ruhen und eine Lanze oder ein anderer Gegenstand in der Hand des neben dem Baum stehenden wilden Mannes oder Türken weist auf dem Zifferblatt die Zeit.

In Böhmen verzichtete man in der Zeit der Gegenreformation nach der Schlacht am Weißen Berg auf antike mythologische Motive oder Tierfiguren und nahm statt dessen ein Kruzifix, eine Kalvaria oder eine silberne Muttergottes, deren Kronreif den Ziffernring trägt, die Christusfigur am Kreuz, später Heiligenfiguren, in deren Ebenholzsockel das Uhrwerk untergebracht war.

In Frankreich begann in der Zeit Ludwigs XV. eine neue Ära der bildnerischen Figurenuhren. Ähnlich wie der Manierismus neigte auch das Rokoko zum Naturalismus und dessen dekorativer und ornamentaler Stilisierung. Pflanzen, Blumen, Palmblätter und Akanthusranken wurden viel verwendet, Hahnenkamm- und Muschelmotive wandelten sich zum charakteristischen Rocaille. Üppige Zier bestimmte das Äußere der Uhr und der nun vorherrschende Bronzeguß machte die plastische Ausgestaltung des Uhrgehäuses leicht.

Das Meisterwerk von Apollos Bronze-Sonnenwagen als Postament eines Uhrwerks aus der zweiten Hälfte des 17. Jahrhunderts (Schloß Fontainebleau) wurde unter Ludwig XV. zu einem eigenen Zweig, den sogenannten Kaminuhren entwickelt, bei denen die darstellenden Künstler mit Philipp und Jakob Caffieri an der Spitze einander beim Entwerfen von Trägerfiguren und Uhrgehäusen an Erfindergeist übertrafen. So wie früher in Augsburg, ist auch in Paris der ,Elefant besonders beliebt, gefolgt von anderen Tierfiguren, wie Stier oder Pferd als Träger des Mechanismus.

Der Rokokostil führte Kombinationen von Bronze und Porzellan ein. In feuervergoldetes Bronzegebüsch mit Porzellanblüten werden nach 1750 Porzellanfigürchen von Amoretten, galante Paare, Schäferinnen, Chinesen, Gestalten der Commedia dell'arte und Tiere gesetzt. Für gewisse Zeit ist in Italien, Frankreich und Deutschland das porzellanverzierte Uhrgehäuse kennzeichnend für den Rokokostil. In Frankreich liefern die Manufakturen in Saint-Cloud, Vincennes und Sèvres die Verzierungen aus Biskuit-Porzellan, der sog. pâte tendre, während die Figuren aus Meißen kamen, denn das dortige Hartporzellan gestattete die Herstellung feinster Figürchen. Ihre

110 Figurenuhr. Dunkel patinierte und vergoldete Bronze, Höhe 63 cm. Sign. „Thomire & Cognie à Paris Manière Horloger." Paris, Anfang des 19. Jh. Kunstgewerbemuseum, Prag

111 Figurenuhr, genannt „Le Portefaix", aus der Uhrenfolge „Au bon negre". Schwarz patinierte und vergoldete Bronze, H. 36 cm. Frankreich, 1. Viertel 19. Jh. Kunstgewerbemuseum, Prag

Schöpfer waren Johann Gottlieb Kirchner, Johann Joachim Kaendler und dessen Mitarbeiter.

Dieser Typ der plastischen Figurenuhr wird besonders hoch in Deutschland entwickelt. Neben der Meißner tragen die Berliner und Frankenthaler Manufakturen dazu bei. Von der Mitte des 18. Jahrhunderts an bringt auch die Wiener Du Paquiersche staatliche Fabrik Porzellanfiguren zur Uhrgehäuse-Verzierung auf den Markt. Die bunten Porzellanmalereien unter der glänzenden Glasur erhöhten die Wirkung der vergoldeten und durchbrochenen Sockel, des herauswachsenden Gebüschs und der Figürchen, die mit ihrer graziösen Anmut echte Kinder des Rokokos sind.

Die große Ära der französischen Figurenuhren fällt jedoch erst in die Re-

112 Figurenuhr „Amor und Psyche“. Goldbronze, Höhe 90 cm. Frankreich, Anfang des 19. Jh. Kunstgewerbemuseum, Prag

gierungszeit Ludwigs XVI. Mit dem Antritt des Klassizismus als Reaktion auf die Ungebundenheit in den Formen und Farben des Rokokostils wandeln sich auch Thematik und Stil der Figurenuhr. Der Naturalismus weicht der Idealisierung, antike Mythologie und Allegorie gehen anfangs Hand in Hand mit Tiermotiven und galanten oder pastoralen Szenen, um sie dann völlig zu verdrängen. Zum eigentlichen Träger des Uhrwerks wurde die verschiedenartig gestützte oder eingehängte Horizontaltrommel. Anfangs setzte man die Tradition der Louis XV.-Zeit mit ihren Tierfiguren als Stützen fort, doch bald kamen Sphingenpaare, Amoretten und allegorische Gestalten hinzu, entweder als echte Träger oder, wie in den

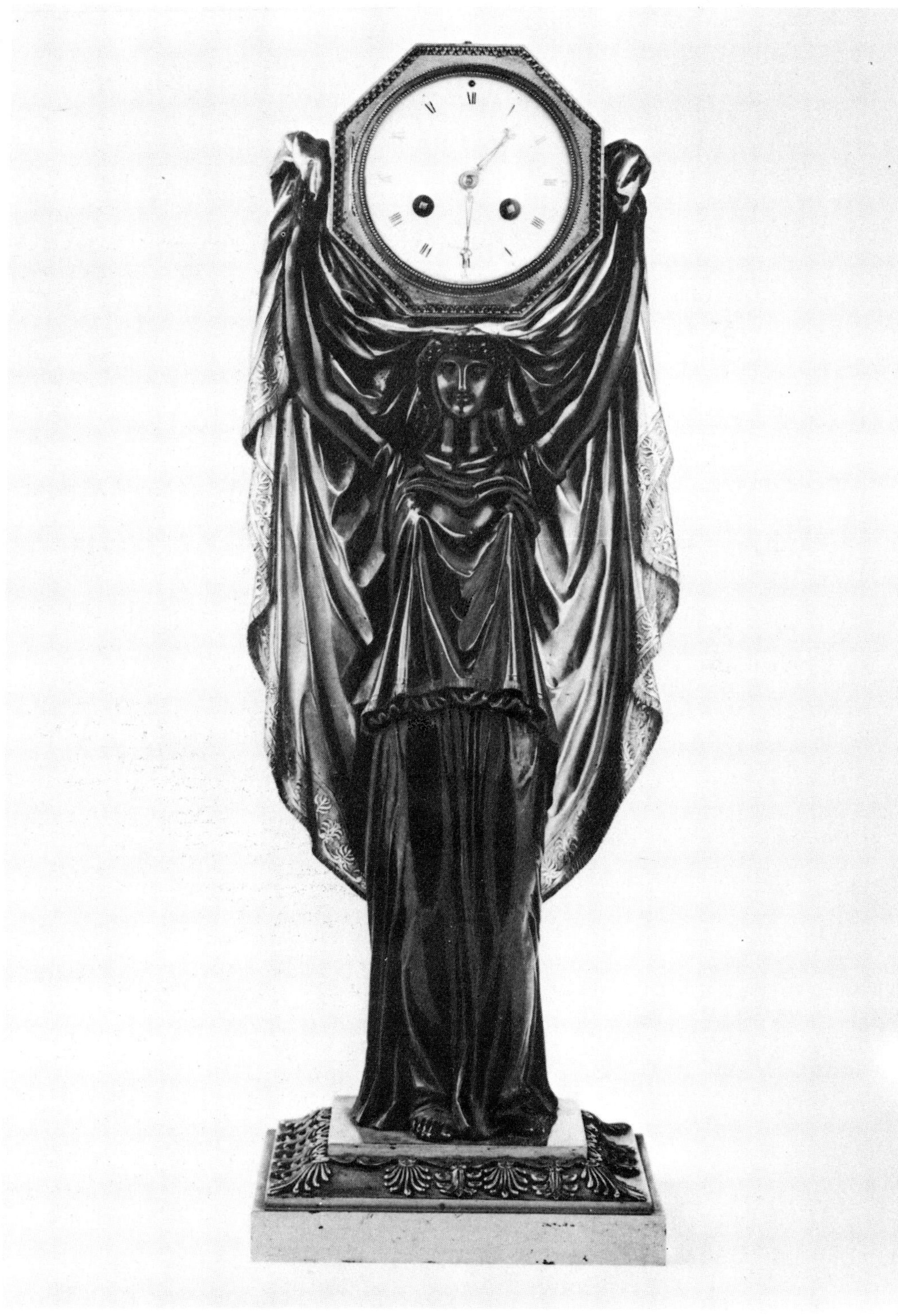

113 Figurenuhr. Bronze, schwarz patiniert und vergoldet, Höhe 58 cm. Sign. „Manière à Paris". Charles Guillaume Manière, Uhrmacher und Bronzier, Anfang 19. Jh. Kunstgewerbemuseum, Prag

114 Figurenuhr. Holz, vergoldet, Höhe 57 cm. Österreich, 1810–1815. Kunstgewerbemuseum, Prag

meisten Fällen, als am Gehäuse lehnende Figurenstaffage. Venus und Cupido, Chronos, Minerva, Flora, Allegorien der Geographie, der Musik und der Astronomie, auch Flußgötter. Oder Venus lenkt den Triumphwagen, der das Uhrwerk birgt. Die meisten Stücke sind aus Bronze, etliche auch aus Marmor, Alabaster und Biskuitporzellan. Die Plastiker Chinard und Clodion lieferten die Modelle. Großartig sind die Bronzegruppen von Thomire mit Diana als Jägerin. Auch die Biskuitporzellanfiguren der Manufaktur in Sèvres, die der bedeutende Chemiker Brongniard in Zusammenarbeit mit dem Architekten Percier und den Malern Leloyle und Béranger leitete, verliehen den französischen Figuren- und Stutzuhren hohen künstlerischen Wert.

Eine Sondergruppe bilden jene Uhren, deren Werk in den Bogen einer plastischen Lyra eingebaut ist, oder die sog. Liebestempel, deren Säulenpavillon auf dem Dach das Werk mit dem rotierenden Ziffernring trägt. Diese Anzeigeart wur-

115 Figurenuhr. Goldbronze, Höhe 35 cm. Sign. „Robert & Fils à de Fonds", vor 1806. Kunstgewerbemuseum, Prag

116 Carteluhr. Goldbronze. Höhe 41.5 cm. Österreich, um 1850. Kunstgewerbemuseum, Prag

117 Nachtuhr. Goldbronze, H. 50 cm. Sign. „Mason Aix". Frankreich, 1. Viertel 19. Jh. Kunstgewerbemuseum, Prag

de auch bei den die Zeit weisenden Figuren oder Figurengruppen der Vasen- und Globusuhren angewandt. Ein vollendetes Kunstwerk der Kleinplastik ist die von Clodion entworfene Vasenuhr, die von den drei Grazien emporgehoben wird.

Nach einer dreijährigen Pause kommt die Pendule als Figurenuhr zurück, bereichert um Motive à la sauvage: Wilde Männer oder Frauen, Neger oder Indianer sitzen auf der Uhrtrommel oder lehnen an ihr, tragen sie manchmal auch auf dem Rücken. Literarische Themen, etwa Bernardin des St. Pierres beliebter Roman Paul et Virginie, tragen zur Vielfalt der Uhrformen ebenso bei wie die spinettspielende oder lesende antikisierte Dame.

Die von Piranesi entworfenen sog. Pendules pittoresques, eine Symbiose antiker pfanzlicher und geometrischer Ornamentik mit Figurenthematik, lockerten die strenge klassizistische Ordnung dieser Periode der Uhrengestaltung auf.

Die Hochblüte des Klassizismus, das Empire des I. französischen Kaiserreichs, prägt die Figuralthematik der Uhrgehäuse mit dem kriegerischen Geist von Napoleons Feldzügen, schließlich mit der triumphalen Symbolik des kaiserlichen Absolutismus. Heroismus und Identifizierung des Thron-Usurpators mit den

118 Figurenuhr. Zinn, grün lackiert, schwarzer Marmor, Höhe 40 cm. Sign. „C. Suchy &Soehne". Prag, nach 1880. Kunstgewerbemuseum, Prag

Kaisern des Altertums bestimmten die Gestaltung der plastischen Uhren. Figuren aus der Ilias und Odyssee mit Porträts von Homer, Achilles, Odysseus und Apolo, auch römische Horatiusfiguren saßen auf den Uhrgehäusen oder bewachten sie. Minerva oder Apollo lenken Triumphwagen auf großen Rädern, deren Reifen den Ziffernring bilden, wie es Ravrio entwarf. Auch die Wiedereinführung römischer Ziffern statt arabischer weist auf den römischen Kaiserkult hin.

Die ausgesuchte Qualität und Verschiedenfarbigkeit des meisterhaft bearbeiteten Marmors, Porphyrs und Jaspis' drückten ebenso wie die vollendete Ausführung der Bronzeplastiken Chaudets, Cartelières und vor allen anderen Thomires, der für drei Uhrmachergenerationen (1751–1843) Modelle entwarf, den Uhrgehäusen des Empire das Siegel der Erhabenheit und künstlerischen Schönheit auf.

Auch die Vasen, Amphoren und Kratere, die glatt oder seitlich mit Figuren geschmückt, hier oft von kreisrunden, weiße-

119 Figurenuhr „Tannhäuser". Goldbronze, H. 56 cm. Deutschland, 1850–60. Kunstgewerbemuseum, Prag

120 Uhrgehäuse „Au Sauvage“. Holz, schwarz polychromiert und vergoldet, Höhe 29 cm. Österreich, 1. Viertel des 19. Jh. Mährische Galerie, Brünn

maillierten Zifferblättern auf der Stirnseite durchbrochen sind, symbolisieren das antike Schönheitsideal und die Bewunderung für die altrömische Kultur. Als Gegenstück dieser Allegorien, die im historisierenden Gewand den Ruhm des fessellosen Korsen kündeten, erschienen die mit Genreszenen aus dem Leben des Volkes geschmückten Bronzegehäuse, die anfangs in antiker Verkleidung auftraten. Uhren mit Szenen wie „Füllung der Hydria mit Wasser“ (griechisch Wasserkrug), „Hirtin und Gärtner am Brunnen“, „Knabe, einen Hund dressierend“ und ähnlich, sind mit ihrer Thematik Vorzeichen der gärenden demokratischen Stimmung und des politischen Programms des gesellschaftlich aufstrebenden Bürgertums. Nach dem Empire geben dem Arbeitsleben des Volkes entnommene Sujets, wie der „Wasseträger“, der „Scherenschleifer“ u. a., diesen Trends vollen Ausdruck. Daneben dokumentieren literarische Themen (Estelle et Mémorin, Athalie), aber auch ausklingende mythologische sowie zeitgenössische Liebespaarmotive den sentimentalen Zeitgeist. Solche Uhren waren beliebte Hochzeitsgeschenke. Namentlich die Romantik der Jahre 1830 bis 1850 gefiel sich in der Darstellung von Romanfiguren als Uhrschmuck. Doch sank die Qualität von Werkstoff und Ausführung trotz der guten Entwürfe Victor Paillards infolge der

121 Taschenuhrwerk.
Messing, ziseliert, ∅ 5,7 cm.
André Glenck, Prag, Anfang
des 18. Jh.
Kunstgewerbemuseum, Prag

122 Halsuhr. Silber, ziseliert und graviert, 6,5 × 5 cm. Melchior Zinng, Augsburg, um 1580. Kunstgewerbemuseum, Prag

▷
123 Halsuhr. Silber, zum Teil vergoldet, ziseliert, graviert, 5 × 3 cm. Pasquier Peiras, Blois, um 1600. Kunstgewerbemuseum, Prag

125 Fingerringuhr. Gold, graviert, Email, ∅ 2,2 cm. Süddeutschland, 17. Jh. Kunstgewerbemuseum, Prag

◁
124 Halsuhr. Silber, graviert, Email, geschnittenes Kristallglas, 7,5 × 6 cm. Süddeutschland, um 1600. Kunstgewerbemuseum, Prag

126 Halsuhr. Messing, Email, Kristallglas, ∅ 3,5 cm. Hans Otto Halleicher, Augsburg. 2. Hälfte des 17. Jh. Kunstgewerbemuseum, Prag

127 Halsuhr. Messing, graviert, vergoldet, mit Silbereinlagen, 4,5 × 3,5 cm. Hans Butz. Augsburg, um 1630. Kunstgewerbemuseum, Prag

▷
128 Anhängeuhr. Goldemail, ∅ 5,2 cm. Estienne Hubert, Rouen, Mitte des 17. Jh. Kunstgewerbemuseum, Prag

129 Taschenuhr. Gold, getrieben, ziseliert, Durchmesser 4,7 cm. Werk: John Champion, London 1716. Goldenes Rokoko- Gehäuse mit Hochreliefarbeit

130 Figurenuhr. Lackiertes Zink, Messing, H. 25,5 cm. Süddeutschland, um 1900. Kunstgewerbemuseum, Prag

▷
131 Mysterieuse. Zinn, braungrün lackiert, H. 34,5 cm. Figur sign. „F. Iffland". Berlin, um 1900. Kunstgewerbemuseum, Prag

immer mehr auf billigen Konsum gerichteten mechanisierten Produktion. Die verstärkte Nachfrage nutzen kleine Porzellanmanufakturen wie Bastien et Bugeard oder Jacob Petit in Frankreich, in Böhmen die Prager, Austerlitzer u. a. Fabriken. In der Form und Malerei sowie in den Sujets der vergrößerten Figuren dieser Porzellanuhren erfahren Orient und Rokoko eine Wiederbelebung. Die Schöpfer der Figurenuhren lassen sich von historischen Themen in die gewünschte sentimentale Stimmung bringen und beliefern den Markt mit idealisierten Gestalten, z. B. der Marquise de Sévigné, der Maria Stuart, Jeanne d'Arc, Esmeralda und Héloise. Die Gehäuseherstellung beginnt nun, recht unübersichtlich zu werden. Unter Napoleon III., in den Jahren 1850–70, dringen neoklassizistische Stilmerkmale in das Zweite Rokoko ein und lassen Goldbronze-Figurenuhren, Alabaster- bzw. auf Alabastersockel aufmontierte Uhren entstehen. Die meisten hat Carrat in Paris entworfen. Sie stellen Schäferszenen dar, galante und Jagdszenen im Stil des 17. Jahrhunderts sowie allegorische Figuren der Poesie, der Jahreszeiten u. a. Plastiken erscheinen auch bei Nachtlichtuhren mit Drehzifferscheibe als antikes Postament oder mit Barockfigur. Diese schale Uhrenplastik gipfelte in aktuellen Motiven wie der auf einer Dampflokomotive sitzenden Dame. Sämtliche Figurenuhren wurden mit einem Vierzehn-Tage-Gangwerk ausgestattet, von Glasstürzen geschützt und in die ganze Welt exportiert.

Das Endstadium der plastischen Uhr verkörperten im ausgehenden 19. Jahrhundert die „Pendules mysterieuses", stehende weibliche Figuren, die das schwingende Pendel des im Postament versteckten Uhrwerks oder dieses selbst emporheben. Meist sind sie aus patiniertem Zinn, dem nach Bronze seit der Mitte des 19. Jahrhunderts gängigen Werkstoff für billige französische und deutsche Figurenuhren. Sie wurden in Frankreich, in der Schweiz, in Berlin (nach F. Ifflands Modell) und anderswo hergestellt. Die damals herrschenden wirtschaftlichen Interessen förderten den internationalen Handel, verdunkelten aber die tatsächliche Herkunft der Uhren.

Diese Unsicherheit bei der Suche nach der Herkunft der Uhrgehäuse des 19. Jahrhunderts wird erhöht durch die Fluktuation der Typen, die in den verschiedenen Gebieten nachgebildet wurden. Die österreichische Uhrmacherei, die bis zur Wende des 18. Jh. nur allgemein auf das Vorbild

132 Figurenuhr. Holz, vergoldet, H. 63,5 cm. Sign. „Franz Reuss in Grulich". Králiky in Mähren, 1. Viertel des 19. Jh. Kunstgewerbemuseum, Prag

der französischen Pendule reagiert hatte, knüpfte in den 80er Jahren des 18. Jahrhunderts mit der französischen Uhrenproduktion rege Kontakte an. Das dokumentieren vor allem die Figurenuhren. Anfangs äußerte sich der Unterschied zwischen französischen und Wiener Uhren in der Verschiedenheit des Materials. Die österrechischen Länder verzichten, mit Ausnahme der Reise- und Weckeruhren, auf Marmor und Bronze. Aus Blei ist die Figurenuhr von J. Müller (um 1770, heute in der Mährischen Galerie, Brünn). Außerdem neigte die Mentalität der Zeit Josefs II., eines sparsamen und praktischen Vernunftmenschen, nicht zur Prachtentfaltung, und so nahm man im beginnenden Klassizismus in Mitteleuropa als Werkstoff für Figurenuhren Holz statt Bronze und statt der Bronzegießer arbeiteten hier Holzschnitzer. Klassizismus und Romantik vermischen sich, Figuren aus der griechischen Mythologie bewegen sich in gotischen Ruinen, in die etwas gewaltsam die Uhrtrommel gelegt wird. Die Bronzegußbüsche der französischen Porzellanuhr wurden bei der österreichischen Uhr als ausladende vergoldete Bäume geschnitzt, in deren Krone das Uhrwerk angebracht ist, und um den Baumstamm sind Jägergruppen, mythologische bzw. historische Szenen abgebildet. Selbst die antik konzipierte Figurensymbolik zur Feier des Kaiserhauses 1788 (Josef Riedls Uhr in Wien und deren Preßburger Variante) sind aus Holz geschnitzt. Zu ihren besten Entwerfern und Schnitzern gehören der Prager Ignaz Michael Platzer sowie Andreas Schweigel und sein Kreis in Brünn.

Erst im Empire nähert sich die österreichische Uhrmacherei in Material und Ausführung ihrem französischen Vorbild und übernimmt auch französische Figuralthemen. Man macht Bronzeuhren in Vasenform mit Ziffernring und knüpft an das Motiv der Lesenden Dame an, die hier aus Alabaster geschnitten wird. Aber immer noch überwiegen vergoldete Holzfigurenuhren. Ein typisch österreichisches, in Böhmen nachgebildetes Sujet ist die Uhr in plastischer Draperie, die eine Adler- oder fliegende Merkurfigur hält bzw. entführt. In Bezug auf die Qualität des Entwurfs und der Verwendung von Bronze war im späten Empire München vorrangig. Dort griff auch einer der bedeutendsten Bildhauer seiner Zeit, Ludwig Schwandthaler, in die Uhrmacherkunst ein und schuf mehrere beachtliche Bronzegruppen, wie die Damenfrisur, die Krönung Rudolfs von Habsburg und Konradin von Staufen als Troubadour.

Ein interessantes Figurenwerk ist die antikisierende Uhr von Josef Radda aus Olmütz aus dem Jahre 1860, eine allegorische Darstellung der Drei Grazien, die die Himmelskugel mit Ziffernring tragen (Uhrenmuseum Sternberg). Um 1880, wohl wieder unter französischem Einfluß, kommt in den Wiener Uhren eine neue Renaissancewelle auf. Es erscheinen allegorische Figuren und man knüpft an das alte Augsburger Vorbild der von Tieren getragenen Uhren an.

Uhrenkuriosa

Neben konventionellen Uhrwerken entstanden sonderbare Gebilde, die zumeist Unikate bleiben und nur vereinzelt und vorübergehend in Mode kommen. Die ersten und natürlichsten sind die Uhren, in denen die Eigenschwerkraft des Uhrwerks als Antrieb dient. Schon im beginnenden 15. Jahrhundert versuchte Jean Fusoris, eine derartige Uhr zu konstruieren, und in der Handschrift von Henri Arnaux aus der zweiten Hälfte des 15. Jahrhundert sind Hinweise darauf zu finden.

Christoph Margraf, der vielseitige Kammeruhrmacher am Prager Hof Kaiser Rudolfs II., wird auch als Erfinder der Kugellaufuhren angesehen, denn er erhielt 1595 ein Privileg zur Herstellung von Uhren mit laufenden Kugeln als Antrieb (ohne Unruh). Drei derartige Uhren sind heute im Kunsthistorischen Museum Wien zu besichtigen.

1599 baute Hans Schlottheim in Augsburg unter Verletzung des Privilegs eine Kugellaufuhr mit acht Kugeln, ebenso Christoph Röhr in Leipzig (1600), der mit nur einer Kugel auskam (Babylonischer Turm). Andere Hersteller von Kugellaufuhren waren: Johann Sayller (auch Sailler oder Saigler) (1597–1668 in Ulm), Matthäus Halleicher (1644–1707 in Augsburg) und I. M. Gerdts in Hamburg (1678). 1808 erhielt William Congreve, ein genialer Mechaniker, ein Privileg für die Herstellung einer im Detail veränderten Kugellaufuhr.

Bei der Uhr auf schiefer Ebene rollte ein Zylinder (meist aus Bronze) durch das Eigengewicht über eine glatte Holzfläche. Durch eine Verlagerung des Schwerpunktes wurde das Abrollen erheblich verzögert, so daß eine Laufzeit von einer Woche erreicht wird. Eine solche Uhr ist im Mailänder Poldi-Pezzoli-Museum sowie in anderen, vor allem in deutschen Museen zu sehen. 1664 erwähnt der Würzburger Jesuitenpater Caspar Schott Uhren auf schiefer Ebene und 1684 hat sie Maurice Wherlel in Leipzig beschrieben. Um 1600 stellten Gerard Muth in Frankfurt und Isaak Habrecht (1544–1620) in Straßburg Uhren auf schiefer Ebene her (heute im Mainfränkischen Museum, Würzburg und Herzog-Anton-Ulrich-Museum in Braunschweig).

Größere Verbreitung erfuhr die Sägeuhr. Ihr in einer Metalltrommel befindliches Werk ist an einer Zahnstange (Säge) angebracht, auf deren Zähne sich das Räderwerk stützt, das durch sein eigenes Gewicht in Bewegung gerät. Bei dem ältesten bekannten Exemplar, aus dem 17. Jahrhundert und aus München stammend, befindet sich die Uhrtrommel in einer Art Leiter aus zwei parallelen Zahnstangen; ihren Gang regulierte man mit einem Bleigewicht im Werk. Um 1700 nahm Isaac Ourry in Kassel die Herstellung von Sägeuhren auf. Sie wurden dann während des ganzen Jahrhunderts bis in die Mitte des 19. Jahrhunderts hergestellt und entweder direkt an einem Wandarm aufgehängt oder auf ein Wandbrett aufmontiert. Ihre ornamentale und figürliche Verzierung zeigt den Stil des Barocks und Klassizismus. Ansbach, Graz und Salzburg waren im ausgehenden 18. Jahrhundert die Hauptproduktionsstätten der Sägeuhren.

Nachtlichtuhren wurden bereits erwähnt. Im 19. Jahrhundert entstanden solche in Form eines Alabasterbeckens zur Aufnahme des Uhrwerks mit Zifferning, dessen durchbrochene Ziffern von innen durchleuchtet wurden und die Zeitanzeige auf die Wand projizierten. Eine Nachtlampenuhr von Brandl befindet sich im Besitz des Wiener Kunsthistorischen Museums.

Nach dem Prinzip der von der Decke

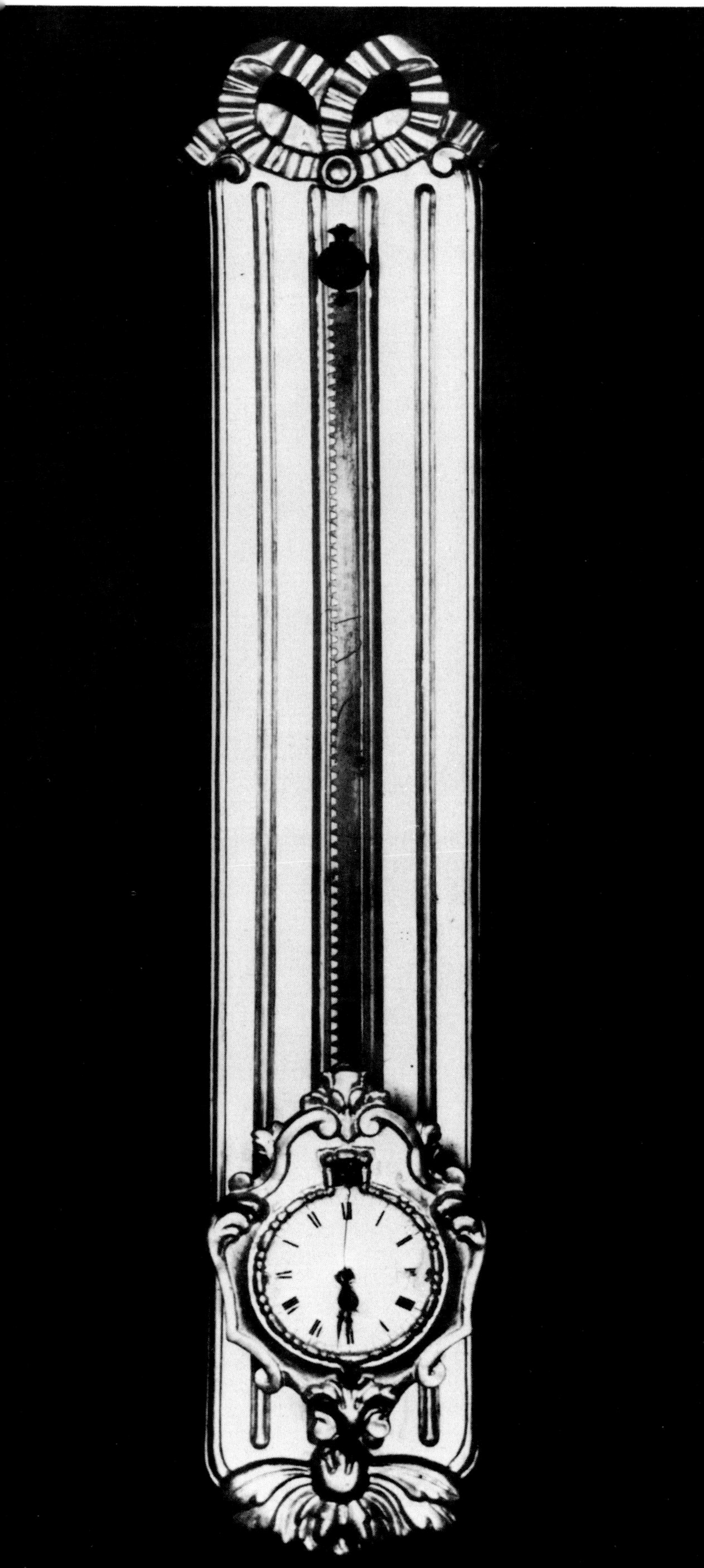

herabhängenden Uhr fertigte man um 1780 die Käfiguhren an, die in der Neuenburger Gegend am Boden das nach unten gewendete Zifferblatt trugen.

Eine besondere Kuriosität ist die kästchenförmige Metall-Tischuhr, die mittels eines Pistolenschlosses als Wecker funktionierte. Zur vorgesehenen Zeit zündete ein vom Uhrwerk angetriebener Feuerstein mit einem Funken eine Kerze an. In Prag baute Ferdinand Engelschalck solche Uhren (heute im Königl. Museum Brüssel; eine zweite, sichtlich aus Prag stammende, im Museum der Hauptstadt Prag).

Ein beachtenswertes Kuriosum der zweiten Hälfte des 19. Jahrhunderts ist die als weibliche Bronzefigur in antikem Gewand gestaltete Kaminuhr. In der erhobenen Hand hält die Figur das Pendel des im Postament befindlichen Uhrwerks. Ihr Hersteller ist (1872) der Pariser Uhrmacher A. R. Guilmetin, ihre Nachbildungen verbreiteten sich über ganz Europa. 1880 verbesserte man diese Uhr so, daß das Werk samt Zifferblatt direkt in der Pendelscheibe des von der weiblichen Figur gehaltenen Pendels untergebracht wurde.

Als Gegenstück zu dieser figürlichen Kaminuhr entstand ein architektonisch kombiniertes Gerät. Auf einem hohen Postament mit Fenster, in dem der rotierende Ziffernring erscheint, stützen kleine Säulen eine Kuppel, unter der sich zentrifugal der Kugelregulator dreht. Die Erfindung stammt von Emile Bolle aus Genf. Auf einem anderen Prinzip beruht die Kaminuhr aus Messing, die unter dem Namen Jahres- (Äquations)uhr bekannt ist. Ihr Werk wird von der an einem Stahlband hängenden Masse des Schwungrades geregelt. Solche auf einem bereits aus dem 18. Jahrhundert bekannten Prinzip beruhenden Uhren wurden zu Beginn unseres Jahrhunderts sehr häufig hergestellt.

Auf einem einfacheren Prinzip beruht

133 Wanduhr (Sägeuhr). Holz, geschnitten, vergoldet, Höhe 68 cm. Böhmen oder Mähren, um 1780. Mährische Galerie, Brünn

134 Reiseuhr mit Weckvorrichtung (Steinschloß). Messing, Länge 17 cm. Sign. „Iohan Maurer Prag", 2. Viertel des 18. Jh. Museum der Hauptstadt Prag

die Tischuhr, die mit beweglichen Blättern, auf denen Ziffern die Stunden und Minuten angeben, versehen ist – sog. Digitaluhren. Die vom Minutenrad übertragene Bewegung klappt diese Blätter selbsttätig nacheinander um. Es ist eine amerikanische Erfindung, auf die 1902 E. L. Fritch ein Patent erhielt. In Europa wurden sie im ersten Jahrzehnt unseres Jahrhunderts in der Schramberger Uhrenfabrik Junghans hergestellt und dienten in den 20er Jahren vor allem in Büroräumen.

Zu Beginn des 20. Jahrhunderts wurde die sprechende Uhr erfunden. Sie ist auf dem Prinzip des Grammophons aufgebaut. In einem Kästchen wird eine Schallplatte in Bewegung gesetzt, auf deren Oberfläche, ähnlich wie beim Plattenspieler, die Tonaufnahme von einer Nadel abgenommen und so mit Hilfe eines Lautverstärkers regelmäßig die Zeit angegeben wird. Eine derartige Uhr hat 1910 Bernhard Hiller in Berlin gebaut (heute im Bayrischen Zeitmessermuseum). Die Idee der sprechenden Uhr ist jedoch älter, seit dem 18. Jahrhundert haben sich die Uhrmacher zu verschiedenen Zeiten mit ihr befaßt.

Amerikanische Uhren

Der Beginn der Uhrmacherei in den Vereinigten Staaten fällt in die zweite Hälfte des 17. Jahrhunderts, nach der Einwanderung der ersten Uhrmacher aus England, Deutschland und den Niederlanden. Anfangs beschränkte sich ihre Tätigkeit auf die Reparatur der Uhren, die die Neuankömmlinge mitgebracht hatten. Originalarbeiten waren die Gehäuse, in die importierte Uhrwerke gesetzt wurden. Zu den ersten mit Namen bekannten amerikanischen Uhrmachern gehört William Davis, der 1683 nach Boston kam, ein Samuel Bispham lebte um 1698 in Philadelphia, der Uhrmacher Bogardus um 1698 in New York. Da kein geeignetes Messing zur Verfügung stand, schnitzte man während des ganzen 18. Jahrhunderts, ähnlich wie im Schwarzwald, das Uhrwerk aus Holz. Später wurde Messing zur Anfertigung des Schwungrads genommen. Ganz aus Messing hergestellte Uhrwerke stammen erst aus den Jahren um 1852. Neben Bodenstanduhren auf englische und niederländische Art fertigten die amerikanischen Uhrmacher auch billigere Wanduhren an.

Die künstlerisch und technisch besten Erzeugnisse stammen von den Brüdern Aaron und Simon Willard in Boston. Als erste ließen sie von der traditionellen Kastenuhr, der Grandfatherclock, ab und begannen mit der Herstellung spezifisch amerikanischer Uhren. 1783 brachten sie die erste Stockuhr mit Pendel, die auf einen Tisch oder ein Wandbrett gestellt werden konnte – daher die Bezeichnung "shelf clock". Sie bestand aus zwei übereinander stehenden Mahagonikästchen, die mit der Zeit auf verschiedene Weise verbessert wurden, bis sie um 1810 zur Standardtype einer schmalen, eleganten Wandbrettuhr wurden.

Simon und Aaron Willard machten sich einen Namen mit ihrer sog. "banjo-clock". Ihr banjoförmiges Kästchen aus Mahagoni oder anderem vergoldeten Holz hatte eine Glasscheibe auf der Vorderseite, die eglomisiert war. Die Uhr war so beliebt, daß sie von 1802, dem Jahr ihrer Patentierung, bis 1860 hergestellt wurde; noch heute ist sie auf dem Gebiet alter amerikanischer Uhren das meistgefragte Sammlerobjekt. Die wertvollsten Uhren von Aaron Willard hatten oben einen Adler.

Verwandt mit ihr ist die 1800–1820 vor allem bei Sawin und Doyer in Boston anfertigte Uhr in Lyraform, die "lyre-clock". Simon Willards weiterer, doch bei weitem nicht so erfolgreicher Beitrag ist die "Lighthouse clock", die Leuchtturmuhr, in Form einer Holzsäule mit Glassturz. Sie war als Weckeruhr gebaut, bei der statt einer Glocke ein Hammer auf die Holzwand der Säule schlägt. Von

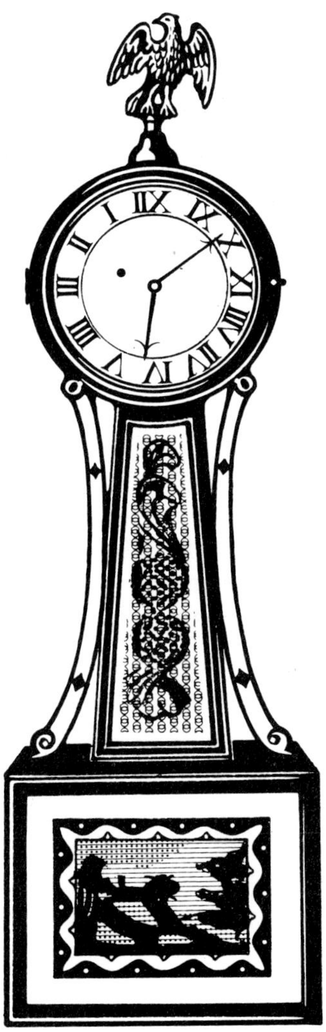

Banjo-Uhr (Banjo-clock), USA

Wandbrettuhr (Shelf-clock), USA

Acorn clock, USA

diesem Uhrmacher stammen auch drei Turmuhren; die letzte schuf er in Washington im Alter von 85 Jahren.

Ein anderer sehr erfolgreicher amerikanischer Uhrmacher, der Begründer der Uhrenmassenproduktion in den Staaten, war Eli Terry (1772–1852 oder 1853). Der Farmersohn aus East Windsor lernte bei Daniel Burnap, wie man nicht nur Holz- und Messingwerke, sondern auch alle Arten von Uhrgehäusen macht. 1797 erwarb er das erste amerikanische Patent auf eine Äquationsuhr. Sie hat zwei konzentrische Minutenzeiger: einer zeigt die mittlere Sonnenzeit, der zweite, unterschiedlich in Form und Farbe, die wahre Sonnenzeit. Terry errichtete 1802 eine Werkstatt, die mit Wasserkraft arbeitete. 1808 war er imstande, jährlich über tausend Uhrwerke zu produzieren, nach dem Zusammenschluß mit Thomas Thorry sogar zehn- bis zwanzigtausend. Er konnte Willards Wandbrettuhr so verbessern, daß ihr hölzernes Werk dreißig Stunden ging. Ihr Gehäuse war nun nur fünfzig Zentimeter hoch und zehn Zentimeter breit, leicht und elegant mit Malerein von Früchten, Vögeln und Landschaften verziert. Nach 1814 stellte er die sehr erfolgreichen "Pillar scroll top clocks" her. Terrys "Shelf clocks" sind neben Willards Banjo-Uhren von Sammlern am meisten gefragt. Sie waren so beliebt, daß sie 1820–25 die traditionelle Bodenstanduhr völlig verdrängten. Gleichzeitig schuf Terry billige Wanduhren mit Gewicht, Pendel und Dreißig-Stunden-Gang; sie hießen "Wag on the Wall" und kosteten 4 Dollar. Auch Gideon Roberts in Pennsylvanien sowie andere Firmen erzeugten diese Uhren.

Steeple clock, USA

Eine amerikanische Sonderform der Wandbrettuhr, ab 1845 hergestellt, ist die "Steeple clock", eine Art Türmchenuhr, deren Gehäuse mit einem Dreikantschild und seitlichen Türmchen gekrönt ist.

Die absonderlichste Form hat die sog. "Acorn clock", die Eicheluhr; ihr Gehäuse ist einer eichelförmigen Unterlage aufgesetzt und gleichfalls mit Malereien verziert.

Um die Mitte des 19. Jahrhunderts ging das amerikanische Uhrmachergewerbe völlig zur fabrikmäßigen Herstellung über. Man konstruierte Spezialmaschinen, die Tausende und Abertausende von Uhren produzierten. Dem amerikanischen Beispiel folgte Europa und übernahm nicht nur so manchen Produktionsvorgang, sondern führte auch die notwendigen Maschinen ein (Junghans). Die amerikanische Einfuhr schwächte und lähmte besonders im Schwarzwald die heimische Erzeugung. Das führte zur Auswanderung von Hunderten von Uhrmachern nach Amerika und in weiterer Folge zum Aufschwung der amerikanischen Uhrenproduktion auf Kosten der alten Heimat.

Uhren in China und Japan

Japanische Uhr, 19. Jh.

Die Chinesen und Japaner teilten die Zeit in zwei große Zyklen ein: die dunklen Nachtstunden von der Abend- bis zur Morgendämmerung und die hellen Tagstunden von der Morgen- bis zur Abenddämmerung. Diese zerfielen in sechs Abschnitte (toki), deren Länge mit den Jahreszeiten wechselte.

Jeder Abschnitt war mit einer Zahl bezeichnet, die den Tierkreiszeichen entsprach. Man zählte die Stunden zweimal von neun bis vier rückwärts. Mitternacht, die Stunde der Ratte (nach europäischer Zeit von 24^{00}–2^{00}) war mit 9 beziffert, 8 war die Stunde des Stieres, 7 die des Tigers, 6 (Tagesanfang, mit sechs Schlägen angezeigt) des Hasen, 5 des Drachen, 4 die der Schlange. Der zweite Zyklus begann mit der Mittagsstunde, das heißt der Stunde der Pferdes (12^{00} europäischer Zeit, durch neun Schläge angezeigt), 9. Dann kam die Stunde der Ziege: 8, des Affen: 7, des Hahns: 6, des Hundes: 5 und des Ebers: 4. Die Zahlen 3–1 kamen nicht vor. Die ersten mechanischen Uhren, die dort im 17. Jahrhundert hergestellt wurden, waren mit zwei Waagen ausgestattet – eine für den Gang bei Tag und eine für die Nacht; ihr Gang mußte nach der wechselnden Tages- und Nachtlänge reguliert werden.

Im 16. Jahrhundert wurden europäische Räderuhren von Missionaren des Jesuitenordens als kostbare Gastgeschenke in China und Japan überbracht. Die Japaner kannten bis dahin nur Wasser-, Sonnen- und Feueruhren, von denen aber keine überliefert sind. Die ersten Versuche, in eigener Herstellung solche Geschenke nachzumachen, waren nicht erfolgreich. Im 18. Jahrhundert kamen Uhrmacher aus England, Frankreich und der Schweiz ins Land. Die von ihnen gebauten Uhrgehäuse waren Nachbildungen der europäischen, versehen mit japanischen und

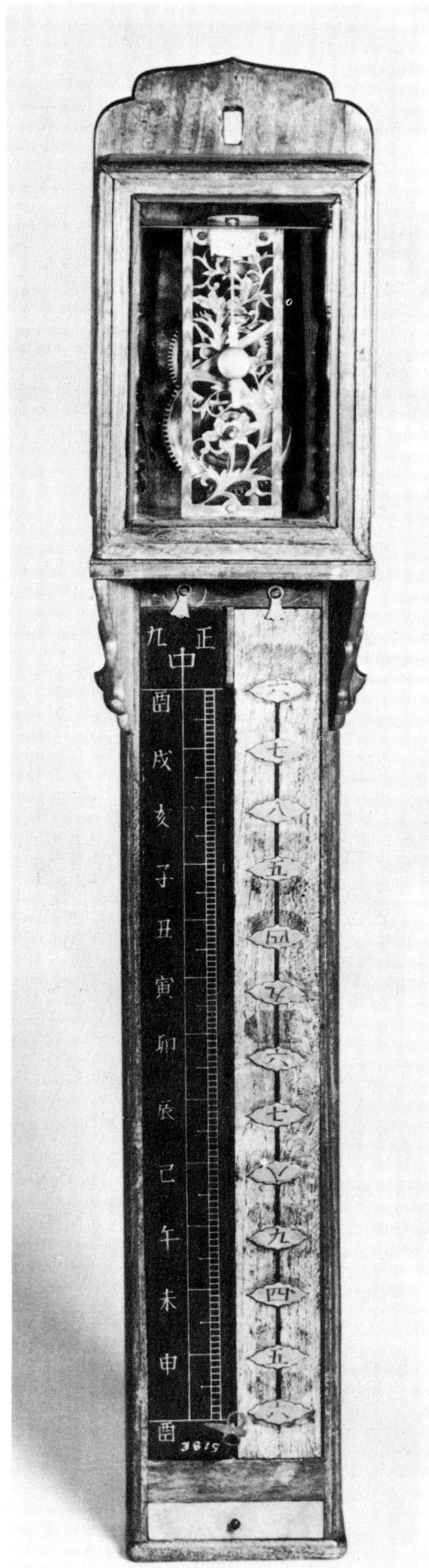

135 Pfeileruhr. Holz, polychromiert, Bronze, Höhe 52 cm. Japan, 18. Jh. Náprstek- Museum, Sammlung Šternberk

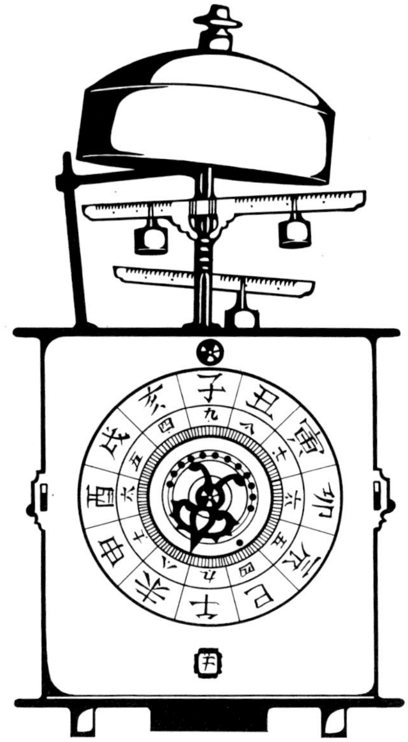

Japanische Uhr, 18. Jh.

Chinesische Uhr, 19. Jh.

▷
136 Tischuhr. Bronze, Höhe 26 cm. China, 19. Jh. Náprstek-Museum, Sammlung Šternberk

187

chinesischen Zifferblättern; ihre Verzierung war eine Mischung europäischer und orientalischer Ornamente.

Die chinesischen und japanischen Uhren haben Gewichtsantrieb und ähneln der einfachen Laternenuhr mit oben angebrachter Glocke. Sie standen auf lackierten oder intarsierten Gestellen in Form gestutzter Holzpyramiden, später auf hohen Tischchen auf vier geraden bzw. gekrümmten Füßen aus Holz, Metall, oft auch aus Porzellan. Mit geringen Abänderungen wurde diese Art bis 1873 fortgesetzt, dem Jahr der Einführung der europäischen Zeitmessung. Federzuguhren erscheinen erst im beginnenden 19. Jahrhundert als Tisch- oder Konsolenuhr. Das mit gravierten Kupferplatten geschützte Uhrwerk wurde zusätzlich noch in ein vorn und hinten verglastes Holzkästchen eingebaut.

Die für Japan typischste Art war die mit einem Gewicht versehene Pfeiler-(Säulen)uhr, benannt nach der Weise ihrer Aufhängung am Hauspfeiler. Der Holzkasten des Uhrwerks ist auf drei Seiten verglast, die Rückseite besteht aus einem nach unten zu schmaler verlaufenden Brett. Das sinkende Gewicht zieht den Uhrzeiger mit sich, der auf dem Vertikalzifferblatt die Zeit angibt. Die Uhr bestand aus Holz, nur die Schutzplatten um das Uhrwerk aus ornamental graviertem, reich ziseliertem oder durchbrochenem Metall. Das Zifferblatt war bunt lackiert.

Nach seiner Rückkehr aus Holland 1867 gründete der japanische Uhrmacher Yasaburo Nirichika Ohino eine Uhrmacherschule und zusammen mit seinem Sohn auch die erste Uhrenfabrik. Nach der Einführung der europäischen Zeitmessung 1873 begann in Japan ein enormer Aufschwung der Uhrenindustrie; es wurden Fabriken gegründet, von denen einige, wie die Firma Seiko Hattori u. Co., noch heute bestehen.

Japanische Uhr, 18. Jh.

TRAGBARE UHREN

Anhängeruhren

137 Reise-Taschenuhr. Bronze, ziseliert, graviert und vergoldet. Durchmesser 13 cm. Nicolaus Siebenhaer, Lübeck, um 1600. Kunstgewerbemuseum, Prag

Die am Körper getragene Uhr, die erst später zur echten Taschenuhr wird, entstand dank der Erfindung des Federantriebs, der schon bei der Tischuhr Verwendung fand. Ihre Anfänge sind strittig. In der Cosmographia Pomponii Melae des Chronisten Johannes Cocleus (1512) wird der Nürnberger Schlosser und Uhrmacher Peter Henlein als Hersteller von Taschenuhren genannt, der „aus ein wenig Eisen Uhren mit vielen Rädern" herstellte, „die, wie man sie auch wendet, ohne irgendein Gewicht vierzig Stunden zeigen und schlagen..." Enrico Morpurgo ermittelte in italienischen Archiven über „tragbare Uhren" bereits 1488 und noch früher in Mailand. Es waren wohl am Körper getragene Dosenuhren. Von Henlein ist bekannt, daß er 1524 Uhrwerke in „Bisamköpfe", am Handgelenk getragene Riechdöschen, einbaute. Zwei derartige Bisamkopfuhren von 1510 sind überliefert, die eine ist im Germanischen Nationalmuseum in Nürnberg, die andere – in einer schwedischen Sammlung – ist offensichtlich erheblich später signiert.

Die älteste erhalten gebliebene Kleinuhr ist eine flache Dosenuhr von 5 Zentimeter Durchmesser, nach der Signatur 1548, C. W. ein Werk des Nürnbergers Caspar Werner aus dem Jahr 1548 (Wuppertaler Uhrenmuseum). Eine andere, von Hans Gruber in Nürnberg um 1550 angefertigte winzige Dosenuhr hat nur einen Durchmesser von 3 Zentimeter; ihre Rückseite besteht aus einer Münze. Eine weitere, anonyme Miniaturuhr aus demselben Jahr wird heute in Kassel aufbewahrt. Alle diese flachen und dosenförmigen Uhren stellen eine verkleinerte Ausgabe der damaligen Tischdosenuhr dar. Sie sind aus vergoldetem Messing verfertigt, ihr graviertes Zifferblatt schützt ein aufklappbarer Deckel, der anfangs einfach, später ornamental durchbrochen ist. Am Zifferblattumfang sind kleine Markierungspunkte angebracht, so daß man auch des Nachts die Zeit feststellen konnte. Die Uhr hat einen Zeiger, das Zifferblatt zeigt entweder die Vierundzwanzigstunden- oder die Zwölfstundenzeit an, d. h. die Ganze (Große) oder die Halbe (Deutsche) Uhr. Lange Zeit wurde sie als Anhängeuhr, zumeist an einer Kette, um den Hals getragen, wie es das Porträt eines Mannes von einem oberrheinischen Maler 1567 darstellt. Außer in Nürnberg stellte man auch in Ausburg und München Anhänger-Dosenuhren her. Diese Uhren besaßen durchbrochene, ziselierte und vergoldete

Metallgußmäntel, die bei manchen Stükken noch mit Reliefdarstellungen verziert waren, wie Kalvaria, St. Georg, Urania. u. a.

Das Uhrwerk aller dieser Dosenuhren war aus Eisen, versehen mit Spindelgang und dem Stackfreed, einer Federbremse, die den Federzugantrieb mit einer Kurvenscheibe regulierte und an die Stelle des Stackfreeds trat später die von den stationären Uhren her bekannte Schnecke, die wiederum durch die sog. Federvorspannung verbessert wurde. Vor der Einführung des Schwungrads benutzte man eine Löffelunruh mit zwei Schweinsborsten als Regulator. Auch die Astrolabien und Schlagwerke wurden jetzt in den kleinformatigen Uhren mit untergebracht.

Bei den französischen und englischen Uhrmachern waren besonders glatte, runde Formen beliebt. Neben den süddeutschen Kleinuhren haben sich in Frankreich verschiedene Phantasieformen herausgebildet. In Blois z. B. konstruierte 1551 Jacques de la Garde eine 5,3 Zentimeter hohe, durchbrochene Messinguhr in Form der Erdkugel (heute im Louvre). Blois gehörte ebenso wie Paris, Lyon und Grenoble zu den ersten Zentren einer umfangreichen Kleinuhrenherstellung. Neben Anhängeruhren liebten die französischen Uhrmacher allerlei ausgefallene Gehäusekombinationen. Um 1562 setzte man in Lyon eine Goldemail-Miniaturuhr in einen Fingerring ein, zur selben Zeit gab J. Moysan in Blois seinem Gehäuse die Form eines silbernen Totenkopfs. Solche Uhren waren besonders bei Klosternonnen beliebt und sie wurden bis in die Mitte des 17. Jahrhunderts hergestellt. .Das Uhrwerk im Fingerring bzw. Totenkopf finden wir auch in Süddeutschland, wo 1585 Jacob Widman in Augsburg Ring-Dosenuhren herstellte. Die berühmteste ist die aus der Sammlung Morgan. Totenkopfuhren aus der zweiten Hälfte des 16. Jahrhunderts sind aus München und aus späteren Jahren, um 1620, auch aus London und Genf bekannt. (Die älteste Genfer Uhr stammt von Martin Duboule). Die Pariser Werkstätten machten sich mit ihren achtkantigen Dosenuhren und den kreuzförmigen Anhängeruhren (Charles Bobinet) um 1600 einen Namen. Kreuzförmige Anhängeruhren wurden in Augsburg hergestellt (Melchior Zinng, um 1580) und waren namentlich in kirchlichen Kreisen beliebt.

Sterne, in der Regel gravierte, waren eine sehr beliebte Form dieser Anhängeruhren. Außerdem dienten alltägliche Gebrauchsgegenstände als Vorlage für Uhrgehäuse oder wurden diesen entsprechend geformt. Hans Kiening aus Füssen und Hans Koch in München, um 1560, bauten Dosenuhren in Miniaturgebetbücher aus durchbrochenem und getriebenem Silber ein. In Deutschland und England wurden Dosenuhren zu Bestandteilen von Pulverhörnern, 1573 fertigte sie Hildebrandt Resen in Braunschweig an. Selbst in den Rapierknauf baute man Uhren ein, wie in dem Dresdner Stück, das dem Prager Uhrmacher Thomas Röhr vom Beginn des 17. Jahrhunderts zugeschrieben wird. In Frankreich und namentlich in der Straßburger Werkstatt Caspar Cameels montierte man im beginnenden 17. Jahrhundert Uhrwerke in Vogel- und andere Tierfiguren. Ab 1560 kam für mehrere Jahrzehnte Bergkristall und auch andere Edelsteine als Werkstoff der Gehäuse bzw. Deckel auf. Solche Uhren entstanden vor allem in Deutschland, in Ulm und Augsburg, und in England und wahrlich auch in Böhmen, das für seine Bergkristallager in der Turnauer Gegend bekannt war. Böhmen ist möglicherweise das Lieferland für jene oktogonalen und vierlappigen, muschelförmigen Kristallgehäuse oder der Kreuzformen mit Kristallmantel bzw. -deckel, sämtlich aus dem beginnenden 17. Jahrhundert, die in Frankreich erscheinen oder die Signaturen von Sayller in Ulm, von Konrad Kreizer und Johann Buschmann in Augsburg tragen. Mit Sicherheit böhmischer Herkunft ist die ovale Bergkristalluhr auf einem mit Achaten, Granaten und Rauchtopasen bedeckten kleinen Silbergestell aus der Zeit um 1600, die heute im Wiener Kunsthistorischen Museum aufbewahrt wird. Die gravierte Silberdosenuhr im Kristallmantel von Hans Schneeberg, dem Hofuhrmacher Rudolfs II. und Prager Bürger 1602–1609, ist heute im Nationalmuseum Kopenhagen zu sehen. Um 1660 fertigte Jacques Sermand in Genf eine astronomische Anhängeruhr aus Jaspis an (Nationalmuseum Stockholm). Erstmals sind in ihrem Werk Federhaus und Schnecke mit einer Kette verbunden.

Verglichen mit der Bodenstanduhr oder Stockuhr gestattet die Dosenuhr unverhältnismäßig geringere künstlerische For-

138 Halsuhrmantel. Goldbronze, ziseliert, Durchmesser 6,2 cm. Süddeutschland, um 1560 Kunstgewerbemuseum, Prag

men. Ihr Bau bietet kaum Gelegenheit zu eigenständiger Formgebung.

In ihrer abgerundeten Grundform ist sie ein Gebrauchsgegenstand, Ausdruck des Nationalcharakters und der herrschenden Mode. Ihre Verzierung wurde von Goldschmieden, Juwelieren, Metall- und Steinschneidern, Ziseleuren und Emailleuren gemacht, die als Zulieferer für die Uhrmacher arbeiteten. Mit seltenen Ausnahmen ist ihr Beitrag anonym, während die Uhrmacher ihre Namen oft auf der Rückplatte, manchmal auch auf dem Zifferblatt anbrachten. Die Signaturen helfen uns heute bei der Bestimmung von Herkunft und Herkunftszeit des Uhrmantels und des Übergehauses. Unter der Bezeichnung Mantel verstehen wir das eigentliche Metall- bzw. Holz- oder Elfenbeingehäuse des Uhrwerks, auch wenn man heute oft nur den oder die Uhrdeckel damit meint. Das Übergehäuse, die Schutzhülle, birgt Werk und Mantel. Es wurde im 17. Jahrhundert von englischen Uhrmachern entwickelt und verbreitete sich unter deren Einfluß auch im übrigen Europa.

Wie bereits gesagt, geht um 1580 die ursprünglich zylindrische Dosenform der Anhängeruhr in die abgerundete Wulstform über, die besonders für die französische Uhr charakteristich ist und bis etwa 1660 vorherrscht. Ihr Durchmes-

▷
139 Taschenuhr mit Châtelaine. Uhr: Gold, ∅ 4 cm. Siruam, London, um 1750. Châtelaine zeitgenössisch, vergoldetes Messing. Kunstgewerbemuseum, Prag

ser betrug ungefähr 5 Zentimeter, ihre Haupterzeugungsstätte war Blois. Dort begann man auch den Uhrmantel mit Emailtechnik zu verzieren.

Diese Technik erscheint in der ersten Hälfte des 15. Jahrhunderts auf Gefäßen burgundischer Goldschmiede und wird später von venezianischen Kunsthandwerkern aufgenommen. Frankreich erlebt in der ersten Hälfte des 16. Jahthunderts in den Werkstätten von Limoges eine komplizierte und eigenständige Entwicklung dieser Kunst. Doch ließen sich weder die bei der Verzierung von Kupfergefäßen und Tafelbildern angewandte Technik noch die Emailzusammensetzung auf Uhrgehäuse übertragen; auf diesem erscheinen nur vereinzelt in Grubenschmelztechnik ausgeführte Emailarbeiten mit Pflanzen- und Tiermotiven.

Erst die Dosenuhren von Nicolas Lemaindre (Blois, um 1630) zeigen auf dem Zifferblatt komplizierte Emailmalerei, etwa die Darstellung von Christi Grablegung nach Albrecht Dürer (heute im Victoria and Albert Museum). Ein wertvolles Zeugnis der ältesten Emailverzierung ist die Silberuhr mit den Porträts des Haarlemer Uhrmachers Salomon Coster und seines Sohnes auf den beiden Deckel-Innenseiten (um 1640). Diese ältesten wulstförmigen Uhren mit Emailmalerei sind ein Ergebnis der Verbesserung der Schmelztechnik, die um 1632 dem Chemiker Jean Toutin aus Chateaudun gelang. Um das Verziehen des Metalls beim Brennen zu verhindern, wurden auch die Innenseiten des Deckel mit einer weißen Emailschicht überzogen und dann mit Emailfarben bemalt. Der Metallmantel, zumeist aus Gold, wurde ganz mit weißem Email überzogen und darauf Landschaften, biblische Szenen, wie die Muttergottes mit Jesuskind oder Susanna im Bade gemalt, oder man zog mythologische Szenen heran, wie das Urteil des Paris, Kleopatra u. a. Porträts waren die Domäne Isaak Gribelins, während sich Pierre Chartier und Robert Vauquer auf Blumenmalerei spezialisierten. Ganz mit Malereien bedeckte Uhrmäntel waren kennzeichnend für die französische Taschenuhr der Louis XIII- und der Anfänge der Louis XIV-Zeit. In La Chaux-de-Fonds wird noch heute eine Originaluhr von Toutin aufbewahrt, die den Turmbau von Babel darstellt, ein durch seine überaus feine Miniaturmalerei bewundernswertes Werk. Andere Stücke mit Pariser Uhrwerken von Jolly oder Sarrabat sind überzeugende Beispiele der hohen künstlerischen Stufe figürlicher Emailmalerei; ihre mythologischen Motive sind von Poussins Stil inspirirert. Französische Goldemailuhren waren im 17. Jahrhundert in ganz Europa beliebt. Manche Emailleure arbeiteten auch in Diensten ausländischer Herrscher, so Jean Petitot aus Genf für Karl I. und Karl II. von England, Burnot für Philipp IV. von Spanien. Die emaillierten Gehäuse wurden exportiert und im Ausland mit eigenen Uhrwerken versehen. Auch Daniel Quare in London und der Hamburger Uhrmacher Johann Oldenburg benutzten französische Goldemailgehäuse. Sie kamen aus Paris, Chateaudun, Blois und Rouen, den Hauptzentren der Miniaturmalerei auf weißem Grund. Auch Genf entwickelte in der ersten Hälfte des 17. Jahrhunderts seine eigene rot-weiße Emailmalerei auf Phantasieuhren. Interessant sind die Uhrgehäuse aus der dortigen Werkstätte J. H. Esters.

Die bedeutendsten Emailleure auf diesem Gebiet sind Mitglieder der Familie Huaud. Der Genfer Goldschmied Pierre Huaud (Huant) stammte aus der Gegend von Blois, wo er die Emailtechnik erlernt hatte, die dann von seinen drei Söhnen Pierre (* 1647), Jean-Pierre (* 1655) und Ami (* 1657) weiter entwickelt wurde. Von ihnen ist eine ganze Reihe signierter Uhrgehäuse überliefert, während von ihrem Vater keine einzige signierte Uhr erhalten ist. Bis etwa 1686 arbeiteten sie in Genf, dann traten sie beim Kurfürsten von Brandenburg in Dienst; um 1698 starb Pierre, die Brüder Jean-Pierre und Ami kehrten um 1700 nach Genf zurück, wo sie bis zum Ende des ersten Drittels des 18. Jahrhunderts wirkten. Ihre Arbeiten zeichnen sich durch leuchtende Farben und vollendete Modellierung der Figuralmotive aus; in ihrem Kolorit offenbart sich der Einfluß von Rubens, sie bevorzugten antike mythologische Szenen wie das Urteil des Paris, Venus, Antonius und Kleopatra, Caritas romana u.a. Auch biblische Darstellungen fehlen nicht, unter denen Susanna im Bade für die Brüder Huaud kennzeichnend ist. Historische Dokumente sind die Porträts Ludwigs XIV., seiner Mätresse und Höflinge. Figürliche Darstellungen sind nicht nur auf der Oberfläche,

140 Gehäuse der Uhr Nr. 139. Gold, Hochreliefarbeit, ∅ 4,4 cm. Kunstgewerbemuseum, Prag

141 Taschenuhr. Gold. Email. ∅ 4,5 cm. Abraham Bartholomy, Paris, um 1750. Kunstgewerbemuseum, Prag

142 Taschenuhr. Gold, Email, Edelsteine, ∅ 4 cm. Louis Mallet, Paris, um 1780.

▷
143 Anhängeruhr. Gold, Email, 7,4 × 5,2 cm. Frankreich, um 1800.
Kunstgewerbemuseum, Prag

144 Taschenuhr. Gold „à quatre couleurs", kleine Perlen, ∅ 4 cm. Ferdinand Berthoud, Paris, um 1780. Kunstgewerbemuseum, Prag

145 Taschenuhr. Gold, Email, ∅ 4,5 cm. Mitteleuropa, Mitte des 19. Jh. Kunstgewerbemuseum, Prag

146 Taschenuhr. Gold. Email. ∅ 4,3 cm. Chevalier & Cochet. Paris, um 1800. Kunstgewerbemuseum, Prag

147 Damenuhr. Gold, Email, ∅ 3,6 cm. J. D. Bourrit, Genf, um 1850. Kunstgewerbemuseum, Prag

148 Damenuhren. Gold, Email, blaue ∅ 3,5 cm, grüne ∅ 3,2 cm. Genf, nach 1850. Kunstgewerbemuseum, Prag

149 Anhängeruhr mit Châtelaine. Gold, Email, Edelsteine, H. 4,8 cm. Moricand, Genf, Ende des 18. Jh. Kunstgewerbemuseum, Prag

150 Damenuhr an Kette mit Schmucknadel. Gold, Email, Durchmesser 3,4 cm, Länge der Kette 37 cm. Genf, um 1850. Kunstgewerbemuseum, Prag

152 Taschenuhrständer. Porzellan, bemalt, H. 23,5 cm. Wien, um 1750. Mährische Galerie, Brünn

◁
151 Anhängeruhr. Gold, Email. Laute: Länge 6,4 cm, signiert I. P. CIN, Wien, um 1800, Melone: Durchmesser 4,3 cm. Geige: Länge 8,2 cm, beide Schweiz, um 1800. Kunstgewerbemuseum, Prag

◁
153 Parfumfläschchen mit Uhr. Gold „à quatre couleurs". Höhe 10,5 cm. Frankreich, Ende des 18. Jh., Kunstgewerbemuseum, Prag

154 Schnupftabakdose mit Uhr. Silber, graviert, zum Teil vergoldet, 6,6 × 5 cm. Iean Antoine L'Épine, Paris, Ende des 18. Jh. Kunstgewerbemuseum, Prag

sondern auch auf den Deckel-Innenseiten, den Zifferblättern, im Innern und auf den Seiten der Mäntel zu finden. Alle künstlerischen Ausdrucksmittel der Brüder Huaud vereinen sich auf dem emaillierten Gehäuse der aus der Rouener Werkstätte Etienne Huberts stammenden Uhr im Prager Kunstgewerbemuseum. Hubert verzierte auch seine Uhrmäntel mit fein gravierten Blumenmotiven auf flämische Art. Diesem Stil folgen auch die Taschenuhren David Buschmanns in Augsburg (um 1650).

Während die Entwicklung der am Körper getragenen Uhr in Frankreich vor allem künstlerische Ziele verfolgte, konzentrierte sich das Interesse der englischen Uhrmacher auf die Verbesserung des Uhrwerks. Anfangs war dort kein besonderer technischer oder bildnerischer Fortschritt zu verzeichnen, man schöpfte aus den Errungenschaften der kontinentalen Dosen- und Phantasieformen und widmete sich ganz der Steigerung der Ganggenauigkeit. Um 1620 entstanden auch in England ovale Anhänger mit graviertem Zifferblatt (Richard Crayle in London) sowie Kalenderuhren (John Bilcliff in York). Aus der Werkstatt des Londoner Uhrmachers Edward East gingen neben Kalenderuhren auch eigenartige Anhängeruhren in Nierenform mit ausgespartem Zwölfstundenblatt auf der gravierten Vorderfläche hervor. Bei Thomas Chamberlin (Chamberlain) in Chelmsford und Robert Grinkin in London machte man noch 1630–40 Uhren in veralteter Dosenform, doch mit typisch englischem, flach geschnittenem Rankenwerk und biblischen Szenen, die sog. „Puritan watches“. Ein bedeutender Uhrmacher der ersten Hälfte des 17. Jahrhunderts war der Schotte David Ramsay, der etwa 1610 aus Frankreich nach London kam, der Schöpfer einer Anhängeruhr in Gestalt eines etwa vier Zentimeter großen sechszackigen Sterns mit silbergetriebenen Miniaturszenen aus dem Leben der Jungfrau Maria. Sonst war Ramsay der konsequenteste Vertreter puritanischer Auffassungen und erster Meister der 1631 gegründeten Uhrmachergesellschaft. Sein nicht weniger tüchtiger jüngerer Zeitgenosse war Henry Terold, um 1640 – 1660 in Ipswich tätig. Von ihm stammen nicht nur Anhängeruhren in der aus der Mode kommenden Kreuzform mit feinen Passionsgravüren, sondern auch neuartige Formen, deren getriebene Reliefarbeiten mit mythologischen Sujets ein Gegenstück zu den damaligen französischen Goldemailuhren darstellen.

◁
155 Taschenuhr mit Automatenwerk, ⌀ 5,3 cm. Frankreich, 4. Viertel des 18. Jh. Kunstgewerbemuseum, Prag

Taschenuhren

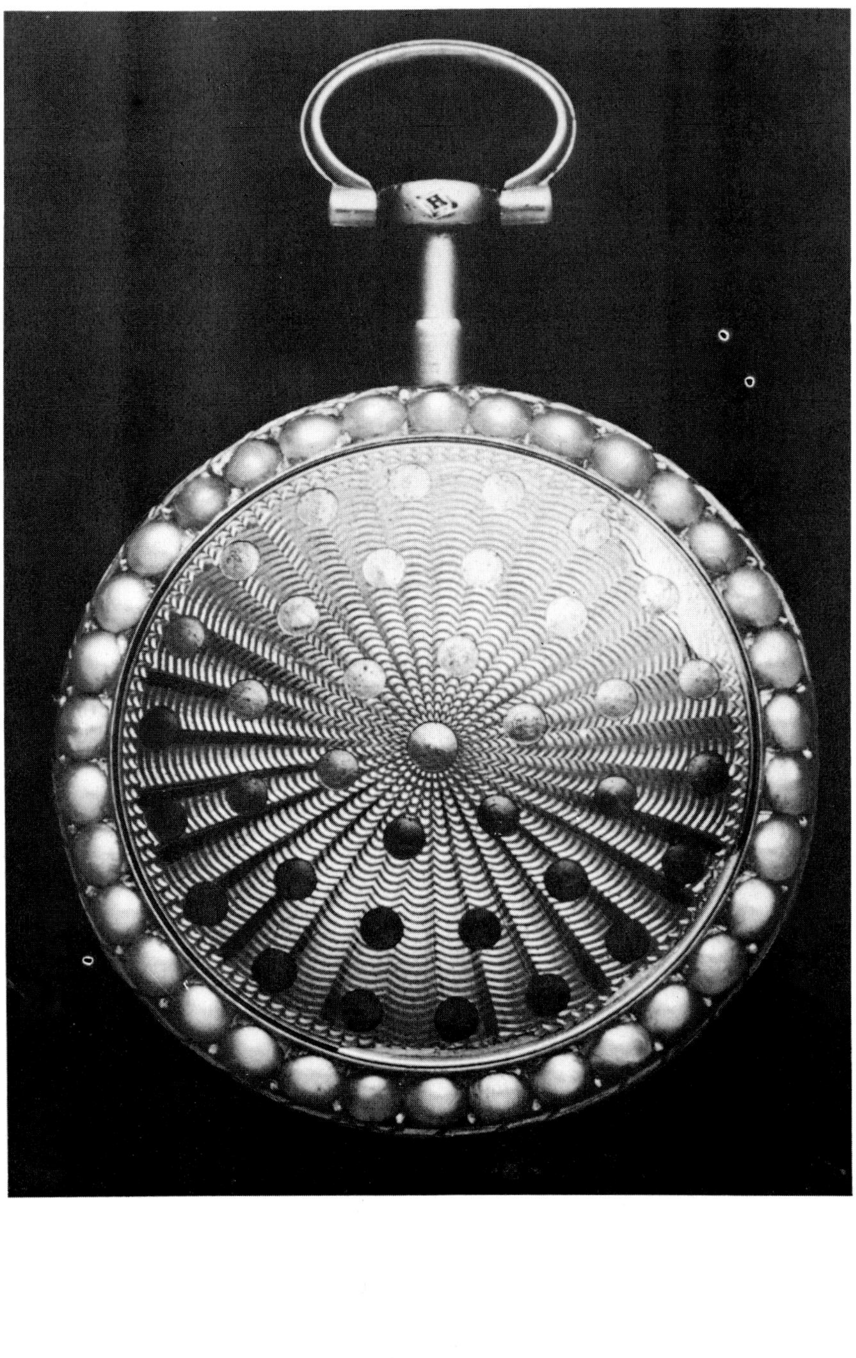

156 Taschenuhr. Gold, Email, Perlen, ∅ 3,4 cm. Jean Romilly, Paris, um 1780

In Zusammenhang mit der neuen französischen Modekleidung wurde damals die bisherige Anhängeruhr zur Taschenuhr, besser gesagt zur Sackuhr. Diesen Wandel hatte vor allem die Entdeckung der Stahlspiralfeder bewirkt, deren Einfügung in das Uhrwerk nicht ohne Folgen für die ästhetische Gestaltung der Sackuhr war. Ob nun Robert Hooke in Zusammenarbeit mit Thomas Tompion 1658 die Unruhe mit Stahlspiralfeder erfunden hat oder der heute allgemein als Erfinder geltende Christian Huygens, dessen Idee aus dem Jahre 1674 1775. Isaak Thuret in die Tat umseztzte, ändert nichts and der Tatsache, daß die Stahlspiral- oder Haarfeder die Ganggenauigkeit nicht nur der Sackuhren, sondern auch der tragbaren Stutzuhren, Reise- und Weckeruhren maßgeblich verbessert hat.

Zahlreiche ältere Uhren wurden nachträglich mit einer Spiralfeder ausgestattet, was nicht selten bei der Ermittlung ihrer zeitlichen Provenienz Verwirrung stiftet. Mit dieser Verbesserung des Uhrwerks gingen verschiedene Methoden einer genaueren Minutenanzeige neben der üblichen Stundenangabe Hand in Hand. Auch die Angaben der Tages- und Nachtstunden wurden auf dem Zifferblatt differenziert. Neben Uhrzeigern gaben schließlich auch sog. Wanderziffern die Zeit an. All dies blieb nicht ohne Einfluß auf die äußere Gestaltung der Sackuhren.

Besonders günstig wirkte sich die Entdeckung der Spiralharfeder in der englischen Uhrmacherei aus. Ihr Aufschwung ist allerdings nicht nur dieser Tatsache zu verdanken, sondern hängt mit der Gesamtsituation des Uhrmachergewerbes in England zusammen. Seit der elisabethanischen Epoche hatte England an internationaler politischer Bedeutung gewonnen, Spanien überflügelt und sich mit dem Erwerb von bis dahin nieder-

157 Taschenuhr. Gold, Email, ∅ 5,2 cm. Abraham Louis Breguet, Paris, Anfang des 19. Jh. Kunstgewerbemuseum, Prag

ländischen und portugiesischen Kolonien eine Vormachtstellung geschaffen. Kolonialherrschaft, Welthandel und lange Überseefahrten forderten zum Studium von Mathematik und Naturwissenschaften heraus, zur Suche nach weiteren technischen Möglichkeiten. Das Zeitgefühl gewann immer größere Bedeutung, man wurde sich der Wirklichkeit der Zeit genau bewußt und wollte sie auch in politischen und wirtschaftlichen Belangen zweckvoll nutzen. Das führte zu Überlegungen, wie sie besser zu messen und anzugeben wäre. Die technische Seite der Uhr, namentlich der Sack- oder Taschenuhr, gewann erstrangige Bedeutung, und diese wirkt sich mehr als anderswo auch im Stil der Uhrgehäuse aus. Die Technik erzwang Zweckmäßigkeit und sparsameres Äußeres, ähnlich wie bei den englischen Bodenstand- und Stockuhren. Unterstützt von der Royal Society, erkennen die englischen Uhrmacher des 17. Jahrhunderts das aktuelle Bedürfnis nach Erneuerung und tun ihr Möglichstes. So erzielen sie die Führung im Europa des 17. Jahrhunderts und überholen die bis dahin tonangebenden Uhrmacher Deutschlands, Frankreichs und der Niederlande. Die früher schon erwähnten Theoretiker und Meister der Uhrmacherkunst, Tompion, Quare, Knibb, Graham, später Thomas Mudge und J. Harrison, fördern die Weiterentwicklung des Uhrwerks und beteiligen sich selbst an ihr. Das um die Spiralfeder erweiterte Getriebe brachte mehr Platz, um das auf ihr ruhende Schwungrad auf die obere Platine des Getriebes zu heben. In England fand man eine einfache unauffällige Lösung, und so wurde die englische Taschenuhr nicht so ausladend wie die französische und deutsche. Dazu trug

158 Taschenuhr mit Automatenwerk. Gold, ∅ 5,5 cm. Ferdinand Berthoud, Paris, Ende des 18. Jh. Kunstgewerbemuseum, Prag

159 Herrentaschenuhr. Silber, zum Teil vergoldet, Niello, ∅ 5 cm. Mitteleuropa, um 1903. Kunstgewerbemuseum, Prag

auch der Umstand bei, daß 1695 Tompion, Edward Barlow und William Houghton den ruhenden Zylindergang erfanden, den Graham 1715 weiterentwickelte und den der Engländer John Arnold und der Franzose Abraham L. Breguet in der zweiten Hälfte des 18. Jahrhunderts verbesserten und so die Regulierung der Taschenuhr erneut auf eine höhere Stufe technischen Fortschritts stellten. Um 1810, als Urban Jürgensen den Stahlzylinder einführte, wurde der ruhende Zylindergang für 150 Jahre zur allgemeinen, in der ganzen Welt benutzten Hemmung.

Aber nicht nur die neue Hemmungsart, sondern auch andere wesentliche Neuerungen zeichnen die englische Uhr aus. 1676 entwarf Edward Barlow das erste Repetierwerk, das Daniel Quare 1686/1687 baute. Die englischen Uhrmacher waren so berühmt, daß selbst ein Mitglied der Augsburger Uhrmacherfamilien bei ih-

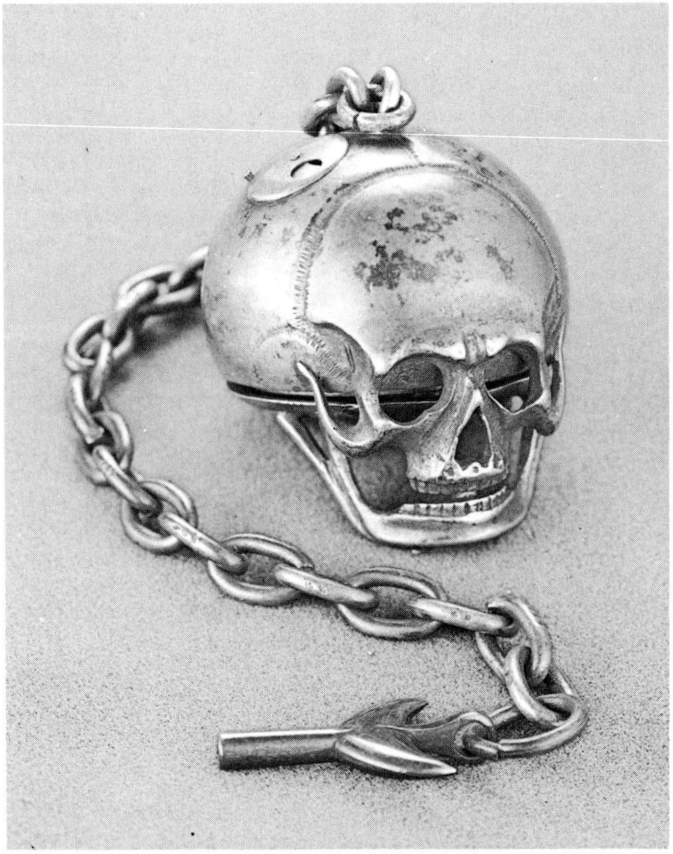

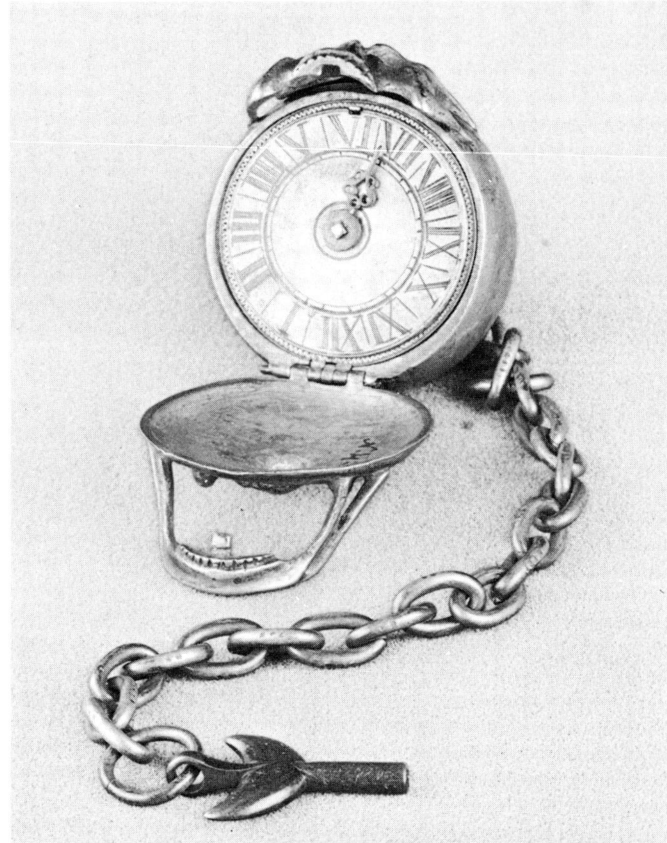

160 Halsuhr. Silber, ∅ 3 cm.
Abraham Caillatte, Genf,
2. Hälfte des 17. Jh.
Kunstgewerbemuseum, Prag

nen in die Schule ging, Johannes (John) Buschmann (Bushman), der aus seiner Londoner Zeit eine mit Goldschmiedearbeiten verzierte Automatenuhr mit Adam- und Evafiguren hinterlassen hat (heute im Wuppertaler Uhrenmuseum). 1704 erwarben der Genfer Mathematiker Nicolas Fatio und die Uhrmacher-Brüder Debaufre in London ein Patent auf die Herstellung von Taschenuhren mit Edelsteinlager (vor allem Rubine und Saphire). Die internationalen Kontakte ließen auch in der englischen Uhrmacherkunst ihre Spuren zurück, und sie übernimmt gewisse Verzierungsweisen der Übergehäuse, vor allem das getriebene Figurenrelief.

Auch die Vorderansicht der englischen Taschenuhr war zweckentsprechend: die metallgetriebenen Zifferblätter trugen markante römische Ziffern, die in Champlevé, einer Schmelztechnik mit Wachs oder Pech, gegossen wurden. Auf Grahams Anregung hin wurden die metallenen Zifferblätter 1720 durch weiß emaillierte mit großen römischen Ziffern ersetzt. In der Mitte des Blattes waren im Kreisring ein Kalenderblatt und andere Zeiger angebracht. Die Mäntel waren zumeist aus Silber oder Gold, glatt, bei schlagenden Uhren mit fein graviertem Rankenwerk durchbrochen. Um das Werk und das kostbare Gehäuse zu schützen, legte man von der Mitte des 17. Jahrhunderts an die Taschenuhr in ein Übergehäuse, das mit getriebenen Figuralszenen mythologischen oder biblischen Inhalts, auch mit Genreszenen ausgeschmückt war und um die Mitte des 18. Jahrhunderts seine Blüte erlebte. Mantel und Übergehäuse steckten in einer schlichteren Schutzhülle, einem Futteral, das in der Regel lederbezogen und mit Silber- oder Goldornamenten verziert war. Es wurde auch aus Schildpatt hergestellt. Die Entstehungszeit dieser Futterale der englischen Edelmetalluhr läßt sich innerhalb der Jahre 1678–1835 nach den gepunzten Zeichen bestimmen – acht verschiedene Schrifttypen in heraldischen Schilden. Nach diesem System, abgebildet in Britten, Watch-and Clockmakers Handbook, richtete sich auch die Länge des Anhängerverschlusses. Diese Schutzetuis wurden bis in die zweite Hälfte des 18. Jahrhunderts hergestellt. Als der Franzose Jean A. Lépine durch Entfernung der Spindel und Spindelbrücke den Stiftengang einführte und damit die Konstruktion flacher Taschenuhren, der sog. Kaliberuhren ermöglichte, ging die große Zeit der englischen Taschenuhr zu Ende und machte der wiedererwachten französischen Uhrmacherei Platz. Die flachen Taschenuhren benötigten die Uhrgehäuse nicht mehr. Taschenuhren mit emaillierter Landschaftsmalerei in Blumenreliefrahmen kamen aus den Londoner Werkstätten Edward Priors, George Simons und J. Ellicotts aus den Jahren 1770–1780.

Im Unterschied zu England tritt in Frankreich nach der großen Ära der Goldemailuhr für einige Zeit eine Stagnation ein. Die Einführung der Haarfeder unter das Schwungrad des Spindelgangs, der oben in das Lager der kunstreich durchbrochenen dritten Platine eingesetzt ist, bewirkt die auffallende Dicke der sog. Oignons (Zwiebeluhren), einer Uhrenart, die bis 1730 in Mode war. Als Folge des Erlasses Ludwigs XIV. über das Sparen von Gold werden die Mäntel dieser Oignons nur aus Silber und versilbertem Kupfer hergestellt, dafür aber prächtige, im ausgehenden 17. Jahrhundert typisch französische Zifferblätter gemacht: auf dem vergoldeten metallgetriebenen Zifferblatt werden zwölf emaillierte Zifferkartuschen angebracht. Wenn in der Zifferblattmitte ein kleiner Minutenzeiger vorhanden ist, so wird auch dieser in Email ausgeführt. Derartige Sackuhren heißen „à treize pièces." Diese Zifferblattype wich zu Beginn des 18. Jahrhunderts der weiß emaillierten mit erhabenen Zifferfeldern.

Auffallend an der französischen Taschenuhr ist ihr einzeigeriges Zifferblatt – bis in die Jahre um 1720 hat die Uhr nur einen einzigen Zeiger. Um 1700 verwendent man auch Zifferblatter à l'italienne, die nicht zwölf, sondern sechs Ziffern haben. Neben dem Zifferblatt gilt das künstlerische Interesse der französischen Uhrmacher, ähnlich wie in England und Deutschland, der Verzierung der das Schwungrad des Spindelgangs deckenden Platinen. Ihre durchbrochene und ziselierte Ornamentik ist ein gutes Hilfsmittel zur Bestimmung der Entstehungszeit des Werks. Die kräftigen Blattformen des 16. Jahrhunderts wachsen zu großen Kreisornamenten an, die im 17. Jahrhundert als Akanthusblätter erscheinen. 1710 bis 1760 folgen Bandelwerk und Rocaillemotive. Im ausgehenden 18. Jahrhundert sind die Platinen mit klassizistischen Rosetten und Emailporträts verziert. Auch die Zahnradbrücken haben neben ihrer mechanischen eine ästhetische Funktion und weisen gravierte, vorwiegend pflanzliche Ornamentik auf. Die dritte Platine bildet das notwendige und zuweilen einzige dekorative Element aller Taschenuhren mit Spindelgang.

Sehr schöne Spindelgangplatinen, die bei manchen Stücken die ganze Fläche der zweiten Uhrwerkplatine bedecken, wurden vor allem in Friedberg und Augsburg hergestellt. Die dortigen Kunsthandwerker erreichten eine derart edle Formvollendung und Feinheit der Ausführung, daß ihre Erzeugnisse schon im 17. Jahrhundert von bedeutenden englischen Uhrmachern bestellt wurden. Auch in Holland entstanden fein durchbrochene Platinen; oft gingen sie mit figürlichen Motiven, selbst mit Sprüchen einher.

In den Jahren 1720 bis 1740 weicht die französische Zwiebelform abgeflachten Mänteln aus Edelmetallen mit plastischen Figuralmotiven und neuartiger Ausführung der gemalten Figuralszenen. Solche Taschenuhren wurden in Paris bei Delorme, D. Pillon und Hammel, in Colmar von Himmly hergestellt.

Die große Zeit der Taschenuhren

Das 18. Jahrhundert ist die Zeit der kunstreichen und kompliziertesten Uhrenproduktion. Frankreich übernimmt von England die Führung, gefolgt von Genf, einem damals politisch unabhängigen Gebiet mit eigener Verwaltung, doch geschüttelt von Religionswirren. Diese sind oft Ursache von Handwerkeremigrationen. So strömen viele französische Uhrmacher reformierten Glaubens (Hugenotten), die 1685 nach dem Widerruf des Edikts von Nantes aus ihrer Heimat vertrieben wurden, nach Genf und ziehen ein Jahrhundert später weiter nach Berlin, Konstanz und Wien. Während des ganzen 18. Jahrhunderts tauschen die Genfer, Schweizer und französischen Uhrmacher ihre technischen Kenntnisse und künstlerischen Erfahrungen miteinender aus, ergänzen und festigen sie zu beidseitigem Nutzen. 1815 kam Genf zur Schweiz. Auf Seiten Genfs bestand ein stärkeres Bemühen um äußere Aufmachung als in Frankreich, wo individueller Erfindergeist und hohe Leistungsfähigkeit des Uhrwerks betont wurden. Richtungsgebend waren hier bequeme Handhabung, Zweckmäßigkeit und Präzision, Tendenzen, auf die England zweifellos nicht ohne Einfluß war. Inzwischen schöpften Deuschland und Miteleuropa aus den technischen Neuerungen ihrer Nachbarn und verfeinerten in der künstlerischen Behandlung der Uhrgehäuse die traditionellen Arbeitsweisen ihrer Goldschmiede.

Einen wesentlichen Schritt zum Erfolg verdankt die französische Uhrmacherkunst des 18. Jahrhunderts dem Engländer Henry Sully und dessen freundschaftlichen Beziehungen zu dem französischen Uhrmacher Le Roy (1686–1751). Le Roy war unter anderem Abnehmer der Huaudschen Emailgehäuse, was seine Taschenuhr mit emailblumenverziertem Mantel bezeugt (heute im Mailänder Poldi Pezzoli-Museum). Sully war der erste Uhrmacher, der die Reibung des Getriebes durch Öl herabsenkte. In Absprache mit Le Roy vermittelte er 1718 die Niederlassung von sechzig Londoner Uhrmachern in Versailles, wo sie sich · dann zusammen mit dem schottischen Unternehmer Law um die Errichtung einer Uhrenmanufaktur bemühten. Nach dem Fehlschlag dieses Versuches gründeten sie 1720 eine neue Manufaktur in Saint-Germain, deren erfolgreiche Arbeit die Grundlagen des aus den englischen Erfahrungen schöpfenden technischen und künstlerischen Niveaus der französischen Uhr bildet.

Julien Le Roy hat selbst dazu beigetragen, indem er Grahams ruhenden Zylindergang übernahm und so die Vorbedingungen für die Umformung der dicken Zwiebeluhr in eine bequeme und elegante Taschenuhr schuf. Auch sein Sohn, Pierre Le Roy (1717–1785), hat sich in der neuzeitlichen Uhrengeschichte einen Namen gemacht: er erfand die Chronometerhemmung, verbesserte den Duplex-Zylindergang sowie die Ganggenauigkeit, indem er durch die Stahl-Messing-Verbindung der radförmigen Unrast den Einfluß thermischer Unterschiede ausglich.

Ohne die Uhrmachertechnologie ausführlich zu beschreiben, können wir einige Erfinder nennen, deren Neuerungen sich auch auf den künstlerischen Aspekt der Taschenuhr ausgewirkt haben. Zu ihnen gehört Ferdinand Berthoud, der Schöpfer der Seechronometer, und vor allem Jean Antoine Lépine. Er nahm Julien Le Roys Initiative auf und setzte sie mit der Einführung des ruhenden Zylindergangs bei Taschenuhren in die Praxis um. Damit war ein weiterer Schritt zur Beseitigung des Federhauses der Schnecke und schließlich auch der Spindel getan, und durch die Zusammenführung sämtlicher Bestandteile auf eine einzige Ebene erhielt die Taschenuhr jene gefällige, angenehm zu tragende äußere Gestalt, die sie noch heute auszeichnet. Lépine war der Schwager eines anderen bedeutenden Uhrmachers, Jean-André Lepautes, des Erfinders des doppelten Kommagangs (Stiftengangs). Durch Protektion der Madame de Pompadour wurde diese Erfindung Pierre Caron von der Französischen Akademie der Wissenschaft zuerkannt, einem Mann, der unter dem Namen Beaumarchais als Autor des Figaro und des Barbier von Sevilla besser bekannt ist.

Lépines Uhren wären nicht ein solcher Erfolg gewesen ohne die weiteren Erfindungen Abraham Louis Breguets (1747–1823), der alle anderen Persönlichkeiten der französischen Uhrmacherkunst überragte. Breguet war Hofuhrmacher Ludwigs XVI. und Marie Antoinettes, aber auch Napoleons, des russischen Zaren Nikolaus, englischer Könige und der Hocharistokratie. Für Marie-Antoinette schuf er ein wahres Meisterstück, eine Taschenuhr, die er mit sämtlichen bekannten Neuerungen ausstattete. Dieses Oeuvre sowie sein unerschöpflicher technischer Einfallsreichtum, die Präzision der mechanischen Ausarbeitung und die künstlerische Form seiner Schöpfungen trugen den Ruhm seines Namens in alle Welt, und noch heute gehören seine für den Uneingeweihten unkenntlich auf dem Zifferblatt signierten Uhren zu den meistgesuchten und teuersten Stücken der großen Auktionen. Als erster internationaler Unternehmer bestätigte er die Echtheit und Makellosigkeit seiner Werke mit Garantiescheinen.

Schon vor der Französischen Revolution hatte Breguet auf dem Gebiet der Taschenuhr die nach ihm benannte zweckmäßigere Breguet-Spiralfeder eingeführt; er verbesserte das System des 1770 von Perrelet erfundenen automatischen Aufzugs; bei schlagenden Repetieruhren führte er eine Tonfeder (Gongschlagstahlfeder) ein, womit eine weitere Abflachung des Uhrmantels erreicht wurde. Er steigerte die Verläßlichkeit des Uhrwerks mit der Erfindung der Tourbillons, kleiner umlaufender Drehgestelle, die die Unruh tragen und so Ungleichmäßigkeiten im Gang bei Veränderung der Lage der Uhr kompensieren und er führte die sog. Parachute-Stoßsicherung ein.

Breguet zeichnete sich vor seinen französischen Kollegen durch persönliche Überwachung der äußeren Gestaltung seiner Uhren aus. Er legte Wert auf symmetrische, edle Zifferblattformen, schlichte Uhrzeiger und elegante Oberflächenbehandlung der Uhrgehäuse. Statt der schweren getriebenen Reliefarbeiten führte er das Guillochieren ein, und schmückte seine Uhrmäntel mit transluzidem Email und legiertem Gold. In seinem Betrieb, den es noch heute an dem ursprünglichen Platz, der Pariser Place Vendôme gibt, stellte er auch Blindenuhren, die „sog. montres du tact" her, nicht selten wahre Meisterstücke der Juwelierkunst. Seine Spieluhren waren technisch und künstlerisch unübertroffen. Auf geniale Weise wußte er hier eine frühere Erfindung seines Landsmanns Antide Janvier auszubauen. Dieser hatte 1775 die unverhältnismäßig große Spielwalze durch die raumsparende flache Messingstiftscheibe ersetzt.

Schließlich hat Breguet auch zur Vervollkommnung und größeren Verbreitung von Figurenautomaten beigetragen.

Neben dieser reichen Skala französischer Erfindungen des 18. Jahrhunderts nimmt sich das Uhrmacherhandwerk der übrigen Länder um vieles bescheidener aus. Am engsten ist die Zusammenarbeit Frankreichs mit der Schweiz. In Genf verläuft die erste Phase 1600 bis 1660 im Zeichen der Nachbildung ungewöhnlicher Formen von französischen und süddeutschen Taschenuhren. Aber die Schweizer Uhrmacher wie Martin Duboule, Jean Rousseau oder Jacques Sermand, die Totenkopfuhren u. ä. herstellten, erwiesen sich bald als tüchtige Konkurrenten ihrer französischen und deutschen Kollegen. Nach dieser ersten Phase tritt in der zweiten Hälfte des 17. Jahrhunderts eine gewisse Stagnation ein, und erst die Ankunft der Reformierten aus Frankreich macht nach 1685 trotz der periodischen Religionswirren Genf zum Mittelpunkt eines aufblühenden Uhrmachergewerbes. Typisch für dieses waren Manufakturproduktion und die erstmals erscheinende Arbeitsteilung. Die Uhr wurde aus Bestandteilen zusammengesetzt, die die örtliche Bevölkerung in Heimarbeit anfertigte. Die Manufaktur beschäftigte Facharbeiter, die sich auf ein bestimmtes Teilgebiet, das Zifferblatt, den Mantel, die Schneckenkette u. a. spezialisierten, ferner Graveure und Emailleure. Nachdem Daniel Jean Richard 1705 eine Manufaktur in Le Locle im Schweizer Jura (Kanton Neuenburg) gegründet hatte, stellte er mit seinen fünf Söhnen Taschenuhren aus den Bestandteilen, die ihm die dortigen Heimarbeiter lieferten, her. Ähnlich waren die Arbeitsmethoden in der Robert Brandtschen Manufaktur in La Chaux-de-Fonds sowie in dem 1735 in Genf gegründeten Betrieb von Vacheron und Constantin. Kennzeichnend für diese Arbeitsweise ist die Manufaktur, die 1770 für fünfzig Genfer Uhrmacher von Voltaire in Ferney angelegt wurde. Sie bestand nicht lange und fand 1782 während der blutigen Religionsstürme in Genf ihr Ende; diese vertrieben viele dortige Uhrmacher.

Die Anfänge der guten Beziehungen zwischen den Schweizer und englischen Uhrmachern gehen auf das beginnende 18. Jahrhundert zurück. 1770 erwirbt der Genfer Nicolas Fatio gemeinsam mit den Brüdern Debaufre das Vorrecht auf Taschenuhren mit Edelsteinlager, eine Neuerung, die deren Verläßlichkeit und Ganggenauigkeit beträchtlich steigerte. Ein Beleg für die künstlerischen Einflüsse des Kontinents auf die englische Uhrmacherei ist die Sackuhr Daniel Quares von 1720, bei der er zur Gehäuseverzierung das Schmelzverfahren „Avec Lunettes" mit dem Porträt einer adeligen Dame anwandte.

Im Jahre 1720 begann John Archambo in London, Sackuhren mit Glockenspielwerk herzustellen. Dieser technische Beitrag förderte die Nachfrage nach solchen Uhren, die sich bald auf das übrige Europa erstreckte und zu internationaler Zusammenarbeit führte. 1774 eröffnete Pierre Jaquet-Droz aus le Chaux-de-Fonds eine Londoner Verkaufsstelle, in der er nach Archambos Prinzip gebaute Taschenuhren feilbot. Im ausgehenden 18. Jahrhundert folgte ihm Henri-Louis Jacguet-Droz, ein erfolgreicher Hersteller von Taschenuhren mit automatischem Aufzug.

Fatios Einfall regte die englischen Uhrmacher zu ähnlichen Neuerungen an. John Arnold begann 1762 in Verfolgung des gleichen Zieles, die Zylinder der Hemmung aus Rubinen zu schneiden, um die Reibung zwischen Unruh und Ankerrad zu verringern. Ferner bemühte er sich, wie Lépine in Frankreich, die bis dahin schwerfällige Taschenuhr leichter und flacher zu machen. Allmählich konnten so die Futterale abgeschafft werden, die sich nun in ebenso kostbare Pillendöschen verwandeln. Das ausgehende 18. Jahrhundert kann sich, namentlich dank einem Thomas Earnshaw oder James Ferguson, einer so zweckentsprechend einfachen und ästhetischen äußeren Form der Taschenuhr rühmen, wie sie sonst erst die Uhr des 19. Jahrhunderts aufweist.

Aus dem Gesagten geht hervor, daß bei der Taschenuhrenproduktion des 18. Jahrhunderts technologische Tendezen vorherrschen. Aber auch das Gehäuse entspricht dem technischen Fortschritt, auch wenn hier nur überkommene Verzierungsweisen verbessert und weitergeführt werden. Gravierte, getriebene, emaillierte Verzierungen treten auf, in der zweiten Hälfte des 18. Jahrhunders vermehrt auch das Guillochieren. Wieder verwendet man mehr Edelmetalle, insbesondere bei Emailuhren, deren Mäntel besonders sorgfältig behandelt werden. Ein berühmter Hersteller und Lieferant von Uhrmänteln war Mauris in Genf. Aufs neue wird die Taschenuhr zum repräsentativen Schmuckstück. Diese Entwicklung geht zum Großteil auf die Uhrmacher in Genf zurück, wo bereits um 1770 die neue Mode der kleinen, eigenartig geformten Sackuhr entsteht, die vor allem für den Export bestimmt ist. Ihre Blütezeit fällt in die Jahre 1800–1830.

Von unbestreitbarem Einfluß auf die Entwicklung der Taschenuhr war die persönliche Vorliebe Ludwigs XVI. Er verfügte über eine große Uhrensammlung und einen Leibuhrmacher, Carande, der die in den königlichen Gemächern aufgehängten Uhren täglich regulierte. Königin Marie-Antoinette teilte die Vorliebe ihre Gemahls und hatte ihm in ihrer Mitgift siebenundfünfzig wertvolle Uhren mitgebracht.

Die Schönheit und hohe künstlerische Qualität der Uhrmäntel jener Zeit ist im wesentlichen auf den Brauch zurückzuführen, die Sackuhr offen auf der Weste oder an einer Anhängerkette, der Châtelaine, zu tragen. Die allerschönsten sind die Emailuhren; ihr Gehäuse gewinnt immer mehr an technischer Spitzfindigkeit, feiner Modellierung, an fließenden zarten Farbtönen und bewußter Aufhellung. Die kriegerischen und religiösen Szenen sind Motiven aus der antiken Mythologie gewichen, die sich zumeist auf verschiedene Kompositionen mit Venus und Amoretten beschränken oder einer idealisierten Umwelt gelten: galante und erotische, Hirten- und Genreszenen aus städtischem Milieu oder dem Landleben. Als Vorlagen dienen die Bilder Watteaus, Bouchers, Fragonards und Greuzes. Die Nachbildung auf dem Uhrgehäuse bringt dann die Werke der Maler unter die Leute. Neben dieser „Emaillage en plein" bescheidet sich die Malerei oft auch mit Medaillons, die in den gravierten oder getriebenen Feldern der Uhrmäntel ausgespart sind. Die Mäntel „avec lunettes", in denen vorwiegend Damenbildnisse erscheinen, haben nicht selten diamantenumrahmte Medaillons.

Ab 1760 benutzt man ferner das besonders in den Jahren 1790 bis 1840 modische Legieren der Mäntel „à quatre couleurs" in verschiedenen Goldfarbtönen. Im ausgehenden 19. Jahrhundert und wieder um 1960 kehrte diese Mode zurück. Sehr schön sind die in Genf hergestellten guillochierten, mit transluzidem blauem Email bedeckten Gehäuse, die von einer Perlenbordüre umgeben sind. Auch die meist goldenen Uhrzeiger werden wie Spitzen oder Lilien (das Wappen der französischen Könige) durchbrochen.

In Juwelen und Accessoires eingebaute Uhren

Zu Ende des Jahrhunderts kommen, wie bereits angedeutet, kuriose Taschenuhren in neuer, origineller Form in Mode. Man legt das Uhrwerk in Gebrauchsgegenstände, in Fingerringe, Lorgnons, Ferngläser, Federhalter, Handspiegel, Fächer, Schnupftabakdosen, Spazierstöcke u. ä. Oder man formt die Uhr zu minutiösen Goldemailberlocken als Tierchen, Käfer, Früchte und Musikinstrumente. Große Nachfrage herrschte besonders nach herzförmigen Taschenuhren, die die Herren ihren Damen verehrten. Sie waren nicht selten mit Edelsteinen und Perlen verziert.

Eine Spezialität der Genfer Produktion waren ihre Spieluhren. Die Benutzung der Breguetschen Tonfeder erleichterte die Herstellung von Jacquemarts (Automatenfiguren), die schon seit dem beginnenden 16. Jahrhundert in der Schweiz beliebt waren und in den ab 1746 in La Chaux-de-Fonds hergestellten sog. Androiden eine hohe Entwicklungsstufe erreichten. Auf den Zifferblättern dieser Taschenuhren erscheinen nach 1770 verschiedene bewegliche Figürchen, die die Glocke schlagen – antike und mittelalterliche Waffenträger, Amoretten u. ä. Selten sind es erotische Szenen, trotz der herrschenden Prüderie, die im kalvinistischen Genf derartige Erzeugnisse eigentlich nicht zuließ. Die Jahre der Französischen Revolution bringen Zifferblätter mit phrygischer Mütze, Vaterlandsaltären, Liktorenbündeln oder allegorischen Figürchen der Gerechtigkeit und Freiheit. Auch Revolutionslosungen, Sprüche u. ä. fehlen nicht. Es wird das Zehnstundenzifferblatt eingeführt.

In der Zeit nach der Französischen Revolution hält Breguet noch für gewisse Zeit in seinen schlichten Herrenuhrmänteln die Stimmung jener Jahre fest und verziert einzelne Stücke mit Revolutionsfiguren, etwa der Charlotte Corday. Im Empire wurde die Damenuhr wieder zum kostbaren Schmuckstück, das auf transparent bzw. voll emailierter Unterlage mit Diamanten, Perlen und Türkisen besetzt war. Damenarmbanduhren, wie sie bereits 1809 Kaiserin Josephine für ihre Schwiegertocher in Auftrag gegeben hatte, waren in Mode; Kirschen, Obstkörbchen, Blumen und Vögel dienten der Formgebung. Als Kern eines Schmuckstücks, eines Goldrings oder einer reich mit Edelsteinen verzierten Brosche wurden Uhren bis etwa 1870 in Genf hergestellt. Die Jacquemarts erhalten mit dem Antritt der Romantik neue Gestalt. Da gibt es Wilde Männer, glockenschlagende Putti, Pfeil- und Messerschleifer, Schmiede mit Amboß, selbst einen Hund, der mit Hilfe eines Pfeifenwerks bellt. Eine beachtliche Leistung ist die Automatenuhr mit der Mosesfigur, die den Felsen öffnet, aus dem Wasser sprudelt. Derartige Figurenautomaten mit Musikwerken kamen vor allem aus Genf, wo sich 1811–1828 die Firma Piguet und Meylan auf ihre Herstellung spezialisierte. Billigere Jacquemarts auf den Zifferblättern von Sackuhren brachte die durch ihre Uhren mit automatischem Aufzug bekannte Manufaktur Dubois und Co. in Le Locle heraus.

Die Uhrmacherei Mitteleuropas machte an der Wende des 17. und im Laufe des 18. Jahrhunderts diese Mode nicht in gleicher Weise mit. Nach der faszinierenden und beispielgebenden Entwicklung der süddeutschen Dosenuhr im 16. Jahrhundert stehen nun Stutz- und Bodenstanduhren mit komplizierten kalendarischen und astronomischen Anzeigen im Mittelpunkt des Interesses der süddeutschen Uhrmacher. Man bildete die importierten englischen Taschenuhren nach. Beachtenswert sind dabei die Versuche, die Taschenuhr mit einem kleinen Pendel anzutreiben, um die man sich um 1680

161 Anhängeruhr mit Pfauenfigur. Silber, Höhe 5,3 cm. Johann Hübner, Wien, Anfang des 19. Jh.

im Hamburg und Mitteldeutschland vereinzelt bemühte – letzten Endes erfolglos, abgesehen von merkwürdigen Zwiebelformen. Die Uhrmacher Süddeutschlands und Österreichs bevorzugten eine flachere, reich mit Reliefschnitten und Gravuren verzierte Form.

Kunstreiche Treibarbeiten am Gehäuse und Übergehäuse mit mythologischer Thematik, markant gravierte Zifferblätter und selbst graviertes Getriebe charakterisieren in 18. Jahrhundert die Kutschen- und Satteluhren, die nach englischem Vorbild auch in Deutschland besonders beliebt waren. Auch hier steht wieder Augsburg an erster Stelle. Um ihrer Aufgabe eines Begleiters bei weiten Reisen gerecht zu werden, sind diese Uhren neben ihrer interessanten Oberflächengestaltung mit genauen kalendarischen und astronomischen Angaben ausgestattet und dienen mit ihren Musikspielwerken überdies der Unterhaltung.

Die Taschenuhr bewahrt in Mitteleuropa dank Spindelgang, Schnecke und Schlagwerk für lange Zeit die im 17. Jahrhundert von Frankreich übernommene Zwiebelform, die von ihren prächtigen silbergetriebenen Gehäusen und Übergehäusen noch unterstrichen wird. Sie kommt noch am Anfang des 19. Jahrhunderts vor und hat die Bezichnung „Bauernuhr" erhalten. Ihr vorgewölbtes Zifferblatt ist oft mit drei Zeigern versehen, von denen einer das Datum weist. 1764 verwendete Pfarrer Philipp M. Hahn in Echterdingen als erster Deutscher den Zylindergang. Er baute eine Reihe von hervorragenden Stock- und Bodenstanduhren mit mechanischen Globen und Sphären. Seine Taschenuhren haben bis fünf getrennte Zifferblätter auf gemeinsamer Emailplatine.

Die „Bauernuhr" fand in Wien und auch in Böhmen Nachbildungen. Das Technische Museum in Prag sowie das dortige Kunstgewerbemuseum bewahren zahlreiche Taschenuhren des 18. Jahrhunderts, die von Prager und Olmützer Uhrmachern, aber auch von Herstellern in Kleinstädten, wie Braunau, Chrudim, Komotau u. a. signiert sind. Zu den fruchtbarsten zählen die Prager Uhrmacher Johann Delavos, Ferdinand Engelschalck und Andreas Glenck.

Auch die modischen Emailgehäuse wurden von der Wende des 18. Jahrhunderts an in Süddeutschland und Österreich nachgebildet, ohne das Niveau der französischen oder Genfer Emailverzierung zu erreichen. In der Thematik herrschen zeitgenössische Motive aus dem idealisierten bürgerlichen Alltag vor: Tanzszenen, idyllische Herren- und Damengruppen im Garten, Mädchen mit Vogel, auch modische Interieurs. Harte Farbenkontraste, unbeholfene Modellierung, zuweilen selbst anatomische Fehler setzen ihren Wert herab. Eine Sondergruppe bilden die Uhren mit emailliertem Zifferblatt und Adam- und Evafiguren in ausgesparten Feldern, Nachahmungen der 1830–40 in La-Chaux-de-Fonds hergestellten Taschenuhren „Avec lunettes."

Moderne und nüchterne Formen haben um 1800 die Wiener Taschenuhren mit Musikwerk sowie die seltenen Skelettuhren, die auch wegen ihrer dem täglichen Leben entnommenen Jaquemartsujets interessant sind.

Die in der ersten Hälfte des 19. Jahrhunderts einsetzende Zurückhaltung in der äußeren Gestaltung der Taschenuhr bewirkte, daß die im 18. Jahrhundert beliebte Châteleaine, die Uhrkette, weitgehend verschwindet.

Wie mehrere Damenporträts aus dem beginnenden 17. Jahrhundert zeigen, wurde die Damenuhr damals und auch bis ins 18. Jahrhundert hinein ganz unauffällig getragen. Man knüpfte an die althergebrachte Gewohnheit an, Schlüssel, Gebetbuch, Riechfläschchen etc. am Gürtel zu tragen. Erst die Barockzeit des 18. Jahrhunderts machte daraus eine allgemeingültige Mode. Die Châtelaine erscheint um 1740 und schon das älteste Stück weist den gleichen künstlerischen Charakter wie die an ihr hängende Uhr auf. Der Hauptbestandteil dieser Anhängerkette ist eine breite, auf der Rückseite mit einem gabelförmigen Verschluß versehene Platine, die der Verzierung des Uhrmantels angepaßt ist; dieser ist durch eine drei- bis fünffache, ähnlich verzierte Kette mit der Platine verbunden. An den Seiten der mittleren Kette sind an weiteren Kettchen Berlocken – der Uhrschlüssel, Parfumfläschchen und Talismane angehängt. Die Verzierung der in der Form mit der Uhr übereinstimmenden Glieder der Mittelkette ist in der Regel in Emailmalerei ausgeführt. Auch hier herrscht thematische Übereinstimmung: Blumenmotive, mythologische, biblische und galante Miniaturszenen, edelmetallgetriebene Taschenuhren widerholen Technik und Sujet der Verzierung auf der Châtelaine. Diese bildnerische Einheitlichkeit zeichnet vor allem die englische Uhrkette aus. Die prachtvolle Châtelaine im Mailänder Poldi Pezzoli-Museum, die von Lépine signiert ist und aus den Jahren um 1780 stammt, drückt diese Zusammenhänge überzeugend aus.

Hervorragende Arbeiten sind die in Dresden für die Mitglieder des dortigen Königshofs geschaffenen Anhängerketten. Mehrere sind aus zart bemalten Gliedern zusammengesetzt, die mit Meißner Porzellan bedeckt sind, andere sind aus verschiedenfarbigen polierten Achaten geschnitten. Die Châtelaine war im 18. Jahrhundert ein unerläßliches Modebeiwerk des Aristokraten. Nach ihrem Verschwinden in der ersten Hälfte des 19. Jahrhunderts übernahm bei der jetzt wirklich in der Westentasche getragenen Taschenuhr die Uhrkette ihre Rolle; auch an ihr trug man Berlocken und eine Zeitlang auch den Uhrschlüssel.

Berlocken überleben in der Genfer Uhrmacherkunst als originelle, naturalistisch gestaltete Schmuckstücke bis ins dritte Viertel des 19. Jahrhunderts.

Neuzeitliche Taschenuhren

Die industrielle Revolution des 19. Jahrhunderts hat die künstlerische Verarbeitung der Taschenuhr beeinflußt und dabei die Funktion eines individuellen, in Auftrag gegebenen Erzeugnisses weitgehend aufgehoben.

Gleichzeitig stieg der Bedarf nach Taschenuhren wegen der genau geregelten Arbeitszeiten deutlich an. Die Zeit organisiert das Alltagsleben.

Die Herstellung von Einzelanfertigungen wird zur Seltenheit, es wird mehr Wert gelegt auf genaue Zeitangabe, das Gehäuse wird deutlich nebensächlicher.

Formschönheit ist nur noch auf dem Spezialgebiet der Damenuhr als modisches Beiwerk für festliche Gelegenheiten von Belang. Von der Mitte des 19. Jahrhundets an werden sie von einigen Genfer Firmen hergestellt, was den internationalen Ruf der ohnehin in der ganzen Welt führenden Schweizer Uhrenproduktion noch weiterhin stärkt. Diese führende Stellung hatte die Schweiz durch die Herstellung von Taschenuhren aufgrund sachlicher Präzision erreicht.

Nach seiner Rückkehr aus China hatte Eduard Bovet mit seinen Brüdern in London 1820 eine Uhrenmanufaktur gegründet, die er zwei Jahre später in das alte Uhrenzentrum Fleurier im Schweizer Jura verlegte. Seine Manufaktur brachte dekorative Uhren mit Duplex-Zylindergang heraus, die auf eine von William Ilbery (oder Ilbura) in London benutzte Weise verziert waren. Ähnlich wie die frühesten Kutschenuhren war ihr Räderwerk reich graviert. Eine Art doppelten Duplexgang erfand Edouard Jacot in Fleurier, sein Sohn George wurde als Gründer der Uhrenfabrik Zenith bekannt. Ilberys Verzierungsart bestand in reich gravierten orientalischen Ornamenten am Uhrwerk, und die Firma Bovet verwendete sie für ihren speziellen Uhrenexport nach China. Um die Erzeugnisse attraktiver zu machen, verzierte man sie mit Emailmalereien von Blumen und – gelegentlich – mit weißen Tauben. Nach 1850 wich dieses Motiv Malereien von Schlangen, Tiger- und Löwenjagden. Die auf Genfer Art in künstliches Obst eingebauten Uhrwerke sind heute sehr selten. Brücken und Zahnräder waren oft mit Perlen verziert.

In den Jahren, da die Familie Bovet mit der Herstellung ihrer „chinesischen" Uhren begann, verbesserte Georges A. Leschot, ein Mitarbeiter der Schweizer Uhrenmanufaktur Vacheron und Constantin, durch Einfügung des Zugwinkels Mudges ruhenden Ankergang (1825). Sein sogenannter freier englischer Gang legte die Grundlage für den späteren, heute allgemein benutzten Schweizer Ankergang. Leschots Hauptverdienst ist jedoch die Einführung der mechanischen Uhrenproduktion in der Vacheronschen Manufaktur (1835), die Umstellung von Handwerksarbeit auf maschinelle Massenproduktion. Trotzdem bewahrte die Firma ihren guten Namen als Hersteller präziser und perfekter Taschenuhren, die sich durch ihre flache Form von höchstens einenhalb Zentimeter Dicke auszeichneten.

1839 wurde von einem polnischen Grafen und einem Schweizer Uhrmacher die Firma Patek-Philippe gegründet, die bald eine Spitzenposition einnahm. 1842 führte Philippe den Aufzug der Taschenuhr durch das Remontoir, das Aufziehen mit der Drehkrone ein, wodurch der unbequeme Uhrschlüssel wegfiel. Diese Neuerung trug zum internationalen Ruf des Hauses bei, ebenso später die Herstellung von Luxustaschenuhren höchster Qualität; sie waren in ästhetischer wie technischer Hinsicht unübertroffen. Zum Erfolg des Hauses trugen weitere Neuerungen bei: beleuchtete Zifferblätter, Taschenuhren mit Minutenrepetierwerk, ewigem Kalender u. a. Das Haus Patek-Philippe verdankt zum großen Teil seinen Weltruhm der flachen Taschenuhr, die außer in Genf auch in La Chaux-de-Fonds hergestellt wurde.

Ab 1868 stellte Georges Frédéric Roskopf (1813–1889) preiswerte und dabei auch präzise Taschenuhren mit dem nach ihm benannten Stiftengang her. Die Roskopfuhr kostete 20 Schweizer Franken und sie zeichnet sich bis heute durch ihre Verläßlichkeit und Robustheit aus. Schon nach acht Jahren erhielt sie die Bronzemedaille auf der Pariser Weltausstellung.

Das Äußere der Taschenuhren ist gekennzeichnet durch meist mechanisch guillochierte oder gravierte Gold- und Silbergehäuse, aus denen sich um 1900 vereinzelt kunstvolle Goldarbeiten im Jugendstil herausheben. Die Massenproduktion von Nickelgehäusen ist nur selten mit figürlichen Gravuren oder Veduten verziert. Das übliche Ziermotiv der Mäntel von Herren- und Damenuhren war an der Wende des 19. Jahrhunderts ein zur Aufnahme des Eigentümermonogramms bestimmtes heraldisches Schildchen. Luxusstücke wurden vom ausgehenden 19. Jahrhundert an gern in Paillloné-Technik, dem Einschmelzen von Goldfolien in Lack, ausgeführt und waren hauptsächlich zur Sezessionszeit beliebt. Diese Verwendung kostbaren Gehäusematerials bei technischer Präzision zeichneten vor allem Taschenuhren von Lange & Söhne aus, einer 1845 von Adolf Ferdinand Lange (1815–1875) in Glashütte bei Dresden gegründeten Uhrenfabrik. Lange hatte sein Handwerk bei Joh. Christ. Friedrich Gutkaes in Dresden gelernt, ging dann nach Paris, wo er drei Jahre bei Joseph Thaddäs Winnerl, einem Schüller Breguets arbeitete und kam dann nach einem Aufenthalt in der Schweiz, wo er weiter wertvolle Erfahrungen sammelte, nach Dresden zurück. Er heiratete die Tochter seines Lehrers Gutkaes und trat in dessen Firma ein. Dort stellte er komplizierte astronomische Uhren und Chronometer her. Mit Hilfe neuer Maschinen, die eine Serienproduktion höchst präziser Uhren ermöglichten, wurde er zum Begründer der modernen Uhrenfabrikation. Lange verbesserte den Mudge-Ankergang und gab damit den Anstoß zum weiteren Aufschwung seines Unternehmens, das in Gemeinschaft mit der dortigen Uhrmacherschule und deren Direktor Ludwig Strasser den Ort Glashütte zu einem weltbekannten Zentrum der Uhrenproduktion machte. Mit mehreren Neuerungen, so der Verwendung von Breguets Tourbillon, hat die Firma ihre Stellung gefestigt und arbeitet bis in die Gegenwart. Hans Wilsdorf (* 1881 in Kulmbach, † 1960 in Genf) war der Pionier auf dem Gebiet der Armbanduhr, 1910 wurde ihm das erste Chronometerzeugnis für eine Armbanduhr erteilt. Er gründete in London eine Uhrenimportfirma, die er „Rolex" nannte. Er wollte dann selbst Armbanduhren herstellen und gründete dazu die Fa. Montres Rolex S. A. in Genf, die durch ihre wasserdichte Armbanduhr bekannt wurde. Noch heute ist die Rolex Oyster, die seit 1926 hergestellt wird, ein Spitzenprodukt der Uhrenindustrie.

Literaturverzeichnis

Abeler, Jürgen: Das Wuppertaler Uhrenmuseum. Berlin 1971

Abeler, Jürgen: 5000 Jahre Zeitmessung. Wuppertal 1968 2. A. 1978

Abeler, Jürgen: Ullstein Uhrenbuch. Berlin 1975, 2. Auflage 1979

Bailie, G. H.: Watchmakers and Clockmakers of the World. London 1969 (1. Auflage 1929)

Bassermann-Jordan/Bertele: Uhren. Braunschweig 1969, 5. Auflage, (9. Auflage, München 1982)

Bertele v., Hans: Jost Burgi's Pupils and Followers, The Connoisseur. London 1955

Bertels/Neumann: Der kaiserliche Kammeruhrmacher Christoph Margraf. Jahrbuch der Kunsthistorischen Sammlungen. Wien 1963

Bobinger, Maximilian: Kunstuhrmacher in Alt-Augsburg, Augsburg 1969

Britten, F. J.: Old Clocks and Watches and Their Makers. London 1956, 7. Auflage

Britten, F. J.: The Watch and Clock Makers' Handbook, 11. Aufl. Woodbridge o. J.

Bruton, Eric: The History of Clocks and Watches. London 1979

Bureš, Josef: Hodinové stroje (Uhrwerke). Praha

Čermák, M./Machytka, L.: Ausstellung historischer Uhren aus tschechoslowakischen und ausländischen Sammlungen. Burg Šternberk. Olomouc 1970

Chapuis, Alfred: Grands Artisans de la Chronométrie, Neuchâtel 1958

Clutton, Cecil und Daniels George: Watches. London 1955

Clutton, Cecil und Daniels George: Taschenuhren. München 1982

De Carle, Donald: Watch and Clock Encyclopedia. London 1975 (4. Auflage 1976)

Eckhardt, H.: Pennsylvania Clocks and Clockmakers. Philadelphia 1955

Edey, Winthrop: French Clocks. London 1967

Efimova, E. M./Torneus, M. T.: Zapadnoevropejskie časy XVI–XIX vekov iz sobranija Ermitaže. Leningrad 1971

European Clocks 1550–1830. The Newark Museum. Washington 1968, ed. E. K. Winthrop

Fischer, Karl: Die Uhrmacher in Böhmen und Mähren zur Zeit der Gotik und Renaissance. Bohemia 7, 1966, S. 38 f.

Fischer, Karl: Die Uhrmacher in Böhmen und Mähren 1630–1850. Bohemia 8, 1967, S. 105 bis 137

Guye, Samuel: Mesure du tempes et de l'espace, Fribourg 1970

Holešovský, Karel/Holešovská, Lea: O francouzských a rakouských kovových hodinách 2. poloviny 18. a 1. poloviny 19. století (Von französischen und österreichischen Metalluhren der zweiten Hälfte des 18. und ersten Hälfte des 19. Jahrhunderts). In: Umění a řemesla (Kunst und Handwerk) 4, 1973, S. 13–22

Holešovský, Karel/Holešovská, Lea: Historické hodiny 15. – 19. století ze sbírek Moravské galerie v Brně (Historische Uhren des 15. – 19. Jahrhunderts in den Sammlungen der Mährischen Galerie in Brünn). Brno 1975

Jančo, Šimon/Kresánková, Lujza: Expozícia hodín Mestského muzea v Bratislave (Die Uhrenausstellung des Städt. Museums in Bratislava). Bratislava 1976

Jaquet, Eugène/Chapuis, Alfred: The Swiss Watch. Bern 1953

Kaftan, Rudolf: Führer durch das Uhren-Museum der Stadt Wien. Wien 1929

Landrock, Horst: Alte Uhren. Leipzig 1974

Lepaute, J. A.: Traité d'Horlogerie... les Pendules et les Montres. Paris 1975

Lloyd, H. Alan: Old Clocks. London 1958, 2. Auflage

Lloyd, H. Alan: Some Outstanding Clocks Over Seven Hundred Years, 1250–1950. London 1958

Lloyd, H. Alan: The Collector's Dictionary of Clocks. London 1964

Lunardi, Heinrich: Alte Wiener Uhren und ihr Museum. Wien 1973

Lübke, Anton: Die Uhr. Düsseldorf 1958

Maunoni, Edith: Les Pendules. Art et Décoration 12/1975. S. 80–85

Maurice, Klaus: Die französische Pendule des 18. Jahrhunderts. Berlin 1967

Maurice, Klaus: Augsburger Räderuhren und das wissenschaftliche Instrument im 17. Jahrhundert. Augsburger Barock. Augsburg 1968

Maurice, Klaus: Von Uhren und Automaten, München 1968

Maurice, Klaus: Die deutsche Räderuhr I.–II. München 1976

Michal, Stanislav: Clocks and Watches. Praha 1974
Michal, Stanislav: Hodiny (Die Uhr). Praha 1980
Mody, N. H. N.: Japanese Clocks. London 1932
Morpurgo, Enrico: L'Origine dell'Orologio Tascabile. Roma 1954
Morpurgo, Enrico: L'Orologio e il Pendolo. Roma 1957
Morpurgo, Enrico: Kostbare Uhren vom 16.–17. Jahrhundert. Mailand o. J.
Mühe, Richard: Uhren und Zeitmessung. Furtwangen 1973
Mühe, Richard/Vogel, H. M.: Alte Uhren. München 1976 (3. Auflage 1981) (Ein Handbuch europäischer Taschenuhren, Wanduhren und Bodenstanduhren)
Neumann, Erwin: Die Tischuhr des Jeremias Metzker von 1564 und ihre nächsten Verwandten. Jahrbuch der Kunsthistorischen Sammlungen, Band 57. Wien 1961
Palmer, Brooks: The Book of American Clocks. New York 1950
Palmer, Brooks: A Treasury of American Clocks. New York 1967
Podlaha, Antonín: Materialie k slovníku umělců a uměleckých řemeslníků v Čechách (Materialien zu einem Künstler- und Kunsthandwerker-Wörterbuch in Böhmen. In: Památky archeologické (Archäologische Denkmäler), Bd. 1–49, Praha 1855 – 1958
Rawlings, A. L.: The Science of Clocks and Watches. London
Simoni, Antonio: Orologi dal '500 all ''800. Milano 1965
Tardy: La pendule française des origines à nos jours. I.–III., Paris 1974 (5. Aufl. Bauden 1981–83)
Tardy: Dictionnaire des Horlogers Français. I.–II., Paris 1971–2
Tyler, F. J.: European Clocks, London 1968
Urešová, Libuše: Hodiny ze sbírek Uměleckoprůmyslového muzea v Praze (Uhren aus den Sammlungen des Prager Kunstgewerbemuseums), Prag 1977
Varenne, Françoise: Montres et Horloges. Paris 1974
Winter, Zikmund: Dějiny řemesel a obchodu v Čechách v XIV. a XV. století (Geschichte des Handwerks und Handels in Böhmen im XIV. und XV. Jahrhundert). Prag 1906
Winter, Zikmund: Řemeslnictvo a živnosti XVI. věku v Čechách (Das Handwerk und Gewerbe des XVI. Jahrhunderts in Böhmen). Prag 1909
Wullsberger, Johann: Zauberhafte Gehäuse der Zeit. Düsseldorf und Wien 1974
Zeller, P. Alfred: Uhren. München 1966
Přátelé starých hodin (Freunde alter Uhren). Berichte der Sektion der heimatkundlichen Museumsgesellschaft in Olmütz. Olomouc 1970–1983

Die bekanntesten Uhrensammlungen

Århus, Købstadmuseet, „Den Gamle By" (Uhrenmuseum)
Altdorf, Historisches Museum von Uri
Amsterdam, Rijksmuseum
Augsburg, Maximilian-Museum
Avignon, Musée Calvet
Bamberg, Historisches Museum in der alten Hofhaltung
Basel, Historisches Museum Kirschgarten
Bern, Bernisches Historisches Museum
Besançon, Musée des Beaux-Arts
Bologna, Museo d'Arte Industriale
Bratislava (Preßburg), Städtisches Museum (Mestské muzeum)
Braunschweig, Herzog Anton Ulrich Museum
Braunschweig, Städtisches Museum
Bremen, Focke-Museum im Landesmuseum für Kunst
Bristol (U.S.A.), American Clock and Watch Museum
Brno (Brünn), Mährische Galerie – Institut für angewandte Kunst (Moravská galerie – Ústav užitého umění)
Bruxelles, Musées Royaux d'Art et d'Histoire
Budapest, Magyar Nemzeti Múzeum (Ungarisches Nationalmuseum)
Cambridge, Fitzwilliam-Museum
Chantilly, Musée Condé
Chicago, Adler Planetarium and Astronomical Museum
Chicago, Astronomical Museum
České Budějovice (Böhmisch Budweis), Südböhmisches Museum (Jihočeské muzeum)
Delemont, Musée jurassieu
Den Haag, Haags Gemmentemuseum
Denver (Colorado U.S.A.), Hagans Clock Manor Museum
Dresden, Staatliche Kunstsammlungen „Grünes Gewölbe"
Dresden, Staatliche Kunstsammlungen „Historisches Museum"
Florenz, Museo di Storia della Scienza
Frankfurt/Main, Historisches Museum
Frankfurt/Main, Museum für Kunsthandwerk
Frauenfeld, Kunstmuseum des Kantons Thurgau
Frederiksoord (Drenthe), Klokkenmuseum
Furtwangen, Deutsches Uhrenmuseum
Genève (Genf), Musée d'Art et d'Histoire
Genève (Genf), Musée d'Ecole d'Horlogerie
Göteborg, Röhsska – Konstlögdtmuseet
Gotha, Museum der Stadt Gotha
Gotha, Schloßmuseum
Graz, Landesmuseum Johanneum
Greenich, National Maritime Museum
Hamburg, Museum für Kunst und Gewerbe
Hannover, Historisches Museum am Hohen Ufer
Hannover, Kestner-Museum
Innsbruck, Tiroler Landesmuseum Ferdinandeum
Istanbul, Topkapi-Museum im Serail
Jerusalem, L. A. Mayer Memorial Institute for Islamic Art
Kassel, Hessisches Landesmuseum, Staatliche Kunstsammlungen, Schloß Wilhelmshöhe
Köln, Kunstgewerbemuseum der Stadt Köln
Košice, Technisches Museum (Technické muzeum)
København (Kopenhagen), Nationalmuseet
København (Kopenhagen), Det Danske Kunstindustriemuseet
Konstanz, Rosengartenmuseum
La Chaux-de-Fonds, Konstanz, Rosgartenmuseum, Musée international d'Horlogerie
Leiden, Rijksmuseum voor de Geschiedents de Natuurwetenschappen
Le Locle, Musée d'Horlogerie, Château des Monts
Leningrad, Staatliche Ermitage
Liberec (Reichenberg), Nordböhmisches Museum
Linz, Oberösterreichisches Landesmuseum
London, British Museum
London, Clockmakers Company Museum, Guildhall Library
London, London Museum, Kensington Palace
London, National Maritime Museum
London, National Army Museum
London, Science Museum
London, Victoria and Albert Museum
London, Wallace Collection
Lübeck, St. Annen Museum
Mailand, Museo Nazionale Della Scienza e Della Tecnica „Leonardo da Vinci"
Mailand, Museo Poldi Pezzoli
Melbourne, Applied Science Museum of Victoria
Moskau, Staatliches Historisches Museum

München, Bayerisches Nationalmuseum
München, Deutsches Museum
München, Schatzkammer der Residenz
Neuchâtel (Neuenburg), Musée d'Art et d'Histoire
New York, Metropolitan Museum of Art
New York, James Arthur Smith Collection, New York University
Nürnberg, Germanisches Nationalmuseum
Opava (Troppau), Schlesisches Museum (Slezské muzeum)
Oslo, Kunstindustriemuseet in Oslo
Oxford, Ashmolean Museum of the Oxford University
Oxford, Museum of the History of Science
Paris, Musée du Louvre
Paris, Musée Carnavalet
Paris, Musée de l'Histoire de France, Archives Nationales
Paris, Musée du Petit Palais
Paris, Musée de Cluny
Paris, Musée du Conservatoire National des Arts et Métiers
Pforzheim, Schmuckmuseum
Plzeň (Pilsen), Westböhmisches Museum (Západočeské muzeum)
Potsdam, Hellmannsche Sammlung, Geomagnetisches Institut
Prag, Kunstgewerbemuseum (Uměleckoprůmyslové muzeum)
Prag, Nationales Technisches Museum (Národní technické muzeum)
Prag, Nationalmuseum (Národní muzeum)
Prag, Museum der Hauptstadt Prag (Muzeum hl. města Prahy)
Rockford (Illinois), Time-Museum
San Francisco (California), California Academy of Science, Dr William Barclay Sciences Collection
Salzburg, Salzburger Museum Carolino-Augusteum
Schwenningen, Hellmut-Kienzle-Uhrenmuseum
Springfield (Illinois) Illinois State Museum, Hunk Collection
Stockholm, Nordiska Museet
Strasbourg (Straßburg), Musée des Arts Décoratifs
Strasbourg (Straßburg), Musée de l'Œuvre Notre-Dame
Stuttgart, Württembergisches Landesmuseum
Šternberk (Sternberg), Uhrenmuseum, Institut für Heimatkunde in Olmütz (Muzeum hodin, Vlastivědný ústav v Olomouci)
Toulouse, Musée Saint-Raymond
Toulouse, Musée Pant-Dupuy
Triberg (Schwarzwald), Heimatmuseum
Ulm, Ulmer Museum, Städtische Sammlungen für Kunst und Kulturgeschichte
Utrecht, Nederlande, Goud-, Zilver- en Klokkenmuseum
Versailles, Musée National du Château de Versailles et des Trianons
Villingen-Schwenningen, H.-Kienzle-Uhrenmuseum
Warschau, Muzeum Rzemiosl Artystycznych i Precyzyjnych
Washington, Smithsonian Institute
Wien, Kunsthistorisches Museum
Wien, Österreichisches Museum für angewandte Kunst
Wien, Sammlung Dr. Sobeck im Geymüller Schlössel
Wien, Technisches Museum für Industrie und Gewerbe
Wien, Uhrenmuseum der Stadt Wien
Winterthur (Rathaus), Uhrensammlung Konrad Kellenberger
Wrócław (Breslau), Städtisches Museum
Wuppertal, Uhrenmuseum (Sammlung Abeles)
Würzburg, Mainfränkisches Museum
Zittau, Sammlung Landrock
Zürich, Schweizerisches Landesmuseum
Zürich, Das Museum der Zeitmessung Beyer
Zürich-Oerlikon, Sammlung Honegger (Gaststätte zur Katrin)

Verzeichnis der Abbildungen

24 Türmchenuhr. Messing und Kupfer, getrieben, graviert, vergoldet, Höhe 52 cm. Augsburg, 1. Hälfte des 17. Jh. Kunstgewerbemuseum, Prag

25 Tischuhr (Kugellaufuhr). Kupfer, graviert, vergoldet, Ölmalerei. Christoph Margraf, Prag, 1596. Kunsthistorisches Museum, Wien

26 Bodenstanduhr. Holz, grün lackiert und vergodet, Höhe 217 cm. Schweden, 2. Hälfte des 18. Jh. Kunstgewerbemuseum, Prag

27 Bodenstanduhr. Nußholz, intarsiert, Höhe 270 cm. Schnitzereien vom Brünner Bildhauer Josef Winterhalter, 1739–40, Uhrwerk signiert in Scheibe oberhalb des Zifferblattes „William Jourdain London". Mitte des 17. Jh. Kunstgewerbemuseum, Prag

28 Kuckucksuhr. Holz, geschnitzt, Höhe 66 cm. Schwarzwald (?), 2. Hälfte des 19. Jh. Uhrenmuseum, Šternberk

29 Carteluhr. Holz, geschnitzt, vergoldet, Höhe 74 cm. Mitteleuropa, 3. Viertel des 18. Jh. Kunstgewerbemuseum, Prag

30 Wanduhr, Holz, geschnitzt, vergoldet, Höhe 78 cm. Böhmen oder Österreich, um 1810. Kunstgewerbemuseum, Prag

31 Rahmenuhr. Mattglas, Email, 59 × 50 cm. Nordböhmen, um 1830. Kunstgewerbemuseum, Prag

32 Rahmenuhr. Holz, Blei, gepreßt, vergoldet, 67 × 49 cm. Böhmen, um 1850. Kunstgewerbemuseum, Prag

33 Pendeluhr. Holz, geschnitzt, vergoldet, Höhe 126 cm. Uhrmacherzeichen „Jos. Konwička in Dobruschka", Dobruška, Böhmen um 1850. Kunstgewerbemuseum, Prag

34 Laterndluhr. Mahagoniholz, intarsiert, Höhe 113 cm. Wien, 1825–30. Kunstgewerbemuseum, Prag

35 Pendeluhr. Holz, braun gebeizt, Höhe 128 cm. Böhmen, 2. Hälfte des 19. Jh. Kunstgewerbemuseum, Prag

36 Altaruhr. Holz, polychromiert, Messing, Höhe 67 cm. Signiert „Johan Oth Halaicher Augusta". Augsburg, um 1680. Uhrenmuseum, Šternberk

37 Stutzuhr. Holz, bunt bemalt, Goldbronze, Höhe 55 cm. Signiert „Robt Finch London", 4. Viertel des 17. Jh. Kunstgewerbemuseum, Prag

38 Stutzuhr. Holz, braun gebeizt, Bronze, versilbert, Höhe 58 cm. Signiert „Johan Kraus Przevnov". Prag, um 1770. Kunstgewerbemuseum, Prag

39 Stutzuhr. Holz, braun gebeizt, Bronze, vergoldet, Höhe 62 cm. Signiert „Leopold Hoys Fecit Bamberg N: 1", nach Mitte des 18. Jh. Kunstgewerbemuseum, Prag

40 Pendule auf Sockel. Holz, grün lackiert, Bronze und Messing, vergoldet, Höhe 107 cm. Signiert „Nicolas Delaunay à Paris", 1. Viertel des 18. Jh. Kunstgewerbemuseum, Prag

41 Pendule. Gemaltes Porzellan, Höhe 53 cm. Meißen, um 1770. Kunstgewerbemuseum, Prag

42 Figurenuhr. Vergoldetes Holz, Höhe 70,5 cm. Geschnitzt vom Prager Bildhauer und Bildschnitzer Ignatz Michael Platzer, Prag, um 1790. Kunstgewerbemuseum, Prag

43 Kaminuhr (Figurenuhr). Goldbronze, gemaltes Meißner und Sevrès-Porzellan, Höhe 55 cm. Signiert „Dutertre à Paris", Jean-Baptiste Dutertre, um 1760. Kunstgewerbemuseum, Prag

44 Tischuhr Philipps des Guten. Bronze, vergoldet. Mitteleuropa, 1430. Germanisches Nationalmuseum, Nürnberg

45 Dosen-Tischuhr. Messing, graviert. Jacob Zech, Prag 1528. Kunstgewerbemuseum Berlin (West)

46 Dosen-Tischuhr. Messing, graviert. Jacob Zech, Prag, 1525. Society of Antiquaries of London

47 Uhrmacherwerkstatt des 16. Jh. Kupferstich von Philipp Galle nach der Zeichnung von Ioan Stradano

48 Seemannsuhr. Bronze, durchbrochen, vergoldet, Durchmesser 11 cm. Signiert „Johan Van Ceulen Le Jeune Hagg". Haag, um 1700. Kunstgewerbemuseum, Prag

49 Tischuhr. Bronze, graviert, vergoldet, Höhe 8,3 cm. Signiert „George Andreas Gablentz Glatz". Glatz, um 1720. Kunstgewerbemuseum, Prag

50 Tischuhr. Bronze, graviert, vergoldet, Höhe 6,3 cm. Signiert „Kreidt Mayr In Prag", Ende des 17. Jh. Kunstgewerbemuseum, Prag

51 Türmchenuhr. Eisen, Ölmalerei. Nürnberg (?), um 1500. Germanisches Nationalmuseum, Nürnberg

52 Detail der Türmchenuhr von Abb. 23 – Oberseite mit Signatur „Hans Steinmeissel Uhrmacher zu Prag Domini 1549 Iar".

53 Türmchenuhr. Bronze, durchbrochen, graviert, vergoldet, Höhe 19 cm. Frankreich, 1560. Auf Zifferblatt spätere Signatur „Reiss Prag". Kunstgewerbemuseum, Prag

54 Tischuhr. Messing, graviert, vergoldet, zum Teil versilbert, Höhe 21 cm. Signiert „Elias Creitt Mayr Inn Fridtberg", Ende des 17. Jh. Kunstgewerbemuseum, Prag

55 Tischuhr. Bronze, graviert, vergoldet. Silbergetriebene Reliefarbeit vom Goldschmied Jakob Emek. Jost Burgi, Kassel 1591. Staatliche Kunstsammlungen Kassel, Astronomisch-Physikalisches Kabinett

56 Bodenstanduhr. Ebenholz, Zinn-, Messing- und Schildpatteinlagen. Höhe 225 cm. Uhrwerk: William Jourdain, London. Um 1680. Uhrenmuseum, Šternberk

57 Figurenuhr. Holz, vergoldet und weiß polychromiert, Höhe 66 cm. Holzschnitzerwerkstatt Andreas Schweigls, Brünn, nach 1772. Uhrwerk signiert „Sebastian Kurz à Brünn". Kunstgewerbemuseum, Prag

58 Portaluhr. Holz, schwarz lackiert und vergoldet, Höhe 75 cm. Böhmen, Ende des 18. Jh. Kunstgewerbemuseum, Prag

59 Stutzuhr. Holz, schwarz gebeizt und vergoldet, Messing, vergoldet, Höhe 66 cm. Wien, 1. Viertel des 19. Jh. Kunstgewerbemuseum, Prag

60 Reiseuhr. Goldbronze, Höhe 21,5 cm. Wien (?), um 1820. Kunstgewerbemuseum, Prag

61 Figurenuhr mit Mohr. Kupfer und Bronze, graviert, durchbrochen und vergoldet, zum Teil mit Kaltemail bemalt, Höhe 30 cm. Uhrwerk signiert „Thomas Fridl", Augsburg, 1620–30. Kunstgewerbemuseum, Prag

62 Kaminuhr. Sardonyx, Goldbronze, Email, Höhe 45 cm. Auf der Rückplatine des Uhrwerks gestempelt: „S. MARTI et Cie Mèdaille d'argent 1889." Montbèliard. Kunstgewerbemuseum, Prag

63 Zappler. Messing, vergoldet, durchbrochen, Samt, Höhe 25,5 cm. Signiert „Rolcke". Mitteleuropa, um 1730. Kunstgewerbemuseum, Prag

64 Figurenuhr mit Elefant. Bronze, vergoldet und patiniert, Höhe 43 cm. Signiert „Viger à Paris", nach 1744. Kunstgewerbemuseum, Prag

65 Figurenuhr. Goldbronze, Marmor, Höhe 45 cm. Signiert „Amant à Paris", um 1785. Uhrenmuseum, Šternberk

66 Figurenuhr mit Chronos. Blei, Marmor, Messing, Höhe 57 cm. Uhrmacher Peter Lazarus. Gehäusemacher: Bildhauer Jacob Müller-Molinari. Wien, um 1770. Mährische Galerie, Brünn

67 Bodenstanduhr. Nußholz, intarsiert, Höhe 296 cm. Entwurf: Kilian Ignaz Dientzenhofer (?), Prag, 2. Viertel des 18. Jh.. Kunstgewerbemuseum, Prag

68 Bodenstanduhr. Eichenholz, Eisen, Messing, Höhe 200 cm., Entwurf: Jan Koula, Prag 1886. Uhrwerk signiert unter Zifferblatt „L. Hainz v Praze". Kunstgewerbemuseum, Prag

69 Stutzuhr. Holz, braun gebeizt, Bronze, vergoldet, Höhe 55 cm. Signiert „Adreas Nagl in Wienn", 2. Hälfte des 17. Jh. Kunstgewerbemuseum, Prag

70 Stutzuhr. Wurzelholz, vergoldete Bronze, Höhe 42 cm. Signiert „Elias Creitt Mayr Fecit Inn Fridtberg", ausgehendes 17. Jh. Kunstgewerbemuseum, Prag

71 Tabernakeluhr. Holz, bunt bemalt u. vergoldet, Goldmessing, Höhe 78 cm. Signiert „Johann Petz Nikolsburg" und „Kristof Hasreiter 1794". Kasten: Mähren, um 1730, Zifferblatt und Uhrwerk: Nikolsburg (Mikulov) in Mähren, 1794. Kunstgewerbemuseum, Prag

72 Kastenuhr. Holz, schwarz gebeizt, Goldbronze, Höhe 49 cm. Signiert „Wenceslaus Kaltenbrunner Prag", 2. Viertel des 18. Jh. Kunstgewerbemuseum, Prag

73 Stutzuhr. Holz, braun gebeizt, Bronze, vergoldet, Höhe 52 cm. Signiert „Bernard Biswanger Prag", nach 1770. Kunstgewerbemuseum, Prag

74 Stutzuhr. Holz, braun marmoriert, Höhe 110 cm. Schnitzereien vom Prager Bildhauer Ignatz Franz Platzer. Uhrwerk sign. „Joseph Graff Prag", um 1780. Kunstgewerbemuseum, Prag

75 Uhrwerkrückseite mit Signatur „Andre: Glenck Prag", 1. Viertel des 18. Jh. Kunstgewerbemuseum, Prag

76 Pendule in Boullestil. Schildpatt, Messing, Goldbronze, Höhe 116 cm. Signiert „Jacques Panier à Paris", Mitte des 18. Jh. Kunstgewerbemuseum, Prag

77 Pendule. Mahagoni, Goldbronze, Höhe 65 cm. Signiert „De Saint Jean à Paris". Jean-Baptiste de Saint-Jean, Paris, 3. Viertel des 18. Jh. Kunstgewerbemuseum, Prag

78 Reiseuhr. Goldbronze, Höhe 15 cm.

Signiert „Johann Andreas Schmidt Elbogen", Loket, Böhmen 1. Hälfte des 18. Jh. Kunstgewerbemuseum, Prag

79 Reiseuhr. Goldbronze, Höhe 14 cm. Signiert „Aug. Želisko in Prag", Mitte des 19. Jh. Kunstgewerbemuseum, Prag

80 Portaluhr. Biskuitporzellan, Goldbronze, Höhe 60 cm. Uhrenmacherzeichen „Bergmiller à Paris", auf dem Uhrwerk Stempel „Ad. Mougin Deux Mèdilles", auf dem Sockel Zeichen, graviert: „Ure Imple de Sèvres". Sèvres, um 1810. Kunstgewerbemuseum, Prag

81 Figurenuhr „Die Pferde des Diomedes". Goldbronze, Höhe 45 cm. Signiert „Mme Gentilhomme Palais Royal à Paris", 1. Viertel des 19. Jh. Kunstgewerbemuseum, Prag

82 Figurenuhr, genannt „La Lecture". Schwarz patinierte und vergoldete Bronze, Höhe 54 cm. Uhrwerk signiert „Japy Frères et Compagnie Médaille d'Honeur". Beaucourt, Frankreich, um 1810. Kunstgewerbemuseum, Prag

83 Portaluhr. Holz, rotbraun und schwarz gebeizt, zum Teil vergoldet, Messing, vergoldet, Alabaster, Höhe 66 cm. Signiert „Osthälder in Wien", 1. Viertel des 19. Jh. Kunstgewerbemuseum, Prag

84 Carteluhr. Porzellan, bemalt, Höhe 51 cm. Prag, Krieglsche Porzellanfabrik, nach 1850. Kunstgewerbemuseum, Prag

85 Figurenuhr. Porzellan, bemalt, Höhe 46 cm. Schlaggenwald (Slavkov) (?), um 1850. Kunstgewerbemuseum, Prag

86 Säulchenuhr. Alabaster, Goldbronze, Höhe 50 cm. Signiert „Ferdinand Schmidt in Prag", Anfang des 19. Jh. Kunstgewerbemuseum, Prag

87 Figurenuhr „Die drei Grazien". Bronze, Alabaster, Höhe 76 cm. Signiert „Josef Radda in Olmütz", Olomouc, Mähren, um 1860. Uhrenmuseum, Šternberk

88 Anhängeruhr in Form eines Käfigs mit Vogel. Vergoldetes Messing, 50 × 27,5 cm. Neuchâtel, um 1780. Schweizerisches Landesmuseum, Zürich

89 Reiseuhr. Goldbronze, Höhe 18 cm. Signiert „Boeck in Wien", 1825–30. Kunstgewerbemuseum, Prag

90 Stutzuhr. Nußholz, Goldbronze, Höhe 54 cm. Wien, Anfang des 19. Jh. Kunstgewerbemuseum, Prag

91 Stutzuhr. Goldbronze, Palisanderholz, Messing, Alabaster, Wedgwood-Steingut, Höhe 58 cm. Wien, 1. Viertel des 19. Jh. Kunstgewerbemuseum, Prag

92 Stutzuhr. Holz, schwarz gebeizt, Messing, vergoldet, Höhe 49 cm. Signiert „Wenzl Weiskopf in Jungbunzlau". Böhmen, 1. Viertel des 19. Jh. Kunstgewerbemuseum, Prag

93 Tischuhr. Patiniertes Zink, Höhe 47 cm. Auf der Uhrwerkrückseite: „Médaille d'Argent S. Marti et Cie 1889", auf Zifferblatt Sign. „J. Havlíček Prague". Kästchen signiert „C. Bonnefond", Paris, 1889. Kunstgewerbemuseum, Prag

94 Kaminuhr. Eichenholz, Goldbronze, Kupfer, Höhe 27,5 cm. Entwurf Arch. Jan Kotěra, Prag 1919. Kunstgewerbemuseum, Prag

95 Kaminuhr. Patiniertes Messing, Höhe 24 cm. Entwurf: Arch. Josef Gočár (Bestandteil einer kubistischen Inneneinrichtung), Prag 1913. Kunstgewerbemuseum, Prag

96 Zappler mit Napoleon. Messing, gepreßt, Höhe 12 cm. Mitteleuropa, 30er Jahre des 19. Jh. Mährische Galerie, Brünn

97 Figurenuhr mit Athene. Schwarzer Marmor, Goldbronze, Höhe 55 cm. Signiert „Henri Voisin". Paris, vor 1807. Kunstgewerbemuseum, Prag

98 Pendule. Holz, vergoldet, Höhe 59 cm. Signiert „Leopold Schmidt Prag", um 1790. Kunstgewerbemuseum, Prag

99 Skelettuhr. Goldbronze, Marmor, Höhe 38 cm. Wien, um 1810. Mährische Galerie, Brünn

100 Säulchenuhr. Holz, braun gebeizt, zum Teil vergoldet, Messing, vergoldet, Höhe 60 cm. Signiert „Joseph Radda in Prossnitz". Prostějov, 1. Viertel des 19. Jh. Kunstgewerbemuseum, Prag

101 Triumphbogenuhr. Goldbronze, Höhe 47 cm. Signiert „Willenbacher & Rzebitschek in Prag", Prag, 1830–40. Museum der Hauptstadt Prag

102 Portaluhr. Goldbronze, Höhe 46 cm. Ungarn (?), um 1850. Kunstgewerbemuseum, Prag

103 Portaluhr. Holz, intarsiert, Höhe 43 cm. Österreich, um 1830. Kunstgewerbemuseum, Prag

104 Säulchenuhr. Holz, schwarz gebeizt, Alabaster, Perlmutt, vergoldetes Messing, Guaschmalerei aus dem Lilienfelder Klosters, Höhe 44 cm. Signiert „Sylwester Kortbelitz in Deutsch-

brod". Havlíčkův Brod, um 1830. Kunstgewerbemuseum, Prag

105 Figurenuhr mit Kreuzigung. Bronze und Messing, vergoldet und versilbert, Höhe 40 cm. Uhrwerk signiert „Christoff Leuschner". Süddeutschland, 2. Hälfte des 17. Jh. Kunstgewerbemuseum, Prag

106 Figurenuhr mit Allegorie der Zeit. Bronze, schwarz patiniert und vergoldet, weißer Marmor, Höhe 64 cm. Signiert „Berthound à Paris". Ferdinand Berthoud, Paris, um 1770. Mährische Galerie, Brünn

107 Vasenuhr. Weißer und grauer Marmor, dunkel patinierte und vergoldete Bronze, Höhe 73 cm. Signiert „Dufaud Paris", Ende des 18. Jh. Kunstgewerbemuseum, Prag

108 Vasenuhr. Goldbronze, Höhe 65 cm. Signiert „J. Lefebvre Caters et Fils à Cournay", Frankreich, Ende des 18. Jh. Kunstgewerbemuseum, Prag

109 Figurenuhr „Der Schwur der Horatier". Goldbronze, Höhe 44,5 cm. Signiert „Ledure, Bronzier à Paris-Hemon H[er]", um 1810. Kunstgewerbemuseum, Prag

110 Figurenuhr. Dunkel patinierte und vergoldete Bronze, Höhe 63 cm. Signiert „Thomire & Cognie à Paris Manière Horloger." Paris, Anfang des 19. Jh. Kunstgewerbemuseum, Prag

111 Figurenuhr, genannt „Le Portefaix", aus der Uhrenfolge „Au bon negre". Schwarz patinierte vergoldete Bronze, Höhe 36 cm. Frankreich, 1. Viertel des 19. Jh. Kunstgewerbemuseum, Prag

112 + Frontispiz
Figurenuhr „Amor und Psyche". Goldbronze, Höhe 90 cm. Frankreich, Anfang des 19 Jh. Kunstgewerbemuseum, Prag

113 Figurenuhr. Bronze, schwarz patiniert und vergoldet, Höhe 58 cm. Signiert „Manière à Paris". Charles Guillaume Manière, Uhrmacher und Bronzier, Anfang des 19. Jh. Kunstgewerbemuseum, Prag

114 Figurenuhr. Holz, vergoldet, Höhe 57 cm. Österreich, 1810 – 1815. Kunstgewerbemuseum, Prag

115 Figurenuhr. Goldbronze, Höhe 35 cm. Signiert „Robert & Fils à Chaux de Fonds", vor 1806. Kunstgewerbemuseum, Prag

116 Carteluhr. Goldbronze, Höhe 41,5 cm. Österreich, um 1850. Kunstgewerbemuseum, Prag

117 Nachtuhr. Goldbronze, Höhe 50 cm. Signiert „Mason Aix". Frankreich, 1. Viertel des 19. Jh. Kunstgewerbemuseum, Prag

118 Figurenuhr. Zinn, grün lackiert, schwarzer Marmor, Höhe 40 cm. Signiert „C. Suchy & Soehne". Prag, nach 1880. Kunstgewerbemuseum, Prag

119 Figurenuhr „Tannhäuser". Goldbronze, Höhe 56 cm. Deutschland, 1850–60. Kunstgewerbemuseum, Prag

120 Uhrgehause „Au Sauvage". Holz, schwarz polychromiert und vergoldet, Höhe 29 cm. Österreich, 1. Viertel des 19. Jh. Mährische Galerie, Brünn

121 Taschenuhrwerk. Messing, ziseliert, Durchmesser 5,7 cm. André Glenck, Prag, Anfang des 18. Jh. Kunstgewerbemuseum, Prag

122 Halsuhr. Silber, ziseliert und graviert, 6,5 × 5 cm. Melchior Zinng, Augsburg, um 1580. Kunstgewerbemuseum, Prag

123 Halsuhr. Silber, zum Teil vergoldet, ziseliert, graviert, 5 × 3 cm. Pasquier Peiras, Blois, um 1600. Kunstgewerbemuseum, Prag

124 Halsuhr. Silber, graviert, Email, geschnittenes Kristallglas, 7,5 × 6 cm. Süddeutschland, um 1600. Kunstgewerbemuseum, Prag

125 Fingerringuhr. Gold, graviert, Email, Durchmesser 2,2 cm. Süddeutschland, 17. Jh. Kunstgewerbemuseum, Prag

126 Halsuhr. Messing, Email, Kristallglas, Durchmesser 3,5 cm. Hans Otto Halleicher, Augsburg. 2. Hälfte des 17. Jh. Kunstgewerbemuseum, Prag

127 Halsuhr. Messing, graviert, vergoldet, mit Silbereinlagen, 4,5 × 3,5 cm. Hans Butz. Augsburg, um 1630. Kunstgewerbemuseum, Prag

128 Anhängeruhr. Goldemail, Durchmesser 5,2 cm. Estienne Hubert, Rouen, Mitte des 17. Jh. Kunstgewerbemuseum, Prag

129 Taschenuhr. Gold, getrieben, ziseliert, Durchmesser 4,7 cm. Werk: John Champion, London 1716. Goldenes Rokoko-Gehäuse mit Hochreliefarbeit

130 Figurenuhr. Lackiertes Zink, Messing, Höhe 25,5 cm. Süddeutschland, um 1900, Kunstgewerbemuseum, Prag

131 Mysterieuse. Zinn, braungrün lackiert. Höhe 34,5 cm. Figur signiert „F. Iffland", Berlin, um 1900. Kunstgewerbemuseum, Prag

132 Figurenuhr. Holz, vergoldet, Höhe 63,5 cm. Signiert „Franz Reuss in Grulich". Králíky in Mähren, 1. Viertel des 19. Jh. Kunstgewerbemuseum, Prag

133 Wanduhr (Sägeuhr). Holz, geschnitten, vergoldet, Höhe 68 cm. Böhmen oder Mähren, um 1780. Mährische Galerie, Brünn

134 Reiseuhr mit Weckvorrichtung (Steinschloß). Messing, Länge 17 cm. Signiert „Iohan Maurer Prag", 2. Viertel des 18. Jh. Museum der Hauptstadt Prag

135 Pfeileruhr. Holz, polychromiert, Bronze, Höhe 52 cm. Japan, 18. Jh. Náprstek-Museum, Sammlung Šternberk

136 Tischuhr. Bronze, Höhe 26 cm. China, 19. Jh. Náprstek-Museum, Sammlung Šternberk

137 Reise-Taschenuhr. Bronze, ziseliert, graviert und vergoldet, Durchmesser 13 cm. Nicolaus Siebenhaer, Lübeck, um 1600. Kunstgewerbemuseum, Prag

138 Halsuhrmantel. Goldbronze, ziseliert, Durchmesser 6,2 cm. Süddeutschland, um 1560. Kunstgewerbemuseum, Prag

139 Taschenuhr mit Châtelaine. Uhr: Gold, Durchmesser 4 cm. Chr. Siruam, London, um 1750, Châtelaine zeitgenössisch, vergoldetes Messing. Kunstgewerbemuseum, Prag

140 Gehäuse der Uhr Nr. 139. Gold, Hochreliefarbeit, Durchmesser 4,4 cm. Kunstgewerbemuseum, Prag

141 Taschenuhr. Goldemail, Durchmesser 4,5 cm. Abraham Bartholomy, Paris, um 1750. Kunstgewerbemuseum, Prag

142 Taschenuhr. Goldemail, Edelsteine, Durchmesser 4 cm. Louis Mallet, Paris, um 1780. Kunstgewerbemuseum, Prag

143 Anhängeruhr. Gold, Email, 7,4 × 5,2 cm. Frankreich, um 1800. Kunstgewerbemuseum, Prag

144 Taschenuhr. Gold „à quatre couleurs", kleine Perlen, Durchmesser 4 cm. Ferdinand Bertoud, Paris, um 1780. Kunstgewerbemuseum, Prag

145 Taschenuhr. Gold, Email, Durchmesser 4,5 cm. Mitteleuropa, Mitte des 19. Jh. Kunstgewerbemuseum, Prag

146 Taschenuhr. Gold, Email, Durchmesser 4,3 cm. Chevalier & Cochet. Paris, um 1800. Kunstgewerbemuseum, Prag

147 Damenuhr. Gold, Email, Durchmesser 3,6 cm. J. D. Bourrit, Genf, um 1850. Kunstgewerbemuseum, Prag

148 Damenuhren. Goldemail, blaue Durchmesser 3,5 cm., grüne Durchmesser 3,2 cm. Genf, nach 1850. Kunstgewerbemuseum, Prag

149 Anhängeuhr mit Châtelaine. Gold, Email, Edelsteine, Höhe 4,8 cm. Moricand, Genf, Ende des 18. Jh. Kunstgewerbemuseum, Prag

150 Damenuhr an Kette mit Schmucknadel. Gold, Email, Durchmesser 3,4 cm. Länge der Kette 37 cm. Genf, um 1850. Kunstgewerbemuseum, Prag

151 Anhängeruhr. Gold, Email. Laute: Länge 6,4 cm, signiert I. P. CIN, Wien, um 1800, Melone: Durchmesser 4,3 cm, Geige: L. 8,2 cm, beide Schweiz, um 1800. Kunstgewerbemuseum, Prag

152 Taschenuhrständer. Porzellan, bemalt, Höhe 23,5 cm. Wien, um 1750, Mährische Galerie Brünn

153 Parfumflasche mit Uhr. Gold „à quatre couleurs", Höhe 10,5 cm. Frankreich, Ende des 18. Jh. Kunstgewerbemuseum, Prag

154 Schnupftabakdose mit Uhr. Silber, graviert, zum Teil vergoldet, 6,6 × 5 cm. Jean Antione L'Épine, Paris, Ende des 18. Jh. Kunstgewerbemuseum, Prag

155 Taschenuhr mit Automatenwerk, Durchmesser 5,3 cm. Frankreich, 4. Viertel des 18. Jh. Kunstgewerbemuseum, Prag

156 Taschenuhr. Gold, Email, Perlen, Durchmesser 3,4 cm. Jean Romilly, Paris, um 1780.

157 Taschenuhr. Gold, Email, Durchmesser 5,2 cm. Abraham Louis Breguet, Paris, Anfang des 19. Jh. Kunstgewerbemuseum, Prag

158 Taschenuhr mit Automatenwerk. Gold, Durchmesser 5,5 cm. Ferdinand Berthoud, Paris, Ende des 18. Jh. Kunstgewerbemuseum, Prag

159 Herrentaschenuhr. Silber, zum Teil vergoldet, Niello, Durchmesser 5 cm. Mitteleuropa, um 1903. Kunstgewerbemuseum, Prag

160 Halsuhr. Silber, Durchmesser 3 cm. Abraham Caillatte, Genf, 2. Hälfte des 17. Jh. Kunstgewerbemuseum, Prag

161 Anhängeruhr mit Pfauenfigur. Silber, Höhe 5,3 cm. Johann Hübner, Wien, Anfang 19. Jh. Kunstgewerbemuseum, Prag

Personenregister

Die kursiv gedruckten Zahlen verweisen auf die Abbildungen